THE HISTORY OF WORLD

万 国 通 史

THE HISTORY OF SRI LANKA

斯里兰卡通史

郭家宏／著

上海社会科学院出版社
SHANGHAI ACADEMY OF SOCIAL SCIENCES PRESS

第一章

前殖民时期的社会与文化（1505 年之前）

斯里兰卡是一个历史悠久的多民族国家，光有文字记载的历史就长达 2 000 多年。由于根植于南亚地区的文化土壤，斯里兰卡的历史发展具有这一地区的鲜明色彩，也因为地理位置的特殊性，它的民族文化又具有一些自身的特色。在葡萄牙殖民主义者入侵斯里兰卡以前，斯里兰卡沿着自己的发展道路前进。

第一节　自然及社会概况

展开世界地图，你会看到，在碧波万顷、浩瀚无垠的印度洋蓝色海面上，散布着大大小小似珍珠般的岛屿，其中一颗最为晶莹璀璨。在那儿，阳光舞动着椰影，浪花冲击着白沙，碧海蓝天之间，热带海洋生物与白色珊瑚礁历历可见，整个天地总是弥漫着浪漫的海洋气息，景色秀丽迷人。这就是被誉为"宝石之国""印度洋上的珍珠"的斯里兰卡（旧称"锡兰"，1972 年改称"斯里兰卡"，本书统称"斯里兰卡"）。

斯里兰卡全称是"斯里兰卡民主社会主义共和国"（The Democratic Socialist Republic of Sri Lanka），有近 3 000 年的历史。印度史诗《罗摩衍那》以兰卡（Lanka）为名记载了这个美丽富饶的岛国，"兰卡"意为"光明富庶的土地"。中国古代称其为狮子国、僧伽罗。公元前 4 世纪古希腊历史文献将其称为"达普罗巴尼"。世界古代著名的航海家、旅行家、天文学家等，如古希腊地理学家托勒密、意大利传教士鄂多立克、阿拉伯旅行家伊本·白图泰、意大利旅行家马可·波罗、中国高僧法显等人都到过斯里兰卡。斯里兰卡于 1948 年 2 月独立，成为英联邦的一个自治领，仍称锡兰，2 月 4 日为该国国庆节。1972年5月22日,锡兰国民议会通过宪法,改国名为斯里兰卡,宣布本国为自由、独立和拥有主权的共和国。1978年8月,斯里兰卡议会通过新宪法,改国名为"斯里兰卡民主社会主义共和国",仍为英联邦成员国之一。

斯里兰卡位于印度次大陆的南部,是印度洋上一个美丽的岛国,它位于北纬5°55′至9°50′、东经79°42′至81°53′之间,南北长432公里,东西宽224公里,包括若干沿海岛屿和内陆水域在内,全国总面积为65 610平方公里,约合荷兰面积的1.6倍,略大于两个比利时。总面积中山地占25%,森林占44%,河流纵横,水库、池塘星罗棋布。鸟瞰斯里兰卡的形状,就像从印度次大陆东南角淌下的一滴水滴。有人说像一个鸭梨,也有人说它似一个芒果,而更多的人则形容它是斜躺于万顷碧波中的一颗灿烂夺目的明珠。

斯里兰卡地理位置十分重要。它西北与印度次大陆南端隔保克海峡(Palk Strait)相望,其中最窄处只有64公里。浩瀚的印度洋被印度半岛分割成东、西两个部分,斯里兰卡正好位于这个半岛的南端、印度洋的中心。自古以来,斯里兰卡就一直扮演着印度洋前哨的角色,是远东和东南亚地区与西亚、欧洲、北非之间的海上要冲,是连接东西方的交通枢纽,也是东西方货物的集散地和海上贸易的转口门户。早在人类还没有学会利用季风跨海航行的年代,印度等国的商人就已经沿斯里兰卡海岸线到兰卡做买卖。公元1世纪,人们学会借洋流之力,畅快通行于阿拉伯海和马六甲海峡之后,兰卡就成为东西方海上贸易中心。如今这个美丽的岛国更成为东西方繁忙的交通要道,尤其是首都科伦坡(Colombo),地处印度洋航线中途,是欧洲、非洲、西亚各国与东亚、太平洋地区航运的必经之地。从中世纪起,这里就是世界重要的商港之一,近代这里曾是大英帝国一个重要的原煤中转站,是世界海运线上一个重要的停靠港,素有"东方的十字路口"的佳誉。

斯里兰卡岛的2/3是平均海拔约300米的起伏不平的高原,残留的山脊点缀其间。这里的土质多属铁铝土,这种土质形成由各种红壤组成的硬壳,红壤使公路呈现红色。岛的南部中间部分是山区,海拔在1 000米以上。在与平原相接处有陡峭的悬崖,这是岛上主要的河流发源地,许多河流以山洪开始,穿过繁茂的植被倾泻下来,到达较平坦地区后,流速减缓。高山形成了对季风的屏障,对改变斯里兰卡的热带气候起着决定性作用。这里丛林群峰墨蓝浩瀚,深峡幽谷云涛荡荡,颇为壮观。在斯里兰卡,人们习惯上将海拔300米以下的地区称为低地,而将海拔300米以上的地区称为高地。二者相比较,不仅是地形的高低不同,而且连生活在那里的人们的性情也不同。低地地区靠近海岸,居民传统上以打鱼为生,由于殖民时间长且影响深入,这里的人性格更为开放;高地近山,生产方式上以种植为主,殖民时间较晚,人们性格上也更为保守。

斯里兰卡岛上共有 100 多条河流,这些河流发源于中部山区,大都短而湍急,呈放射状,顺势直下,流向四面八方,中间形成不少绚丽多姿的瀑布。其中最大、最有名的是高达 241 米的班巴拉坎德瀑布。斯里兰卡主要河流有 16 条,最大的一条河流——马哈韦利河(Mahaweli Canga)从中部高原奔流而下,一路向东,经过东部干燥地区,全长 335 公里,最后在亭可马里(Trincomalee)附近倾入印度洋。

除下游以外,绝大多数河段不适宜航运。在西海岸,与沿海平行有一些人工渠,一般用于灌溉稻田、生产食盐和运输物资。低洼地区水道纵横,全国有 8 个较大的湖泊,其中巴提卡洛海湖最大,面积为 120 平方公里。

斯里兰卡的海岸线长达 1 240 公里,整个岛屿几乎完全被宽阔的金色海滩所环绕。加勒角和阿鲁加姆海湾之间的 200 公里范围内,海岸线非常整齐。除个别地方外,斯里兰卡海岸几乎到处是椰林、槟榔树、扇头棕榈以及其他树木。

这里气候终年温暖、湿润,四季如夏。由于接近赤道,斯里兰卡气候属于受季风影响的赤道气候类型,北部属热带草原气候,南部属热带雨林气候。但由于海风的调节作用,总的来说气候适宜,只有个别地区有时气温特别高。有的地区地势较高,受风的影响,天气凉爽,与温带地区差不多。全国年平均气温为 26 ℃—28 ℃。西南季风来临前夕,全国气温较高,平均最高气温达29 ℃以上。西南季风来临期间,由于雨量充沛,气温相应下降。东北部广大地区,受西南季风影响较小,气温略高于西南地区。其中亭可马里 5 月份最高气温达 40 ℃。总的来说,全岛气温年差较小,日差较大。

在地形与季风的影响下,全国年平均降水量为 1 900 毫米。岛的西南部为湿区,面积 16 000 平方公里,年平均降水量 2 400 毫米,其中山区达 5 000毫米以上。潮湿地区是茶叶、橡胶和椰子三大经济作物的集中产区。全国3/4 的地区为"干燥地区"(dry zone),当然,所谓的"干燥地区"是个误导,这里年平均降水量高达 1 400—1 500 毫米。只不过其降雨时间较为集中,每年4—6 月西南季风来临期间,西部海岸以及中部山区迎风面几乎每天都有倾盆大雨,河流盈溢,塘满湖平,往往造成灾难性的洪水,形成大片沼泽,一直逼近首都科伦坡市郊。与此同时,北部和东北部则比较干燥,天气晴朗。10 月中旬到次年 2 月中旬,受东北季风的影响,斯里兰卡北部和东北部为雨季。这一时期,西部地区受赤道现象——对流雨影响,仍有充足雨水,人们把这段时间称为"第二雨季"。

斯里兰卡土壤肥沃,气候条件优越。由于降雨充沛,岛上大部分地区覆盖着茂密的热带植物,盛产大量经济作物,主要经济作物生长层次非常鲜明。海滨生长有大量棕榈科植物,主要有椰树和香蕉树,然后是香蕉树和椰子树点缀的稻田,随着地势缓缓上升,出现橡胶林,再往上则是大片茶林。斯里兰卡植被种类丰富,生长繁茂。生长于斯里兰卡的植物中,仅开花的就有 3 300 种。整个海岛如同铺了一层绿色地毯,色调浓淡变化多端,一片生机。斯里兰卡盛产麻栗树、红木、柚木、黑檀、铁木等珍贵木材。另外,还有盘根错节、垂悬着许多气根的榕树,以及树形漂亮、结着面包一样大小果实的面包树。

斯里兰卡原是森林资源十分丰富的国家,近百年来由于大量开发种植园,森林面积已大大减少。目前,木材仍自给有余,略有出口。全国森林面积约 289.9 万公顷,占全国总面积的 44%。绝大多数地区的森林并非浓密的赤道林。沿海地区,棕榈林占主要地位,中部山区一般为高寒森林和山坡草地所覆盖。北部和东南部 1/4 的地区是稀疏林和丛林。

斯里兰卡岛是古大陆架的一部分,主要由古代变质岩、花岗岩和石灰岩组成。斯里兰卡矿产资源有限,但宝石和石墨资源丰富,是一座真正意义上的宝岛。此外,还有钛铁矿、磷灰石等 10 余种矿物资源。特殊的地质构造使斯里兰卡这座岛屿 90% 的土地都蕴藏着宝石。其宝石种类繁多,达 30 余种,有红宝石、蓝宝石、猫眼石、月亮宝石等。当今世界上最大的宝石,如"东方蓝宝石"(重 466 克拉)、"霍普猫眼石"(重 500 克拉以上)、"罗根蓝宝石"(重 423 克拉)等有名的宝石,大多是从该岛淘选出来精心加工而成。800 多年前,马可·波罗曾说:"我希望你们了解锡兰,它是世界上最完美的岛屿,盛产红宝石、蓝宝石、紫水晶、石榴石和其他许多贵重的宝石。"这些曾为早期航海家赞不绝口的宝石现在仍是斯里兰卡的重要出口商品之一。斯里兰卡的宝石矿藏已经有 2 500 多年的开采历史。古代丝绸之路海上贸易的兴起把锡兰的宝石引向了世界。1970 年,当局成立了国营宝石公司,对宝石的采掘加工和贸易出口进行管理,促进了宝石工业的发展。1983 年出口宝石价值为 6.34 亿卢比,占总出口收入的 3.1%。据悉,全国从事与宝石业有关工作的人员数量达一百多万人。所以斯里兰卡又有"宝石之国"之称。

2012 年,斯里兰卡人口为 2 132 万人,人口密度为每平方公里 736.7 人;

其中城市人口占 23.0%,农村人口占 77.0%,人口出生率为 17.9‰(世界平均
出生率为 25‰),死亡率为 5.9‰(世界平均为 9.3‰),人口自然增长率为 12‰。

斯里兰卡是一个多民族的国家,出于历史及现实的原因,斯里兰卡民族之间的冲突经常发生。从民族构成看,主要的民族有僧伽罗人(Sinhalese)、泰米尔人(Tamil)、摩尔人(Moors)。从人口构成来说:僧伽罗人占总人口的 74%,泰米尔

维达人

人占 18.2%,摩尔人占 7.1%,另外还有人数不等的伯格人、马来人及斯里兰卡最古老的居民维达人,大约占 0.7%。

僧伽罗人是斯里兰卡的主体民族,信奉佛教,大部分居住在斯里兰卡人口最稠密、经济最发达的西部、西南部沿海地区和中部山区。僧伽罗人分为低地僧伽罗人和高地僧伽罗人。据史籍记载,僧伽罗人的祖先是公元前 5 世纪从印度北部迁移而来的雅利安人,因而僧伽罗人普遍盛行种姓制度,只不过这种种姓制度强调的是人们在经济生活中的职业差异而已。"僧伽罗"也是斯里兰卡古代的名称,来自梵语"Simhalauipa"(驯狮人),《梁书》称狮子国,玄奘在《大唐西域记》中称其为僧伽罗。僧伽罗语是斯里兰卡主体民族僧伽罗人的语言,也是斯里兰卡官方语言。

泰米尔人是达罗毗荼人的一支,分为斯里兰卡泰米尔人和印度泰米尔人两种,他们都是不同时期自印度南部来到斯里兰卡岛上的。斯里兰卡泰米尔人主要居住在斯里兰卡北部的贾夫纳半岛(Jaffna Peninsula)和东部沿海地区及科伦坡等城市。印度泰米尔人是被英国种植园主自 19 世纪 30 年代开始从印度南部招募而来当苦力的。由于这部分人中大多数没有取得斯里兰卡国籍,所以也称"无国籍印度人"或"无国籍泰米尔人"。目前他们居住在种植园经济特别发达的康提地区。泰米尔人在数量上比僧伽罗人少得多,但是在英国殖民统治时期,泰米尔人长期为殖民政府工作,受教育程度比较高,其社会地位比僧伽罗人高,二者之间长期存在矛盾。斯里兰卡独立后,两大民

族间的矛盾就一步步加剧,最终演变为内战,给斯里兰卡社会发展带来了巨大损失。直到 2009 年 5 月,泰米尔"猛虎"组织最高领导人普拉巴卡兰被政府军杀死,长达 26 年的内战才得以结束。

在斯里兰卡,人们习惯上把阿拉伯人(Arabs)与当地居民通婚所生的后代以及信仰伊斯兰教的泰米尔人统称为"摩尔人",摩尔人多居住在沿海城市和乡村,他们中有的以经商和打鱼为业。伯格人是葡萄牙人和荷兰人与僧伽罗妇女婚后所生的后代。"伯格"(Burgher)一词来源于荷兰语,意为"市民"。过去曾有葡萄牙伯格人和荷兰伯格人之分,现在已经没有这样的说法了。伯格人大部分居住在南部城镇中,机关职员和自由职业者居多,还有许多人经商。他们着西装,说英语,日常生活中保持欧洲人的传统和习俗。马来人是1746 年由马来人组成的一个兵团的后裔,他们信奉伊斯兰教,绝大多数居住在科伦坡的奴隶岛。

多民族杂居,一方面构成了丰富多彩的民族文化和历史遗产,但另一方面又给斯里兰卡带来了很多复杂的问题,如种姓残存、宗教不一、语言繁杂、人种差异等,这些因素纵横交织在一起,使这个小小的岛国成了一个"五方杂厝"之地,民族矛盾十分严重。

宗教在斯里兰卡的社会、政治、经济和文化艺术领域中的影响非常大。世界四大宗教(佛教、印度教、伊斯兰教、基督教)在斯里兰卡都有相当多的信徒,其中佛教的信徒最多。公元前 247 年,印度孔雀王朝的阿育王(Asoka)派遣其子把佛教传入斯里兰卡。随着佛教在印度衰落,斯里兰卡成为南传佛教的中心,佛教也成了斯里兰卡的国教。佛教的传入成了斯里兰卡历史发展的转折点,佛教的传入对僧伽罗人的民族历史和民族文化产生了巨大的影响,甚至可以说僧伽罗国家的发展史就是一部佛教史。斯里兰卡的佛教属于小乘佛教,传统规定,国王必须是佛教徒,佛牙则是王权的标志和镇国之宝。佛教与封建统治者之间建立了一种相互依存的紧密关系。比丘(bhikkhu)①参与国家事务,国王本人也不能无视佛教僧团的愿望。1948 年斯里兰卡独立以后,政府把复兴佛教看成恢复民族文化的一项重要内容,建立了具有世俗性质的各种佛教社团,创办了佛教大学,佛教得到迅速发展。1972 年斯里兰卡新宪法赋予佛教"最优先的地位",并规定"保护和提倡佛教是国家的职责"。根据统计,1997 年斯里兰卡人口中,信奉佛教的占 69.3%,信徒大都是僧伽罗人。

---

① 比丘,佛教僧团的成员。

斯里兰卡佛像和石刻

　　在斯里兰卡的人口中,信奉印度教的占 15.5%,信徒主要是泰米尔人。印度教是随着印度南部的泰米尔人移居斯里兰卡而传入的。特别是在 13—14 世纪,随着贾夫纳泰米尔王国建立,斯里兰卡北部和东部地区成为印度教徒的聚集地。印度教对泰米尔人社会生活各方面的影响非常大。印度教神庙是泰米尔人文化生活的中心。但是由于印度教更多强调人和神之间的纵向关系,而且种姓制度在印度教徒泰米尔人生活中有重要作用,印度教没有佛教那样强大而健全的组织,加上印度教徒在斯里兰卡处于少数地位,政治上的作用很难同佛教相比。

　　信奉伊斯兰教者占人口总数的 7.6%,几乎所有的摩尔人及马来人都是伊斯兰教的信徒。信奉基督教的占 7.5%,信徒主要是僧伽罗人和泰米尔人上层人物及伯格人。

僧伽罗人

其他占 0.1%。斯里兰卡岛上的两大民族——僧伽罗人和泰米尔人、两大宗教——佛教和印度教都来自印度次大陆,各种文化形式也与次大陆相似。

第二节　西方殖民者入侵之前的斯里兰卡

斯里兰卡历史悠久。在西方殖民者入侵之前,斯里兰卡沿着自己独特的发展道路缓慢前行,创造出了灿烂的水利文明。斯里兰卡的古代历史就是一部外来民族入侵、融合、反抗侵略的历史。

一、早期历史传说

如前所述,斯里兰卡是一个历史悠久的南亚岛国,拥有 2 000 多年有文字记载的古代文明。自古以来,斯里兰卡的国名总是与美好的事物联系在一起。"兰卡"是僧伽罗文古名,意思是"光明富庶的土地"。斯里兰卡本国人称自己的国家为"兰卡"。在印度的一些主要语言中,"兰卡"有"金子"的含义。泰米尔文中称斯里兰卡为"伊拉姆"(Ilam)或"伊兰凯"(Ilanka),意为"宝渚""宝岛"。阿拉伯著名民间故事集《一千零一夜》把斯里兰卡称为"塞伦底伯"(Serendib),意思是"珠宝岛"。

现有史料所能追寻到的斯里兰卡最古老的民族是雅卡人和那加人。但现在这两个民族在斯里兰卡的土地上都已经不复存在,人们只能在古老的神话中寻找他们的踪迹。这两个民族究竟孰先孰后,现在已无从考证,我们只知道这两个民族在印度雅利安人到斯里兰卡以前就生活在这里。

斯里兰卡有近 3 000 年悠久的历史。据斯里兰卡的传说,在公元前 1 000 年,印度北部梵伽国国王生有一女,天生丽质,美艳多姿。一日,厌倦宫中无聊生活的公主,趁身旁别无他人,偷偷出宫,和一群商人结伴旅行,正玩得尽兴时,突然出现一只雄狮,吃掉商人后,把公主掳掠去,并强迫她为妻。几年后,公主生有一儿一女。儿子取名僧诃巴忽(Simhabahu),身体特征主要是人形。他成年以后,厌恶与其狮子父亲同住,于是有一天,趁狮子外出之时,带着母亲和妹妹,偷偷逃回梵伽国。愤怒的狮子闻讯追寻,沿途蹂躏村野,以泄心头之火,使得梵伽国百姓人人自危,四处躲藏。束手无策的梵伽国国王,只好张贴告示,要国民为国除害。勇敢的僧诃巴忽前来揭榜,奋力杀死狮子父亲。国王十分高兴,当即以一半的国土相赏,作为他大义灭亲的嘉奖。但僧诃巴忽却因国人皆知他的杀父之罪而羞于接受。他带领妹妹和一批随从离开梵伽国，来到一个叫罗多德沙的地方，建立一个城市叫僧诃补罗，自立为王，并以其妹为后，生育子女 32 人。

僧诃巴忽的长子维舍耶（Vijaya）成人后恣意妄为，收买歹徒恶棍，骚扰百姓。百姓不堪其扰，向国王控告他的罪行。僧诃巴忽多次警告维舍耶无果后，盛怒之下将维舍耶及其 700 个随从驱逐出境。维舍耶及其随从被迫乘船离开了自己祖先的国家，在海上漂流，经历了许多曲折之后，于公元前 543 年来到斯里兰卡岛，生儿育女，安居乐业，自立为王。他用自己的族名为这个海岛命名——"僧诃罗德维巴"，意为"狮岛"，以示纪念其祖先。维舍耶去世后没有直接继承人，他的侄子从北印度被邀请到这里继承王位，这位新国王也认为来自印度的公主才是他的理想王后，于是更多的印度北部王室成员带着亲属随从来到这里。而且这些王室成员大都来自佛陀所在的释迦部落。这个带有血统论色彩的故事在盛行种姓制度的公元前 6 世纪的南亚显得顺理成章。经过千百年的繁衍生息，今天的僧伽罗民族终于形成了。

斯里兰卡有关僧伽罗族的起源以及他们怎样来到斯里兰卡岛居住的传说很多，其中包含大量鬼神故事，充满了神奇色彩和民间风格。尽管有许多不可信的成分，很难说确有其事，但毕竟还是记录了僧伽罗人的祖先从印度北部迁移到斯里兰卡和他们与岛上原始居民接触的基本历史。一个公主和一头狮子交配，生下用自己名字作为族名的子孙，很显然，这是起源于远古时期广为盛行的图腾崇拜。僧伽罗人也宣称自己是"狮的传人"。据另一则传说，梵伽国（Wanga，在今孟加拉国境内）的国王喜得千金，取名苏悉玛（Susima）。小公主一天天长大，一天晚上，耐不住寂寞的小公主偷偷溜出王宫，来到一个叫"拉扎"的地方，天亮时，遇到一支商队，结伴而行。突然间，林子里跳出一头雄狮拦住去路，商人见势不好，纷纷落荒而逃。苏悉玛虽然涉世未深，但此时异常平静。她好奇地走近狮子，轻轻抚摸它，狮子小心翼翼地将苏悉玛驮到自己的洞穴。公主与雄狮坠入爱河，生下人模样的龙凤胎，儿子取名为辛哈巴胡（Sinhabahu），意为"狮之臂"，女儿取名辛哈希瓦莉（Sinha-sivali），意为"狮之美女"。

这类美丽、神奇的传说，经过世代相传，已深深扎根于斯里兰卡人民脑海，狮子已成为勤劳勇敢的斯里兰卡人民的象征。今天，斯里兰卡国旗的主题图案就是一头黄毛雄狮手握一把长刀。斯里兰卡 1948 年独立时，定国名为锡兰，即取梵文"狮子"之意。我国的史书和佛经，也一直称斯里兰卡岛为"执狮子国"或"狮子国"。但通过众多史料可以清楚地看到，僧伽罗

人源于公元前 5 世纪从印度北部来到岛上定居的雅利安人。他们把岛上
的原住民及维达人的祖先赶到内地，又同印度南部的达罗毗荼人
(Dravidian)建立了联系，并在其帮助下建立了第一批村落。这些印度—雅
利安人村落在岛上不同地方出现的时间为公元前 5 世纪前后。移民中可
能包括若干氏族，其中最强大的是僧伽罗人，这一名称后来成为早期移民
所有后代的共同族称。

　　斯里兰卡有文字记载的历史是从公元前 5 世纪僧伽罗族到岛上开始的。
他们的语言类似印度北部的雅利安语。据史书记载，僧伽罗族的祖先是从印
度北部某一地区迁徙到斯里兰卡岛的。当时，在雅利安人居住的印度次大陆
北部，盛行城市文明，出现了不少的港口城镇和冒险商人。为了寻求城市居
民日益需要的各种商品，一些冒险商人驾船出海，发现了距印度次大陆南部
半岛只有一海之隔的斯里兰卡岛，并在那里发现了大量美丽、宝贵的珍珠、宝
石。这些冒险商人回国之后，不仅满载着珍珠、宝石、象牙等稀世珍宝，而且
津津乐道自己在岛上的经历，还带上了想象和加工的奇闻轶事。他们传播说
岛上居住有吃人的男女鬼怪，女妖怪们用计诱骗航海者，把他们当作丈夫保
留若干时日，然后将他们吃掉。但是此后，仍然有不少人为珍宝所诱惑，纷纷
渡海到岛上寻宝。除了印度北部的雅利安人以外，还新增加了来自印度南部
的达罗毗荼人。最终有人以此岛为永久住所安居下来。

　　南亚地区大多数国家没有记史的传统，缺乏丰富的古代史资料，斯里兰
卡同样如此。斯里兰卡早期的历史传说是由佛教编年史家以书面形式保存
下来的。这就是两本叙事体史书：《岛史》(Dīpavaṃsa)和《大史》(Mahāvaṃsa)，
它们都是用巴利文(Pāli)撰写的。①这两部史书给人们提供了公元 300 年前
僧伽罗王国的历史年表，为今天研究斯里兰卡古代史奠定了基础。

　　其中最有价值的是被称为《大史》的编年史及其注释《大史注释》和续集
《小史》。《大史》以构建斯里兰卡与佛教的神奇渊源以及该岛与小乘佛教演
进的直接联系为开篇，追溯了从佛陀的一生到公元前 6 世纪的历史。这些著
作，以史诗形式记述了斯里兰卡岛僧伽罗国家及佛教信仰的形成和发展，是
不同历史时期由佛教僧侣根据文字记载和口头传说编写的。《大史》和《小
史》及其注释，与巴利文和僧伽罗文等著作一起，提供了 1815 年以前这段历
史的编年基础，使斯里兰卡成为南亚和东南亚地区拥有最早也是最完整文字

---

① 　巴利文，记录僧伽罗佛教经典的标准语言。

记载的国家。古代城市遗址的发掘、碑铭的释义，也为上述文字记载提供了有力的旁证。

最早的移民都居住在干燥地区，沿河居住是其特征，稻米是其主要的农作物。这些移民首先在该岛西南海岸中段落脚，然后沿马尔瓦杜河向内地推进，建立若干沿河村落，并种植水稻。东部沿海的移民沿马哈韦利河向内地扩展。岛上原住民维达人中的一部分退居到外人难以到达的内地森林，保持自己的原始生活；另外一部分则与外来者往来，吸收了他们的文化，与之共同形成了僧伽罗民族。

印度雅利安移民带来了包括铁斧、铁犁等在内的先进生产工具和生产技术，改变了岛上原有的刀耕火种式农业，使农业生产得到较快的发展。僧伽罗人生存和经济活动的基础是种植水稻，他们在干燥地带北部修建了复杂的灌溉网。最初的村社是自给的经济团体，但复杂水利设施网的建立要求集体劳动，僧伽罗人父系氏族关系迅速瓦解，形成了国家。

二、僧伽罗王朝时期

关于斯里兰卡历史的确切开端，众说纷纭。目前大多数学者主张把公元前 483 年作为斯里兰卡古代史的开端。从僧伽罗国家建立到西方殖民者入侵，斯里兰卡主要经历了数个朝代，即维舍耶王朝（Vijayan Dynasty）、兰巴建纳王朝（Lambakannas Dynasty）和摩利椰王朝（Moriya Dynasty）、波隆纳鲁瓦王朝（Polonnaruva Dynasty）、檀巴德尼椰王朝（Dambadeniya Dynasty）、甘波罗王朝（Gampola Dynasty）和罗依伽摩王朝（Rayigama Dynasty）、科特王朝（Kotte Dynasty）等。

公元前 483 年前后，僧伽罗人的祖先维舍耶来到了岛上，征服原住民后建立僧伽罗国家，在檀巴潘尼进行统治，史称维舍耶王朝（前 483—65 年）。公元前 377 年，维舍耶的曾外孙槃陀伽阿巴椰（Pandukabhaya）发动政变，杀死舅父等多人，夺得王位，定都阿努拉德普勒（Anuradhapura）。从而开创了斯里兰卡历史上持续了 1 000 多年的阿努拉德普勒时期（公元前 377—公元 993 年）。史学家所称的阿努拉德普勒时期是以政治中心的地点命名的，它并非只有一个王朝体系。阿努拉德普勒成为首都后，被建设成为当时规模庞大、设施齐全的崭新城市。城市四面筑有城墙，城中街道整齐并有排水设施，还建有大小神庙甚至医院等，清扫街道的清洁工就有 200 多人。这座城市作为僧伽罗国家的首都一直持续了 1 000 多年。

　　斯里兰卡四面环海,降雨充沛,河溪广布,总体上讲不是一个缺水的国家。但是全岛降水量相差悬殊。降水量高的地方每年能达到5 500毫米,低的地方不足1 000毫米。中央高地、西部和西南部属于湿润地区,其余属于干旱地区。干旱地区最大的问题是季节性缺水,这里每年的降雨集中在10月中旬到次年2月,这段时间季风吹起,滂沱大雨接踵而至,山区河流陡然暴涨,常常导致山洪暴发。而在接下来的旱季里,火热的太阳高高在上,终日炙烤着大地,河流干涸。事实上,干旱地区的许多河流是季节性的。古代兰卡社会主要依靠水稻种植,因此为稻田提供充足的灌溉用水就成为斯里兰卡历代君王的头等大事。对于北方严重缺水的地区来说,要想存贮集中在4个月内下完的一年的雨水,办法只有一个:修水库。公元前4世纪樊陀伽阿巴椰统治时期,国王在河岸边建立起一座规划分明的城市——西古城,并统治了70年。其间他修建了阿巴椰水库(Abhayavapi,今巴沙伐俱罗摩水库)和排灌渠,从此开创了僧伽罗水利文明的先例。而当时印度还没有这样规模和复杂程度的灌溉系统。在岛国早期的灌溉工程中声名卓著的国王还有伐沙巴(Vasabha)。从公元67年开始,他大兴水利,修建了12座水库和12条运河,其中最著名的是艾拉赫拉运河(Elahara),全长50公里,从斯里兰卡最长的河流马哈韦利河的支流引水到首都西古城,这项在公元初就完成的浩大的"南水北调"工程充分展现了古代兰卡人在水利灌溉技术上卓越的才能。英国历史学家阿诺德·汤因比说,古代兰卡水利工程,是"世界古代土木工程的一项惊人成就"——工业化之前,世界上再没有其他地方,具有分布如此集中,技术水平如此高的水利工程。

　　樊陀伽阿巴椰还修建了供奉当时流行的宗教信仰所崇拜的天神夜叉以及其他神祇的神庙。僧伽罗人统治时期,建成了由5 000个水库和4 000条灌溉渠组成的复杂水利系统,兴修水利持续了好几个世纪,而古代岛上修建的水库中,面积超过1 600公顷的水库至少有10座。从这些古代水利设施的遗址可以看出,僧伽罗人的建筑技术已达到了很高水平。到公元8世纪前后,斯里兰卡岛上已经形成了包括大型水库、运河和灌溉渠道在内的庞大的水利设施网。大大小小的水库如同镶嵌在大地上的一面面明镜,是滋养国家经济的源泉,推动了斯里兰卡古代国家经济的发展。

　　僧伽罗人祖先在印度时就信奉婆罗门教,尊奉创物主大梵天为最高神,相信有四大护世天神保护着这个世界,到达斯里兰卡后,他们仍保持原有的宗教信仰,供奉婆罗门教诸神和一些民间神祇,如夜叉、水神、树神等。这种情况一直延续到公元前 3 世纪佛教从印度传入斯里兰卡。

　　佛教是公元前 6 世纪在印度兴起的,到公元前 3 世纪印度孔雀王朝阿育王统治时期发展到了巅峰。佛祖释迦牟尼去世后不久,有 500 位僧团的长老集合于摩羯陀国首都王舍城,颂集佛祖生前宣讲的教法。这些教法以口授的方式被保存下来,被称为上座部圣典。佛祖逝世 100 年后,佛教发生第一次分裂。当时产生了两大教派:上座部和大众部。据《大史》记载,为了解决教义分歧,佛教至少举行了三次集结。兰卡佛教徒沿袭了第三次集结的决议,这次集结是公元前 3 世纪阿育王召集的。阿育王时期,印度佛教界决定派遣传教人员到印度的边区省份和国外去弘传佛教,目的是传播教法,建立僧团,使佛教在边远地区和其他国家也能延续不断。

　　公元前 250 年前后,印度孔雀王朝阿育王派其子摩哂陀(Mahinda)长老带领第九个使团来到斯里兰卡岛上传播佛教。斯里兰卡佛教徒认为自己保存的佛教教义是最原始、最纯洁的,因而引以为豪。来到斯里兰卡传教的印度僧人受到了僧伽罗王国隆重的接待,当时的斯里兰卡国王提婆南毗耶·帝沙(Devānampiya Tissa)和摩哂陀相谈甚欢,于是决定在斯里兰卡大力弘扬佛教,据说几天内就有几千人皈依佛教,佛教顺利地在斯里兰卡站稳了脚跟,并迅速得到广泛传播。为迎请摩哂陀到斯里兰卡传教,国王提婆南毗耶·帝沙曾在首都阿努拉德普勒兴建斯里兰卡第一座佛塔睹波罗摩塔(Thuparama)存放佛陀的锁骨舍利,并在皇家园林中修建"大寺"(Mahavihara)供养摩哂陀长老和僧众。帝沙国王是僧伽罗的第一位佛教徒国王,他开启了僧伽罗民族笃信佛教的悠久历史。当时,这是上座部佛教的唯一中心。后来他们又创立比丘尼戒,从菩提迦耶移栽过来圣菩提树的分枝,佛教开始在斯里兰卡全国流行。在密兴多列和阿努拉德普勒发现的佛教碑铭和其他遗迹,都证明了僧伽罗统治者和大批僧伽罗人在佛教传入初期就皈依了佛教。随后的几个世纪里,佛教在印度失去了统治者的保护,逐渐被印度教取代;但是在斯里兰卡,佛教却得到了巩固与发展,并逐步确立了至高无上的地位。事实上,在葡萄牙侵略者到来之前,所有的僧伽罗国王无一例外都是佛教徒。几乎所有的僧伽罗国王都把佛教当作巩固政权的精神支柱,把赞助、支持和保护佛教当成本朝之重任。佛教的传播对巩固斯里兰卡的国家政权有着重大意义。

　　国王扶持佛教僧团,建立寺庙,建造佛塔,使佛教机构日益健全,政治和经济的势力也日渐增大,佛教逐渐取得国教的地位。僧人们充当国王导师,辅佐国王执掌朝政,参与王室内部的权力角逐,并与僧伽罗民众一起投身于

斯里兰卡的寺庙

反抗外来侵略的斗争中。国王也卷入了佛教教派团体的竞争之中。随着公元4世纪佛牙舍利的传入，佛教与王权更加密不可分，佛牙成为王权的象征和合法标志，被统治者竞相追逐抢夺。寺庙享有国库豁免权，可以永久占有村庄。属于佛教庙产的土地和村落形成了对寺院的依附关系，生活在这些村落的村民只为寺院服务并缴纳赋税和徭役，即使国王也不能直接干预寺院或者寺庙所属村落的事务。这一法则在古代斯里兰卡一直被严格执行。随着佛教的到来，巴利文传入斯里兰卡，这对僧伽罗文字的形成有很大影响。佛教在僧伽罗国家的传播没有遇到当地居民的特别反抗。

到公元前2世纪，僧伽罗人已完全接受了佛教。从此，斯里兰卡成了小乘佛教的大本营，是东南亚上座部佛教的导源，东南亚各国佛教多属斯里兰卡大寺派法统。在佛教传入斯里兰卡之初，僧伽罗人原来没有文字，200年后，才开始将口耳相传的佛典用文字记录下来。直到今天，公元前3世纪盛行起来的佛教传统依然是这个岛国的文化主旋律，当年的菩提树幼苗早已开枝散叶，遍布全国。佛教僧侣在婚丧嫁娶或集会等各种社会活动中扮演重要角色。从这个意义上讲，斯里兰卡是世界上最纯粹、最典型的南传佛教国家之一。佛教传入斯里兰卡后，在僧伽罗国家的政治生活中发挥了重大作用。佛教和封建统治者之间建立了一种相互依存的紧密关系。

公元59年被称为沙巴的守门人夺取王位。沙巴只统治了6年便被兰巴建纳人伐沙巴（Vasabha，65—111年在位）夺取王位，开始了兰巴建纳王朝。铭文显示，在整个斯里兰卡岛，没有能够挑战伐沙巴权威的对手。其继任者偶然会因为继承问题或者抵御崛起的印度南部王国的入侵而投入战争，但是斯里兰卡岛大体上相对和平，国泰民安，持续繁荣了将近4个世纪。

伐沙巴即位后广修水库、灌渠，发展农业，同时修复并兴建了许多寺庙，利用布施取得佛教僧团的支持。他修造大型水库并开凿运河，将水从南方湿润地区的河流引至干燥的莫尔沃图河地区，他也成了第一位修建水利设施并向这些村落水库供水的国王。公元 3 世纪末，摩诃舍那（Mahasena）继承王位后，继续发展水利灌溉项目，灌溉工程技术和实践有了显著进步，出现了第一批大型水库，他所修的灌溉工程有 16 座水库和 1 条大渠道。其中最著名的工程是摩尼喜罗水库（Manihiravapi，即敏奈利耶水库），该水库规模宏大，淹没土地 317 公顷。这一时期建成的阿罗阿罗—敏奈利耶—迦弗杜卢灌溉系统是斯里兰卡古代灌溉史上具有划时代意义的伟大工程。水利灌溉事业的兴起促进了农业经济的发展，从而巩固了统治阶级的地位。到公元 8 世纪前后，岛上已经形成包括大型水库、运河和灌溉渠道在内的庞大水利设施网络，精巧、密布的灌渠把水库中储存的水引到一块块稻田。在阿努拉德普勒王国的全盛时期，有 400 万到 500 万人生活在北部干燥地区，约占全岛人口的90%。到公元 9 世纪，斯里兰卡内陆山地的低洼河谷中出现了一些定居点，东部和西南部海岸的椰子种植也有所增加。

因为地缘关系，斯里兰卡不断受到来自印度南部的泰米尔人的入侵。公元前 3 世纪，发生了印度南部泰米尔人对僧伽罗国家的第一次大规模入侵，印度南部朱罗国统治者伊那罗征服了僧伽罗国家，并在阿努拉德普勒统治了44 年。僧伽罗人进行了英勇反抗，最终恢复了僧伽罗国家。自公元 433 年开始，印度南部的泰米尔人大规模入侵斯里兰卡，结束了斯里兰卡王国的安宁局面，僧伽罗国家再次丧失主权，在此期间，至少有 7 位泰米尔国王在岛上实施过统治。在组织反抗泰米尔人统治、恢复本国王权的过程中，出现了斯里兰卡历史上最伟大的君主之一，即来自鲁呼纳（Ruhana）①的达都舍那（Dhātusena）。公元 459 年，他击败了最后 3 个泰米尔人国王，并在阿努拉德普勒建立了摩利椰王朝（459—522 年）。这位国王对佛教十分慷慨，修建了 18 座新庙，修缮了许多大的寺庙，派一个宗教使团前往中国。还在阿努拉德普勒修建了巨大的卡拉瓦瓦水库（Kalāvāva），开凿了 87 公里长连通卡拉瓦瓦水库的运河。这一时期，斯里兰卡已经成为西方和远东之间海上贸易的货物集散地。

公元 409 年（东晋义熙五年），中国和尚法显从恒河口的多摩梨帝登船，

———————————

① 鲁呼纳，古代对斯里兰卡南部的称呼。

经14日抵楞伽岛，登岸狮子国。此国时值大名王(Mahanama，406—428年在位)统治。法显把这个国家称为"狮子国"，并把它描述成一个和平、繁荣的佛教王国。根据记载，法显在斯里兰卡停留两年，求得一部《弥沙塞律》，还有《长阿含》《杂阿含》及《杂藏》各一部。他把自己的求法经历和一路上的所见所闻，写成了一部闻名中外的游记——《佛国记》。《佛国记》是法显和尚以自叙形式写成的记述其西行求法经历的著作。它以西域、天竺、狮子国等地佛教概况记述为主，比较全面地记录了5世纪初中亚、南亚以及东南亚地区的政治、宗教、风俗习惯、经济状况、地理情况以及考古等方面的信息，是研究印度洋、太平洋和中国南海交通史最早、最可靠的文字实录，也是研究古代南亚史、中亚史、佛教史、中外关系史以及历史地理学不可或缺的文献资料。《佛国记》中关于狮子国的部分，共计有汉字1 741个，占全书总字数的1/8。书中介绍了斯里兰卡的佛教盛况，记述了法显在佛教圣城阿努拉德普勒居住两年，先后瞻礼、朝拜著名的鲁梵伐利耶舍利塔(Ruvanvalisaya-dagoba)、无畏山寺(Abhayagirivihara)、支提山寺(Cetiyagirivihara)、大寺及大菩提树(Srima-habodhi)的经过，以及他目睹狮子国国王亲自主持盛大的佛牙游行和供养法会的盛况。《佛国记》中还说，狮子国佛教兴盛，且举国上下，人人都虔诚供养、礼敬三宝。《佛国记》对于这个国家的地理方位、气候植被及历史发展都有简要介绍："其国本在洲上，东西五十由延，南北三十由延"(地理)、"无冬夏之异，草木常茂"(气候植被)、"其国本无人民，正有鬼神及龙居之。诸国商人共市易，市易时鬼神不自现身，但出宝物，题其价直，商人则依价置直取物。因商人来、往、住故，诸国人闻其土乐，悉亦复来，于是遂成大国"。这一段讲述了古代斯里兰卡的原始居民、历史和经济。商业使斯里兰卡成为东西方海道上的明珠，远至罗马、阿拉伯半岛都有商人来贾(《佛国记》中提到的"萨薄商人"就指阿拉伯人)。《佛国记》中说狮子国的农业，因为地广人稀，可以随意耕植，他称为"田种随人，无所时节"。法显来到狮子国的王都"阿努拉达普罗"，他称王城中"屋宇严丽，巷陌平整"，俨然繁华都市。

实际上，在古代印度洋贸易体系和东西方贸易中，斯里兰卡扮演了非常重要的角色。公元1世纪，罗马史学家普林尼就对僧伽罗人的航海做了考察。当时，僧伽罗人可以到达阿拉伯半岛的西南部，而红海地区的水手也能够抵达印度和斯里兰卡。6世纪，斯里兰卡成为印度洋贸易的枢纽，东西方产品在此汇集和重新分配。斯里兰卡是海上丝绸之路商贸的必经之地。中国丝绸和瓷器在斯里兰卡很受欢迎，而斯里兰卡输往中国的物产主要有猫眼宝石、麝香等。中斯两国在贸易上互通有无，这种经贸往来推动了海上丝绸之路的发展和繁荣。公元 5 世纪到 7 世纪，国际贸易也使斯里兰卡极其繁荣。

公元 8 世纪以后，外来民族对斯里兰卡的入侵时有发生。僧伽罗王族也开始介入印度南部事务，几代国王都曾参与印度南部潘地亚（Pandya）、帕拉瓦和朱罗人（Cola）之间的王位之争。有些国王还大量雇用泰米尔雇佣军来对付敌人，这些都对僧伽罗国家发展造成了很大影响。公元 8 世纪，印度南部朱罗国强大起来，泰米尔人入侵更加频繁。947—993 年，朱罗人入侵，把斯里兰卡的一部分土地并入朱罗帝国版图。1017 年，朱罗人攻入鲁呼纳，占领了全岛。从此，佛教便丧失了它的国教地位，而且再也没有恢复它昔日的辉煌。

泰米尔人的统治引起了僧伽罗人各阶层的不满，泰米尔统治者从斯里兰卡榨取大量资财进行侵略战争，在印度南部修建豪华的印度教庙宇，而不去维修岛上复杂的水利系统。村社农民还受到本国封建主的双重压迫，商人和手工业者也对泰米尔人的竞争感到不满。在朱罗人占领期间，僧伽罗人进行了不屈不挠的反抗，1055 年僧伽罗王族后裔揭帝王子控制了鲁呼纳，并在此称王，号称维舍耶巴忽一世（Vijaybahu I，1055—1110 年在位）。他经过长期努力，趁朱罗人与邻国作战之机于 1070 年收复失地，夺回了阿努拉德普勒，结束了泰米尔人在北部长达 70 余年的统治。由于阿努拉德普勒已经破败不堪，维舍耶巴忽一世被迫迁都波隆纳鲁瓦，波隆纳鲁瓦王朝（1070—1263 年）开始。

由于长期战乱，国家十分贫困。维舍耶巴忽一世努力恢复生产，维修遭到破坏的水利灌溉设施。为振兴佛教，维舍耶巴忽一世请求缅甸国王派遣德高望重的长老僧人到斯里兰卡举行受戒仪式，接受大批僧伽罗人进入僧团，使斯里兰卡的佛教重新发展起来，僧伽罗文化也得到了长足的发展。但是后来王室内讧，战乱又起，全国形成割据局面。1153 年，罗舍罗多的波罗迦罗摩巴忽一世（Parkramabahu I，1153—1186 年在位）攻占波隆纳鲁瓦，平息了内乱。在其统治的 30 年时间里，他采取一系列措施，结束了割据局面，统一了斯里兰卡，成为斯里兰卡历史上最有影响的国王。他在位期间，兴修了几百座水库以及数千条水渠，其中最大的水库是波罗迦罗摩海，蓄水面积达2 000 多公顷，可灌溉 7 300 余公顷土地。这些水利设施的兴修大大推动了农业生产的发展,使国家获得了"东方谷仓"的美誉。在他统治期间,没有发生印度南部泰米尔人入侵事件,僧伽罗国家经济繁荣,军事强大,使古代斯里兰卡发展到了自己的最繁荣昌盛的时期。

直到1214年,羯陵伽·摩伽(Māgha,1215—1255年在位)率领24 000人的马来人军队在斯里兰卡登陆,他们攻占首都波隆纳鲁瓦,逮捕国王,掠夺其宝库。羯陵伽·摩伽的主要兴趣是在沿海地区,他将内陆地区交给以前印度侵入锡兰时留下来的泰米尔人管理,这样泰米尔人占领了波隆纳鲁瓦和斯里兰卡整个北部地区,即古代僧伽罗文明的中心地区。马来人没收寺院和私人财产,并将庙宇划拨给军队居住,大肆掠夺斯里兰卡人民的财富,强迫人民改变信仰。恐怖统治盛行一时。

在反击马来人占领波隆纳鲁瓦的斗争中,1232年,一个短命的王朝在波隆纳鲁瓦西南70公里的檀巴德尼椰(Dambadeniya,今库鲁内加拉地区)建立,史称檀巴德尼椰王朝(1232—1326年),这个王朝由维舍耶巴忽三世(1232—1236年在位)建立。维舍耶巴忽三世出身不明,有些史料称他是早期阿努拉德普勒国王的后裔,有些史料称他具有印度血统。他降服了许多反对他的人,清除了驻扎在摩耶罗多地区的泰米尔人军队,控制了整个摩耶罗多地区。尽管他没有君主世袭的正统性,但是由于占有佛牙舍利和佛陀遗体,维舍耶巴忽三世作为摩耶罗多统治者的地位得到了宗教和法律的认可。维舍耶巴忽三世去世后,他的儿子波罗迦罗摩巴忽二世(1236—1270年在位)立志效仿古代民族英雄,把马来人赶出斯里兰卡。1255年,波罗迦罗摩巴忽二世打败了摩伽,并收复了波隆纳鲁瓦。泰米尔人被赶到了贾夫纳半岛及其邻近地区。但总的来讲,檀巴德尼椰王朝比较弱小,波罗迦罗摩巴忽二世的次子布伐奈迦巴忽一世(Bhuvanaikabahu,1272—1284年在位)时,曾试图在干燥地区建立自己的统治。这也是僧伽罗人在干燥地区建都的最后一次尝试。他曾大力发展对外贸易,向中国送去了代表良好意愿的礼物。1284年布伐奈迦巴忽一世去世后,饥荒席卷了这个地区。而在此期间,来自印度的潘迪亚王国再次入侵斯里兰卡,并掠走了佛牙。

但此后为避开外来入侵,僧伽罗王族采取偏安政策,王都一再向西南迁移。在此后的100年里,斯里兰卡战乱频繁、内乱迭起,不仅没有修建新的水利设施,已经修建的水利设施也被毁坏殆尽,从此,斯里兰卡北部水利文明走向衰落,田园荒芜,饥饿、疾病和压迫导致了干燥地区居民的大批死亡。僧伽罗人大批逃离家园,从干燥地区迁移到不需要依靠人工灌溉的人烟稀少的西南部潮湿地区和中部高原地区，这些地区逐渐成了僧伽罗居民聚居的地区，这就是所谓的"西南大迁徙"。而北部、西北部和东部沿海地区则留给了讲泰米尔语的居民。这种人口大迁徙对斯里兰卡未来的历史发展产生了重要影响。约 14 世纪初（一说 13 世纪），泰米尔人在斯里兰卡北部建立了贾夫纳王国。这是斯里兰卡历史上的一个重大事件，从此这个海岛分成了两个不同民族居住的地区。

僧伽罗政权的南移，给斯里兰卡社会经济带来了严重后果。随着人口南迁，在北部中间区域修建的水利排灌系统废弃，大量无数村庄淹没在莽林之中。南迁后，僧伽罗王朝一再走下坡路。干戈四起，寺庙荒废，史书不修。废弃的水库、不流动的水塘成为蚊蝇的滋生地，加剧了疾病的传播。故史家把这一王朝与后来的甘波罗王朝和康提王国统称为"衰微时期"。

僧伽罗人的南迁以及王国的衰微，使得泰米尔人有机会更好地控制斯里兰卡北部，尤其是贾夫纳半岛周围地区。13 世纪后半期开始，来自印度南部的泰米尔人取代马来人对斯里兰卡北部的统治，建立了泰米尔人的国家。他们以印度教为精神支柱，发展了与僧伽罗人截然不同的社会文化，日益把这里当作自己的家园。泰米尔国家逐渐在北部取得了合法地位，并且一度在斯里兰卡相对于僧伽罗人王国占据优势地位。这一时期泰米尔人在贾夫纳地区定居与发展，和历史上印度南部的泰米尔人入侵不同，这是在一定程度上得到了僧伽罗王国认可的人口迁入，使泰米尔人在斯里兰卡北部取得更大的合法性。泰米尔人国家的出现，是斯里兰卡民族发展史上的一件大事，它奠定了僧伽罗和泰米尔两大民族南北分布的基本格局，也对后来的僧伽罗国家的历史发展产生了重大影响。

大约 1335 年，维舍耶巴忽五世创立新王朝。后来其都城从库鲁内加拉迁到中部山区的甘波罗，史称为甘波罗王朝时期（1341—1408 年）。不久斯里兰卡全国形成了三足鼎立局面。除了甘波罗王国外，还有具有马拉雅拉姆人血统的僧伽罗人阿罗吉湿婆罗家族在西部建立的罗依伽摩王朝、泰米尔人在北方建立的贾夫纳王国。甘波罗王朝曾利用罗依伽摩王朝内讧之机战胜了它。但后来在一次泰米尔人的进攻中甘波罗势力受到削弱，王都迁到鲁呼纳，罗依伽摩趁机控制了甘波罗，成了僧伽罗人的实际统治者。

至 14 世纪中期，泰米尔人的贾夫纳王国已有效地控制了西北部海岸到普塔拉姆（Puttalam）的地区。1360 年前后，军事力量占优势的贾夫纳王国一度取得甘波罗王国的某些经济特权长达 10 年之久。僧伽罗人的阿罗吉湿婆罗三世(Alakesvara III)时曾扩充军队,储粮备战,在科伦坡附近建立要塞,并控制了国际贸易,赶走了贾夫纳王国的收税官。此后几十年中两国一直处于交战状态。贾夫纳王国向南扩张的势头虽然被遏制住,但僧伽罗人仍认为来自北方的压力将是持久的。因而僧伽罗人的都城一再南移,从山区迁到了今科伦坡附近的西南海岸地区。14世纪,僧伽罗人在科伦坡附近的科特建立要塞,并以此为中心对抗北部泰米尔人政权。这实际上是僧伽罗人的王朝持续衰落的表现。

1412年,波罗迦罗摩巴忽六世(1412—1470年在位)建立科特王朝(1412—1597年),这是历史上僧伽罗人的王朝最后的黄金时代。1432年前后科特王国击败了来自印度德干高原从海路大举进攻的建那底人。1450年前后,波罗迦罗摩巴忽六世经过精心准备,进军贾夫纳,使斯里兰卡自波隆纳鲁瓦王朝灭亡以来第一次获得了政治上的统一。波罗迦罗摩巴忽六世统治时期是斯里兰卡中世纪史上最辉煌的时期,这是斯里兰卡复兴和文学、艺术、教育繁荣的开端。

1470年波罗迦罗摩巴忽六世去世后,其子布伐奈迦巴忽六世(Bhu-vanaikabahu VI)继位,国家从此再度出现纷争,国家再次进入多难时期,至1476年前后发生地方首领叛乱。中部优陀罗多(Udarata)地区的一位王子也举起反叛大旗,脱离了科特王国控制。"优陀罗多"意即"高山之地",原属甘波罗王国,后来是科特王国的属地。波罗迦罗摩巴忽六世去世后,这一地区再度宣告独立。而被赶到印度北部的泰米尔人这时也趁机东山再起,再建立贾夫纳王国,岛上再度出现三国鼎立的状态。

这时在经济活动领域出现了一个新的趋势,贸易的作用比以前更大。例如,随着十字军东征后欧洲对香料的需求增加,盛产于斯里兰卡西南海岸森林中的肉桂成了重要的出口商品。国家从肉桂的贸易中获取了巨额利润,其结果是国王对种植谷物的依赖减少,同时还要阻止北方的泰米尔人南下分享这种利润。

这一时期的贸易还有一点值得注意,那就是斯里兰卡的对外贸易是由岛上的阿拉伯居民控制的。阿拉伯人在12—13世纪来到岛上,最初,他们仅居住在沿海地区充当转手商人,后来其活动范围逐渐扩大,开始把肉桂、宝石和珍珠从岛上运出。他们与当地居民相互通婚,他们的后代成了摩尔人的始祖。这为斯里兰卡多元社会增添了新的成分。随着摩尔人人口的逐渐增加,他们为追逐贸易利益,逐渐居住到更多的沿海地区及港口城镇。由于斯里兰卡统治者开始对发展对外贸易感兴趣,他们对摩尔人予以支持和保护,一些摩尔人被授予很高的爵位,甚至被授予土地。13—15 世纪,斯里兰卡的摩尔人无论在商业还是在政治影响方面都达到了顶峰。1344 年,阿拉伯著名旅行家伊本·白图泰造访了贾夫纳王国。他可能是在普塔拉姆港口登陆的。中国明

加莱角附近的肉桂园

朝曾在公元 1405 年至 1433 年间,派郑和率领一支规模宏大的舰队 7 次抵达印度洋,每次都抵达斯里兰卡,与岛上官方、民间充分互动,郑和下西洋,将海上丝绸之路的发展推向了高潮。

1478 年,布伐奈迦巴忽六世之子波罗迦罗摩巴忽七世继位。几年后,他的叔父维罗·波罗迦罗摩巴忽八世(Vira Parkramabahu VIII)向科特进军,于 1484 年杀死国王,登上王位。他的统治末期,葡萄牙殖民主义者入侵,斯里兰卡的历史发生了新的变化。

1505 年葡萄牙人到来的时候,岛上已经形成了科特王国、康提王国、贾夫纳王国三国分治局面。此时,科特王国的势力已经被压缩到斯里兰卡西南部和西北部。尽管如此,它仍然是该岛疆域最大、人口最多、实力最强的政治实体,经济贸易也是三个政治实体中最发达的。

第三节　斯里兰卡古代社会经济结构

在西方殖民者入侵斯里兰卡以前,斯里兰卡社会沿着一条独特的道路向前发展。

斯里兰卡有文字记载的历史长达 2 000 多年,由于根植于南亚地区的文

化土壤,斯里兰卡的历史发展具有这一地区鲜明的色彩。斯里兰卡位于印度次大陆的南端,四周环海,印度是斯里兰卡唯一的近邻,这种地理环境使得斯里兰卡长期以来不可抗拒地处于印度的全面影响之下,斯里兰卡的两大民族——僧伽罗人和泰米尔人也都来自印度,这决定了斯里兰卡古代社会要在许多方面依照印度模式发展。从语言、日常习俗到宗教信仰,斯里兰卡都是印度文化的学习模仿者和发扬传承者。而斯里兰卡的泰米尔人更是与印度存在根深蒂固的文化依附。但由于其特殊的地理位置,斯里兰卡抵制了"印度化",与印度始终保持着一定的距离,它自古以来就独立存在,走过了一条与印度不尽相同的民族发展道路,其民族文化又具有某些自身的特色。

佛教从传入斯里兰卡之日起,就逐渐奠定了其国教地位,提婆南毗耶·帝沙国王对佛教的热忱传递给了他的继任者们,国王对佛教的态度也使佛教僧团获得更多的支持并且在民间保持更大的吸引力,佛教寺庙遍布全国。在反抗泰米尔人的军事行动中,僧伽罗民族英雄杜多·伽米尼提出了"国破佛教在"的口号,并以此精神鼓舞团结僧伽罗族人民反抗泰米尔人统治。这样的动员方式被认为是斯里兰卡历史上第一次出现的僧伽罗民族主义情绪,其结果就是佛教至上的情绪弥漫在所有僧伽罗人心中,不管其政治立场和宗教态度如何,非佛教徒一律被僧伽罗人视为非我族类。这样的"宗教民族主义"在斯里兰卡历史上多次出现,对斯里兰卡历史发展产生了巨大影响。到公元5世纪高僧法显辗转来到斯里兰卡时,看到的是一个僧侣如云、佛事鼎盛的佛国。

在斯里兰卡历史的早期,离心倾向居主导地位。主要的农业定居点处于半独立的王国的控制之下。国家设立有各种部门,其中建筑、司法和税收部门占有尤为重要的地位。国家主要依靠军队来掌握政权,军队由直接从国王那里得到土地的人组成,军队统帅的权力很大。在西方殖民者入侵以前,岛上三国实行的都是落后的封建制度。科特和康提两个僧伽罗国家具有相似的社会结构。科特国王名义上是全岛的国王。从理论上说,僧伽罗国王是一个专制君主,王位一般传给弟弟或儿子,但是传统和习俗对其专制主义有很大的抑制作用。

在古代僧伽罗社会中,僧伽罗国家土地属于国家所有,土地和农产品是国家的基本财富。国王是土地的最高占有者,它支配全部财产,无人继承的财产要归还给国王,国家对土地的占有是国家稳固的基础,这一点和印度北部的王国相似。国王直接拥有的土地为王室村庄,占国内土地的大部分,通常为王国内最富有的村庄。国王还捐赠大量土地给佛教寺庙,寺庙成为大土地所有者,享有税收和司法的豁免权。

个人所有土地有三类:(1)世袭免税土地,因特殊功勋由国王赏赐;(2)因担任军职或行政上的职务而得到的终身享用的俸禄田,这种土地基本上是一种有条件的薪俸,在持有土地人任职期间归他使用,后来往往成了世袭土地俸禄;(3)某些直接为宫廷或寺庙服务的手工业者的土地。

这种土地占有制度对国王的专制是一种牵制。实际上,斯里兰卡古代社会有两个显著的特点:(1)中央政权相对软弱;(2)土地成了决定社会经济关系的重要因素。僧伽罗王国并非一个高度中央集权的专制结构。土地及对土地的权利由众多个人以及机构分享,处于众多的土地寡头控制之下。这种土地占有关系和王室岁收的模式在整个僧伽罗国王统治时期变化很小。

所以尽管斯里兰卡古代历史上曾有强有力的国王统一全岛,但是很少有人能有效控制国家。国王对国家的控制相当弱。这种封建关系的发展、分离倾向的滋长和国家对土地占有的削弱,使得国内争夺权力、争夺王位的事件频频发生。斯里兰卡的王朝更迭也比较频繁。

御前会议是国家决定重要政治或行政事务的机关,国王出席御前会议,参加御前会议的有王子、王族成员、军队统帅、省长、行政区官吏和以商界首脑为首的最有名望的商人。佛教传入斯里兰卡后,僧侣阶层逐渐在王国政治中发挥相当大的影响。佛教僧团在岛上有相当可观的政治和经济势力,拥有大量的土地,国王统治的稳固必须依靠僧团的支持。在王国单独的地区或行政区都设有地方官吏,他们在地方上代表国王的权力,负责监督税赋的及时征收和解决最重大的争端。

在波罗迦罗摩巴忽一世统治时期(1153—1186 年),国家极度兴盛,全岛分成 12 个省,每个省都设有省长;省以下设有 84 个行政区,由国王任命的官吏管理,履行民政和军事职能。

在斯里兰卡古代社会,农业是国家的经济基础,国家收入的主要来源是土地税,村社农民是主要的纳税者,国家的总收入中约有 3/4 来自王室村庄。村社是国家最基层的经济和行政单位,村长由村民选举产生,一般都是村里最富有经验和德高望重的人。村长在村庄里代表国家利益,但在国家的面前又保护村民利益。村长监督农业生产的全部过程,规定日期并带头动手维修水利系统,播种和收割庄稼;他还有权调解村社内部的冲突。尽管村长威望很高,但村社所有重大事宜,他都必须和持有土地的村民们商议。

村社的农民属于土地耕种者种姓——瞿维。在僧伽罗人中,瞿维是高级种姓。农民、手工业者、国家和村庄仆役都要为国家服劳役,叫作王役。村社成员每年向定期到下属村庄收税的王室收税官缴纳国家赋税。有学者统计,在 12 世纪,斯里兰卡农民缴纳的税量为自己产量的 11%。每个村庄,同时也是村社,组成一个统一的经济共同体,全体村民之间相互关联,相互依赖。他们必须依靠集体的力量维护堤坝、水闸、水渠和其他灌溉设施。要增加土地税的税额,就必须增加水浇地的面积,因此历代国王都特别重视水利设施的建设。国家的任务是排除潮湿地区的积水,扩大干燥地区的灌溉系统,使更多的土地适于耕种。14 世纪后,随着僧伽罗人政治中心南移,原来干燥地区的水库、灌渠等水利设施逐渐荒废。热带雨林的货物交换十分困难,城市逐渐萎缩成集镇。而西南部新兴的人口中心与僧伽罗人古代社会有天壤之别。农民们面对的是贫瘠的土地、过量但不确定的降水,以及起伏不定的丘陵地形。椰子的种植范围有所扩大,椰子取代了芝麻籽成了植物油的主要来源。

14 世纪正值印度洋贸易繁荣时期,斯里兰卡仍然是印度洋贸易中重要的一环,也是海上丝绸之路重要的贯通点。国家直接经营的国际贸易的收益,也是国库收入的一项重要来源。斯里兰卡对外贸易发达,是东西方贸易的重要纽带,与印度有着传统的贸易联系,并通过马六甲与东南亚和中国进行贸易。槟榔果、大象、巧夺天工的宝石、珍珠、肉桂等,都是斯里兰卡的大宗出口商品。大米、糖、纺织品和香料是斯里兰卡重要的进口商品。科伦坡和加勒(Galle)成了重要的对外贸易港口。国家特设立"内务部",负责管理珍珠海岸、宝石矿山,以及生产一切具有出口价值的物品。当时国家主要的进口物是布匹和干鱼,交换以物物交换为主。商人驾驶牛车,游行各地,从事国内贸易。他们停车进行交易的地点叫作"多发罗姆",为了维持这种国内交通,国家必须维修公路,使其保持良好的状态。

由于统治者不再享有主要由大米产量过剩而产生的土地收益,国王越来越依靠臣民提供的普遍义务服务(王役)来耕作王室土地,为官员提供俸禄,维护公共设施以及提供贸易所需要的货物。

在葡萄牙人到来以前,肉桂和其他一些货物的专卖权垄断在僧伽罗统治者手里,为统治者提供收入。但是,僧伽罗人本身不从事贸易活动,几乎全部转手贸易都掌握在摩尔人手里。这限制了本地贸易的发展。科特王国的统治者对摩尔人是支持和保护的,一些摩尔人被授予很高的爵位。外国商人在斯里兰卡的港口一律受到保护。到王朝晚期,在各大城市和港口中,大都住有富商,其中多为外国人。商人们不仅积累财富,而且还形成政治势力。商人们受到保障,不必缴纳非法税款。到公元 14 世纪,斯里兰卡国际贸易的中间人,多数是阿拉伯人,科伦坡及其他港口都有阿拉伯商人的重要居留地。

公元 13 世纪,泰米尔人在贾夫纳半岛建立了泰米尔王国。北部的泰米尔人社会结构接近于印度南部的社会经济结构,同时在某些方面受到僧伽罗社会制度的影响。泰米尔人社会中,不存在国家对土地的占有制,但存在较为严格的种姓制度。斯里兰卡泰米尔人中人数最多,也是地位最高的种姓是维拉拉。这个种姓既包括一般村民,也包括土地占有者,而其他种姓或者作为奴隶,或者是由于种姓义务制度使他们依附于土地,依附于村社。在政府和维拉拉之间发挥职能作用的封建主和官吏在斯里兰卡泰米尔人中居于次要地位。国家不就占有土地本身而征税,而是就属于某一种姓而征税。

在斯里兰卡泰米尔人国家中,存在着隶属于最高当局的双重体制,所有种姓都有金字塔式的种姓官僚机构,而各个种姓的最高官吏则直接听命于国王,他们也负责为国家征收税赋。与此同时,泰米尔国家也存在着地方官吏,但他们主要履行政治性和行政性职能,与征收税赋几乎不发生关系。这种政治制度无论是与印度南部,还是与僧伽罗人国家都有很大区别。而且这种制度长期以来几乎一成不变地沿袭下来,甚至葡萄牙人、荷兰人长期统治的影响也没有引起重大变化。泰米尔人信奉印度教,这对斯里兰卡佛教也有影响。

总之,在 16 世纪初期葡萄牙殖民者入侵斯里兰卡前夕,僧伽罗国家经过了一个困难时期。由于封建关系的发展、国家对土地占有的削弱、国内的离心倾向加剧。国王作为王国最高统治者越来越有名无实。葡萄牙殖民者到达斯里兰卡前夕,岛上形成了这样的局面:在政治上,这个岛国是个四分五裂的国家。海港实际上掌握在摩尔人手中。北部是泰米尔人统治。中部广大地区则分成了许许多多小块封建采地,每一块采地都有着自己的首领,他们认为自己是中央统治者的诸侯,但实际上却不服从最高当局。南方名义上的君主是科特国王达摩·波罗迦罗摩巴忽九世,但是巴杜拉、甘波罗、佩拉德尼耶、康提和马哈加姆等地的小统治者们却制造麻烦和发动叛乱,多次置科特国王于危机之中。随着欧洲殖民主义者的入侵,斯里兰卡人民的历史命运就更加悲惨了。

作者点评

斯里兰卡位于印度次大陆南端,是印度次大陆的“一滴水滴”,地处东西方交通要道,这样的地理环境,深深影响了古代斯里兰卡的历史。从古代僧伽罗人的形成,到佛教的传入和发展,从印度南部泰米尔人的入侵到僧伽罗人南迁,无不和这一特殊的地理环境有关。而古代印度对斯里兰卡文明的塑造影响最大,斯里兰卡长期处于印度的全面影响之下,但却抵制了"印度化",具有岛国历史发展的相对独立性,形成了自己鲜明的民族特色,这种民族特色也为斯里兰卡独立后的民族冲突埋下了伏笔。斯里兰卡古代历史上有两个辉煌时代:一是阿努拉德普勒时代,约从公元前4世纪开始,持续时间长达1 000多年。这一时期,僧伽罗人不仅从印度迁至该岛,还建立了灿烂的水利文明。斯里兰卡北部成了僧伽罗国家的中心。二是波隆纳鲁瓦时代。从11世纪中叶到13世纪中叶。这一时期由于泰米尔人入侵,北部成了泰米尔人居住区,僧伽罗人逐渐从北部的干燥地区迁移到南部的潮湿地区,僧伽罗国家再度复兴。僧伽罗和泰米尔两大民族之间的战争给僧伽罗民族造成巨大影响。斯里兰卡历史上僧伽罗人和泰米尔人之间的战争连绵不断,泰米尔人曾多次推翻僧伽罗人的王国,在岛上建立自己的统治。僧泰战争不仅给两族人带来了深重的灾难,而且改变了两族人的民族发展道路,对整个斯里兰卡岛的民族构成状况和地理分布都产生了重大影响。斯里兰卡僧伽罗人和泰米尔人南北分布的局面,就是僧泰战争导致的直接结果。到1505年葡萄牙人入侵斯里兰卡时,岛上呈现出三足鼎立的局面。主要有三个王国:北部泰米尔人的贾夫纳王国,西南部的科特王国,从中部向东海岸延伸到山区高地的康提王国。其中最大和最有力量的国家是科特王国。不过那时,僧伽罗国家已开始步入衰微时代。

佛教从公元前3世纪从印度传入斯里兰卡后就很快生根发芽,迅速壮大,并且在斯里兰卡形成了一个健全的宗教体系。从开始传入佛教就受到了僧伽罗统治者的庇护和资助,被赋予极高的政治地位。佛教僧侣在僧伽罗国家社会政治生活中发挥了重大作用。他们充当国王的导师,辅佐国王执掌朝政,参与王室内部的权力角逐,并与僧伽罗民族一起投身于抵御外来入侵者的斗争中。僧伽罗统治者为了巩固自己的统治地位,也极力保护佛教,推动佛教事业的繁荣和发展。他们大力兴建佛教寺庙,慷慨地布施僧团,并极力促进佛教文化的繁荣。在和泰米尔人的战争中,佛教成了巩固僧伽罗国王的统治,团结全体僧伽罗人民共同抵御外来侵略者的精神力量。由于统治者的保护和扶植,佛教在僧伽罗国家逐渐发展形成一股强大的政治力量和经济势力。佛教僧团为了维护自己的利益,多次干预僧伽罗国家政治,非佛教人士被视为异类。这对斯里兰卡独立后民族冲突的发展,产生了重要的影响。16世纪后,随着葡萄牙、荷兰、英国等西方殖民者的入侵,斯里兰卡佛教受到打击,但仍然在凝聚僧伽罗人的民族力量、团结僧伽罗人反抗殖民主义方面起到了重大作用。

第二章
葡萄牙、荷兰统治时期(1505—1796 年)

　　1498 年,瓦斯科·达·伽马①绕过好望角抵达印度。葡萄牙人紧随其后在印度西海岸建立了殖民统治,并由弗朗西斯科·德·阿尔梅达(Francisco de Almeida)出任首任印度总督。1505 年,葡萄牙殖民者到达斯里兰卡,斯里兰卡从此逐渐沦为西方殖民强国的殖民地,进入了灾难深重的殖民地时期。后来,荷兰、英国也相继入侵斯里兰卡。西方殖民者将近四个半世纪的殖民统治,给斯里兰卡人民造成了深重的灾难,同时对斯里兰卡产生了深远的影响。它改变了斯里兰卡的历史发展方向,开辟了斯里兰卡的历史新纪元。从此斯里兰卡被西方殖民者强行拉入资本主义现代世界体系,被强行拖入资本主义现代化的行列。

第一节　葡萄牙统治时期(1505—1658 年)

　　15 世纪后半叶,斯里兰卡封建王国走向衰落,面积仅有 6 万多平方公里的岛国分裂成了多个小国。这时,斯里兰卡处于 3 个地方政权鼎足而立的状态。除了南部的沿海地区、中部山区以及北部的贾夫纳半岛分别形成的权力中心,还有一些小的封建割据势力。

　　16 世纪初期,葡萄牙在不断进行的海外殖民扩张中已经发展成为在东方占有优势的海上强国。在达·伽马率领的葡萄牙船队于 1498 年绕过好望

---

① 瓦斯科·达·伽马,葡萄牙航海家,曾于 1498 年和 1502 年两次远航东方,开辟了从欧洲直达印度的新航海线路,从而为葡萄牙垄断欧亚之间的贸易和掠夺亚洲各国人民开辟了新的道路。

角来到印度洋之后,垄断印度洋上海上贸易的阿拉伯人就遇到了更加强有力的竞争对手,由于葡萄牙人在印度和其他东方国家沿海地区建立的租借地和殖民地越来越多,阿拉伯商人的海上贸易活动受到很大威胁。为了躲避葡萄牙人的军舰,阿拉伯商人的运货船只往往不得不避开正常航线,而绕道葡萄牙人军舰很少出没的地方。

据记载,1505 年,在一次海上搜捕中,葡萄牙驻印度总督弗朗西斯科·德·阿尔梅达派遣自己的儿子洛伦索(Lourenco de Almeida)率领船队去追击进行海上偷运工作的阿拉伯运输船。由于海上突然起了风暴,海浪愈来愈大,惊恐万状的葡萄牙人不得不尾随阿拉伯人的海船进入一个港口躲避,这个港口就是位于斯里兰卡西部沿海地区的科伦坡。就这样,葡萄牙人偶然间发现了印度洋上的珍珠宝岛——斯里兰卡。船长带领士兵下船,发现这个岛屿犹如天堂。视线所及,到处覆盖着浓绿的树荫,赤铜色皮肤的原住民站在海滩上,用好奇又惊恐的眼光偷望着海上来的白皮肤陌生人。更令这群殖民者欣喜若狂的是,他们发现岛上盛产香料,包括肉桂。这种神奇的东方香料,自罗马时代起就风靡欧洲,当时的价格甚至高过黄金。

据估计,1505 年葡萄牙人到来之前,斯里兰卡岛上人口大约有 60 万人。其中 15 万人在贾夫纳王国统治之下,40 万人在科特王国统治之下,其余的在北部及中部的干旱地区。当地居民并没有意识到葡萄牙人日后会成为自己的敌人,所以葡萄牙人在岛上受到了岛上居民的友好接待,诸如提供食物和帮助。阿尔梅达的使者被带到科特王宫,葡萄牙人和科特王国的统治者签订了一项贸易协定,同意葡萄牙人在锡兰进行香料贸易,科特每年提供 400 巴巴斯的肉桂,条件是葡萄牙人承担保卫科特王国海岸的任务。

不可否认,葡萄牙殖民者发现这个岛国有一定的偶然性,但是,这个偶然发现的事件中,却孕育着殖民者对这个岛国侵略的必然性。葡萄牙人来到岛上后,就在科伦坡竖起了殖民者领土扩张的标志——葡萄牙人标示土地发现的柱标。

斯里兰卡在印度洋上所处的重要的地理位置和战略地位以及岛上的丰富物产使这些殖民者垂涎三尺。葡萄牙国王曼努埃尔(1495—1521 年在位)曾致信印度的果阿总督说:"我们认为,您应该到上面提到的锡兰去,在那里修筑要塞,并派驻一定数目的人员和船只以保证他们的安全。我们感到,考虑到这个岛的财富:芳香的肉桂、各种宝石、各种印度象和其他许多既珍贵而又获利高的物品,您应该竭尽全力。"考虑到斯里兰卡的重要战略位置,曼努埃尔国王又指出:"我们认为,您的主官邸应该设在那里,因为您显然将处于全部发生事件的中心。您的到来将给我们的力量和您的人员以极大的权威。"由于葡萄牙人当时主要在印度西海岸扩张势力,13 年后,葡萄牙殖民者才再次来到斯里兰卡。1518 年,一支由 19 艘军舰组成的葡萄牙舰队在海军将领洛佩茨-苏阿列茨·阿尔瓦连戈的带领下,在科伦坡附近靠岸,当时的科伦坡叫作科拉-安姆巴(Kola-amba),意思就是芒果港,这个港口离科特不远。这一时期正是斯里兰卡政治上不稳定的时期,科特内部发生了权力纠纷,各个权力集团都在寻找外部力量的支持。科特统治者被迫同意葡萄牙人在此修建要塞。葡萄牙军舰运来了建筑材料、工人和 700 名装备精良的士兵。这样,葡萄牙人在斯里兰卡的这个港口建立了第一个欧洲要塞,并把这个港口改名为科伦坡,还取得了贸易特许证。长达 150 多年的葡萄牙殖民统治开始了。

科特统治者的退让引起了臣民的不满。1518 年新国王维舍耶巴忽七世曾企图攻占要塞,但没有成功。葡萄牙人在科伦坡站稳脚跟后,又在西南沿海的卡卢塔拉修建了炮台,并占领了南部沿海最重要的港口——加勒。葡萄牙殖民者依靠斯里兰卡西部和西南部沿海地区的这些基地,采取欺骗、收买、讹诈、直接动用武力和煽动封建纠纷等手段,一步步地巩固自己在岛上的势力。

历史学家 G.C.门迪斯(G. C. Mendis)把葡萄牙人在岛上的时间分为三个时期:1505—1551 年、1551—1597 年和 1597—1658 年。门迪斯写道:"在第一个时期,葡萄牙人充当科特统治者的盟友。在第二个时期,他们把科特国当作自己的保护国。而在最后一个时期,葡萄牙人在包括悉多伐迦在内的科特国建立了直接统治。"这种划分无疑反映了斯里兰卡沿海地区被征服的三个阶段。

葡萄牙人对沿海地区的统治经历了一个从插手到逐步控制,最后直接统治的过程。最初,由于人数太少,葡萄牙人来到斯里兰卡后并没有能力大规模扩张土地。因此,他们做了两件事:一是修建炮台,巩固阵地;二是建立贸易据点,以出口岛上高质量的肉桂。在葡萄牙殖民者初抵斯里兰卡的时期,斯里兰卡政局极其不稳,僧伽罗国家内部面临着政治分裂的严重危机。1521 年,科特王国的三个王子发动政变,弑父篡位,僧伽罗国家分裂为科特、悉多伐迦(Sitavaka)和罗依伽摩(Rayigama)三个小国。悉多伐迦包括现在的萨巴拉伽莫瓦省,首都是悉多伐迦(即现在位于科伦坡以东的阿维萨维拉城)。罗依伽摩位于现在的西南省。三个小国连年争斗,相互征讨。为了夺取僧伽罗人的最高权力,悉多伐迦的统治者摩耶杜涅(Mayadunne)与印度南部卡里卡特的泰米尔人结盟,迫使科特国王布伐奈迦巴忽七世向葡萄牙人寻求保护,而这正好给葡萄牙人的干预提供了天赐良机。正是斯里兰卡内部政局的混乱为葡萄牙殖民者迅速在岛上站稳脚跟创造了条件。

在不断干涉僧伽罗国家和泰米尔国家政治事务的过程中,葡萄牙人逐渐成了影响岛上政治的重要因素。科特王国的统治者以每年向葡萄牙殖民当局提供肉桂为条件,换取入侵者的支持。葡萄牙殖民者便趁机采取不同策略,扶持科特,打击悉多伐迦、中立罗依伽摩,逐渐控制了科特王国。1543 年,葡萄牙殖民者在葡萄牙的里斯本举行仪式,由葡萄牙国王约翰三世为科特国王布伐奈迦巴忽七世之孙达摩波罗(Dharmapal)的模拟像"加冕"。1551 年,布伐奈迦巴忽七世遭人暗杀,葡萄牙殖民者立达摩波罗为新国王。由于达摩波罗尚未成年,葡萄牙人将他控制在手里,从小对他进行天主教的教育。1557 年,达摩波罗改信天主教,教名为约翰,葡萄牙人还于 1581 年策划让达摩波罗立下遗嘱,死后把全岛遗赠给葡萄牙国王。1597 年,傀儡国王达摩波罗去世,根据其遗言,葡萄牙殖民主义者不费一枪一弹就"征服"了斯里兰卡人口最稠密、最富庶的西南部广大地区。

在 1597 年之前,葡萄牙人还不具备左右斯里兰卡政局发展的能力。1521 年科特王国分裂时,悉多伐迦王国的统治者摩耶杜涅曾把矛头指向葡萄牙殖民者,多次沉重地打击了这些殖民强盗。1538 年,罗依伽摩国王去世,悉多伐迦趁机吞并了其领土。1565 年,在悉多伐迦军队的强大攻势下,葡萄牙军队不得不放弃科特,带着 1551 年继位的傀儡国王达摩波罗逃到科伦坡。1579 年,悉多伐迦的军队包围了科伦坡,直到 1581 年才解除包围。在整个这一时期,仅仅由于葡萄牙人在印度洋区域占有海上优势,斯里兰卡的葡萄牙人才免遭被彻底驱逐的厄运。16 世纪末期,葡萄牙人的势力仍局限在科伦坡附近。

悉多伐迦王国突然戏剧性地衰败,给葡萄牙人带来机会。悉多伐迦国王罗舍辛伽一世南征北战,击败了所有对手。1582 年,罗舍辛伽夺取了康提,并合并康提,康提国王携全家投奔葡萄牙人,其女儿和侄女改信天主教。科特国实际上基本恢复了葡萄牙人出现以前的边界。葡萄牙人仅剩下科伦坡和西南、西部狭窄地带的几个要塞。但是悉多伐迦的繁荣为期不久,对农民日益深重的剥削和连年征战造成的破坏引起接连不断的起义。再加上一些封建主的争权夺势,悉多伐迦迅速走向衰落。1582 年悉多伐迦的统治者罗舍辛伽去世,没有留下直接继承人,王位竞争者之间展开了激烈的斗争。强盛一时的悉多伐迦王国随即崩溃。1593 年,葡萄牙人利用有利时机,收买当地贵族,帮助他们打击直接竞争者,恢复了达摩波罗的王位,逐渐控制了沿海地区。

葡萄牙人征服贾夫纳王国的过程与征服科特王国有些相似。贾夫纳王国是当时斯里兰卡三个王国中军事实力最弱也最贫穷的地方,该地独特的地理环境也使其特别容易受到来自海上的入侵。1519 年,贾夫纳王国发生宫廷政变,贾夫纳国王被害。贾夫纳王国的合法继承人向葡萄牙求助,并允许天主教徒在贾夫纳传教。但由于贾夫纳王国比较贫穷,地处偏僻,气候干旱炎热,缺乏葡萄牙人最需要的香料等物资,所以没有引起葡萄牙人的兴趣。同时由于葡萄牙人忙于巩固在科特王国的势力,所以直到 1543 年葡萄牙军队才被派到贾夫纳地区。1544 年后,从印度南部过来的葡萄牙天主教传教士在斯里兰卡北部地区大肆活动,使许多渔民和采珠人放弃了印度教,改信天主教。印度教是深入泰米尔人骨髓的信仰,一旦信仰出现问题,政治统治的根基也就动摇了。泰米尔统治者开始屠杀天主教徒。这导致葡萄牙和贾夫纳王国的持久战争。1560 年,葡萄牙人为了报复而远征贾夫纳。和科特王国的情形一样,贾夫纳王国也出现了内乱。经过一系列宫廷政变和统治者更迭后,贾夫纳王国陷于分裂状态。1591 年,一支葡萄牙远征军在门多萨(Andre Furtado de Mendoca)的率领下,占领了贾夫纳。根据《那卢尔条约》,贾夫纳王国被强加以保护国的地位,被迫支持天主教传播。但直到 1621 年,这里才建立葡萄牙人的直接统治,葡萄牙人在贾夫纳、亭可马里、拜蒂克洛(Batticaloa)修筑了要塞。

葡萄牙殖民者的到来,并没有导致岛上僧伽罗国家的彻底灭亡,在斯里兰卡的中部山区,还存在着一个独立的僧伽罗国家——康提王国。①葡萄牙人曾组织军队对康提王国进行征服,但最终以失败告终,这个王国坚持了300 多年的独立,直到 1815 年才被英国殖民主义者所征服。葡萄牙人自始至终也没有完全征服过全岛。

葡萄牙人对西南部沿海地区的统治持续了约 60 年,对贾夫纳地区的统

---

① 康提王国曾被悉多伐迦合并,1591 年康提王国重新独立,成为最后一个僧伽罗国家。

治仅持续了约 40 年。斯里兰卡葡萄牙占领区属于葡属印度果阿管区之下的一个分区。其最高行政长官和军事长官是隶属于果阿总督的舰队司令。司令的官邸设在马尔伐纳,司令被斯里兰卡人称为马尔伐纳王。舰队司令以下设立一名税收官和一名法官,协助舰队司令处理葡萄牙占领区的行政事务,葡萄牙人在科伦坡、加勒、贾夫纳设立有军事要塞。葡萄牙占领的沿海地区分为四个省,每个省设一名省长。省长拥有包括司法权在内的民事权利和军事管辖权,省下设立行政区,由行政长官管辖。葡萄牙行政官吏主要由军人充任,多数人对治理国家一窍不通。由市政府管理的科伦坡成为葡萄牙殖民者的主要贸易、行政和军事中心。葡萄牙殖民者曾鼓励葡萄牙绅士(Fidalgos)来斯里兰卡定居,充当地主和税收官的角色,但是没有成功,来此定居的葡萄牙人并不是很多。

　　1594 年开始,葡萄牙人在斯里兰卡设立总督,其势力范围仅限于西南到北部沿海,从而开始了真正的"葡属锡兰时期"。实际上,葡萄牙人在 16 世纪主要依靠本地政权在沿海地区实施殖民统治,而到了 17 世纪初期,荷兰已经崛起,开始挑战葡萄牙的殖民统治。可以说,斯里兰卡真正"属于"葡萄牙的历史时期几乎没有。葡萄牙人政策的"残暴"和"充满血腥"是内因,而世界近代史上大国崛起的更替,葡萄牙的衰落成了葡萄牙人退出斯里兰卡的外部原因。而且葡萄牙人殖民统治时期,斯里兰卡原有的政治经济制度并未发生根本性的改变。葡萄牙人没有对其所控制的僧伽罗国家的现存行政管理结构进行干涉。而是利用僧伽罗国家原有的一套行政机构和管理制度为自己服务。原有的僧伽罗长官只要皈依天主教就可以保住自己的官职。他们还答应当地的首领和封建主们,可按僧伽罗人和泰米尔人的习惯法来实施自己的统治;传统的国家劳役制度(即服王役制度)和种姓制度也被他们继承下来,为己所用;他们仅仅把主要行政职务抓在自己的手中。葡萄牙和僧伽罗官员被授予土地,以此支付他们的薪金。在税收上,葡萄牙人实行的是固定税率,向农民征税,包税者需要向殖民当局支付一定的资金。对于葡萄牙殖民者吸引力最大的是肉桂。因此他们来到斯里兰卡以后,首先抓在手里的就是岛上肉桂贸易的垄断权。为了避免肉桂从他们控制以外的港口流出,他们在 16 世纪 90 年代规定科伦坡港是唯一可以出口肉桂的港口,1595 年肉桂贸易由科伦坡军事统帅垄断,1614 年殖民当局对这项商品的出口实行了国家专卖。

　　因此在葡萄牙殖民统治时期,殖民者仅仅是取代了其占领区内的当地封建统治者,以原有的封建制度和统治方式掠夺占领区内的斯里兰卡人民,而掠夺来的财富却落到了葡萄牙殖民者的腰包。葡萄牙人在斯里兰卡引起的变化只是对传统制度的某种触动,而不是根本性的改变。历史学家门迪斯认为:"应当说,葡萄牙人的统治与其说是意味着统治方式的改变,不如说是意味着统治者的更迭。"所以有人认为葡萄牙的统治更像是军事占领,这在很大程度上是符合实际情况的。葡萄牙人没有对统治方式进行任何改革,也没有实行葡萄牙法律。

但是,如果我们从另外一个角度即从对这个岛国外部影响的角度来分析问题,我们就会得出不同的结论。葡萄牙人的到来毕竟是斯里兰卡历史上的一个重大事件,它大大改变了斯里兰卡的历史进程,斯里兰卡从此沦为西方的殖民地,成为地理大发现后最早被拖入世界市场贸易圈的东方国家之一。

葡萄牙人入侵以后,斯里兰卡就开始处于西方殖民主义强国的影响之下。在此之前,斯里兰卡的外部影响主要来自印度南部和阿拉伯地区的国家。由于地理位置的接近,斯里兰卡自古以来就处于印度的全面影响之下,斯里兰卡的北部贾夫纳地区甚至出现了印度南部泰米尔人建立的国家。阿拉伯国家的影响主要来自商人和海上贸易活动。8 世纪左右,阿拉伯商人就已经在东方开展贸易活动,印度洋上最多的船只就是阿拉伯人的商船,科伦坡当时已经成为一个舟楫云集的重要港口。直到 15 世纪,阿拉伯商人一直都把持着从阿拉伯国家通往印度洋和东南亚的海上通道。10 世纪开始,不少阿拉伯商人逐渐在斯里兰卡沿海地区定居,并与当地的僧伽罗妇女或泰米尔妇女通婚。葡萄牙人的到来打断了斯里兰卡与印度以及与阿拉伯国家关系的自然发展。印度的影响减弱了,而斯里兰卡与阿拉伯国家之间频繁的贸易往来则可以说被切断了。葡萄牙

僧伽罗妇女

人取代了阿拉伯商人,完全垄断了印度洋上的海上贸易。在以后的几个世纪里,斯里兰卡被完全置于欧洲殖民主义强国的影响之下。

葡萄牙人在亚洲、非洲殖民活动的一个显著特征是其主要目标并非为了拓殖土地,而是为了取得商业贸易的垄断地位,依靠其海军力量,占据一些战略据点。获取香料和传播天主教是葡萄牙人来斯里兰卡的主要目的。到斯里兰卡的葡萄牙人几乎不是战士就是传教士。葡萄牙人在斯里兰卡岛上的150年间,四处征伐和进行掠夺性贸易,以求在最短的时间从斯里兰卡榨取尽可能多的财富。垄断肉桂贸易是葡萄牙人剥削斯里兰卡人民的一个重要方法。他们对肉桂实行严格的政府专卖,并监督肉桂的采集。为加强肉桂生产,葡萄牙人利用国家劳役制对剥肉桂者进行残酷的剥削。在葡萄牙人对斯里兰卡统治期间,葡萄牙人从肉桂垄断贸易中获取了巨额利润。到17世纪初,葡萄牙人每年从斯里兰卡获取300多吨肉桂,仅肉桂一种商品获得的收益就占到葡萄牙殖民政府总收入的1/3多。此外,葡萄牙人还掌握了槟榔、胡椒、宝石、大象和珍珠的专卖权。肉桂是在欧洲或亚洲其他市场上有需求而又适合在斯里兰卡种植的,葡萄牙人把斯里兰卡生产的肉桂直接运往欧洲市场,以获取最大利润;把槟榔运往印度,换取斯里兰卡岛上缺乏的大米和布匹。

毫无疑问,葡萄牙人扩大了斯里兰卡的贸易活动范围,促进了葡萄牙占领区内商品经济的发展和货币的流通。赤裸裸的掠夺、强迫劳动和增加税赋严重影响了斯里兰卡人民的生活。在斯里兰卡传统饮食中,米饭在一日三餐中占很大比例,斯里兰卡人的肉食也多为新鲜的海鱼,不需要香料保鲜。所以香料在斯里兰卡需求量很低,绝不需要大规模种植。而葡萄牙人最关心的作物不是水稻,也不是鲜鱼,而是香料。葡萄牙人一站稳脚跟,就大力鼓励种植香料,尽量压缩原本占据优良土地和最好灌溉条件的稻田面积,这意味着斯里兰卡以水稻种植为主的农业经济结构发生变化。这是斯里兰卡社会经济发展的转折点,即以水稻种植为主导的传统农业向以经济作物为主导的新型农业结构转型。这一转型持续了整个殖民时期,开始是香料作物,如豆蔻、丁香、肉桂等,到英国殖民统治时期,向咖啡、茶叶、椰子、橡胶发展,从而形成了单一的种植园经济结构。具有悠久水稻种植历史的斯里兰卡,在其独立前后稻米已经不能自给自足。

在原有的经济制度框架下,葡萄牙人通过税收、服役以及贸易等渠道实现经济掠夺。"贫苦农民为了满足这些葡萄牙官吏的过分要求,常常不得不用自己的孩子作抵押,或者卖掉自己的孩子。"这种所谓的贸易活动,表现出了剪刀差的特点。比如,胡椒种植者只能从事胡椒生产,他们如果想获得稻米,或者其他生活必需品,必须通过出售胡椒获得收益后来购买,而且胡椒的销售价格也完全不由销售者自己决定。其他香料种植者或宝石矿工的命运也大都如此。这种情况下,一个人不管其付出多少辛劳,只能满足自己最基本的生存需要。

葡萄牙人的残暴统治,使广大人民对外来侵略者的仇恨日益增长,僧伽罗人中的零星暴动变得越来越频繁,但这些反抗都被武装精良的葡萄牙军队无情地镇压下去。所以在僧伽罗人的心目中,葡萄牙人就是最凶恶的敌人,是魔鬼的化身。僧伽罗语编年史《王朝史》中就把来到斯里兰卡的葡萄牙人描写为魔鬼:"在科伦坡港口,来了一群白皮肤,卷头发的种族。他们穿铁上衣,戴铁帽,不停地走来走去,从不在一处待上一分钟,他们啃石头,饮血,用两三块金子或银子换一条鱼或一个酸橙。当他们的船撞到岩石上时,声响比雷声还要大,射出的弹球能飞出很远,将花岗岩的堡垒击碎。"

这种描写显然是出于仇恨。葡萄牙人掠夺和压迫斯里兰卡人民的 150年是一段血泪斑斑的历史。由于在葡萄牙人统治的 150 年里,他们直接统治沿海地区的时间只不过 60 年,而统治贾夫纳地区的时间还不到 40 年,且统治区域又有限。因此他们对斯里兰卡的影响是有很大的局限性的。他们在斯里兰卡除了为加强掠夺而扩大传统商品的出口外,几乎没有对沿海地区的经济发展做出任何贡献。

的确,与后来的殖民统治者,尤其是英国人的殖民统治相比较,葡萄牙人在斯里兰卡政治和经济方面的影响是微不足道的。可尽管如此,葡萄牙人毕竟在这个岛国的历史上留下了自己的痕迹。鲜明的痕迹,除了上述改变,还主要表现在宗教、民族和物质文化等方面。随着 1658 年葡萄牙殖民者被彻底驱逐出去,他们对这个岛国的政治和经济上的影响开始消失。但是他们在宗教文化领域的影响却持续了几个世纪。

斯里兰卡著名历史学家德·西尔瓦(De Silva)认为:种种历史条件限制了葡萄牙人对这个岛国产生的影响。但是,他们在沿海地区引起的某些变化却比荷兰人所产生的影响要大。他说:"葡萄牙人在斯里兰卡留下的最大一笔遗产就是传入了罗马天主教。"葡萄牙人到来之前,科特王国的主要居民是佛教徒,贾夫纳泰米尔人信仰印度教,在沿海地带有穆斯林。基督教传教团在斯里兰卡出现的时间很早,但是基督教在斯里兰卡的广泛传播是在葡萄牙人到来以后才开始的。传播天主教本身就是他们追求的重要目标。葡萄牙人在天主教传播方面所取得的成绩,是远非后来的荷兰和英国殖民者可以比拟的。而在这个国家的基督徒中,天主教徒又占绝大多数,曾经占到90%;20世纪80年代的统计数字是88%。直到现在,天主教徒仍然在斯里兰卡全国人口中占有相当的比例。

众所周知,殖民主义者对殖民地人民的掠夺往往是与精神奴役联系在一起的。《寺庙的起义》一书对葡萄牙人的殖民侵略是这样描写的:"他们带着对黄金的贪婪和十字架一起来到锡兰。"由于葡萄牙人在岛上处于绝对少数,而当地僧伽罗人、泰米尔人又十分憎恨他们,因而他们感到有必要在当地人中间建立起自己可以依靠的社会阶层。为达到这个目的,最好的办法是传入罗马天主教,使更多的僧伽罗人和泰米尔人放弃自己的传统信仰,改信天主教。将罗马天主教成功地引入斯里兰卡可能是葡萄牙殖民统治最著名的遗产。

跟随第一批葡萄牙人来到斯里兰卡的是天主教圣方济各会的传教士。从16世纪末到17世纪初,大批天主教僧侣来到斯里兰卡岛上,其中有耶稣会、多明我会和奥古斯丁会的传教士。他们深入贾夫纳、马纳尔等沿海地区广泛传播天主教,有的传教士甚至深入斯里兰卡的腹地——中部的康提山区。这些传教士积极开展活动,表现了极大的灵活性。他们在极短的时间里就掌握了当地语言,走进村庄与人们同吃同住,用民族语言与当地人交流,关心贫困、老弱病残者,以取得当地人对他们的信任。这样使许多沿海地区的居民加入了天主教。

在早期,葡萄牙人在斯里兰卡传播天主教曾受到过挫折。在斯里兰卡北部地区就曾经发生过改信天主教的斯里兰卡人被杀害的事件。但是这些天主教传教士并没有放弃传教。直到1577年,他们让斯里兰卡南部的科特国王达摩婆罗皈依了天主教,从社会上层开始改变他们的宗教信仰,然后民众自然跟随。这就是所谓的"垂直皈依"(vertical conversion)。这是斯里兰卡历史上的重大事件。因为达摩婆罗是自从公元前3世纪佛教传入斯里兰卡以后第一位非佛教徒国王。于是上行下效,很快就有大批贵族和民众加入天主教,斯里兰卡西部、西南部沿海地区的大批僧伽罗人和贾夫纳、马纳尔地区的大批泰米尔人被吸收进天主教。

在葡萄牙殖民者的支持下,天主教传教士在斯里兰卡修建了大量的教堂。此外,天主教会还开办了一些教会学校,如圣方济各学院,教授宗教、礼仪、阅读和拉丁文课程,他们不仅宣讲天主教教义,还传播文化知识。在贾夫纳,圣方济各会拥有 25 所教会学校,耶稣会拥有 12 所,这些学校都是免费的。许多僧伽罗人和泰米尔人皈依了天主教,而皈依天主教的当地人又受到了种种优惠待遇,如他们在继承财产方面有优先权,无须缴纳遗产税。天主教徒逐渐成了葡萄牙殖民当局在斯里兰卡的社会基础。因此,天主教在维护葡萄牙殖民统治方面发挥了巨大作用。葡萄牙人在推行基督教的同时,采取打击佛教、印度教的政策,很多佛教和印度教寺庙被毁,佛教寺庙的土地被转给天主教会,僧徒被迫改宗。1592 年即位的维摩罗达磨苏里耶王不得不先后两次迎请缅甸佛教长老来斯里兰卡复兴上座部佛教。僧伽罗基督徒的出现令僧伽罗佛教徒感到不安,他们开始认识到自己的宗教和文化特性是不可分割的。

科伦坡印度教寺庙

葡萄牙人的传教活动颇为成功,其影响程度是后来荷兰的新教和英国的国教所不能比拟的。尽管后来天主教遭到荷兰人迫害,但是天主教团体在斯里兰卡西南和北部地区幸存下来,并得到不断发展。他们在岛上留下的最重要和最长期的影响是天主教信仰在人民社会生活和思想上占据了一定地位,它多少带有欧洲文艺复兴时期的文明,改变了人们的婚姻观念,如在斯里兰卡西南地区,一夫多妻制不再受欢迎。葡萄牙殖民者还带来了西方教会建筑、绘画、雕刻和音乐,这对岛上居民的服饰、语言、文化各方面都有不同程度的影响。罗马天主教的广泛传播对沿海地区人民的社会观念的改变起了很大作用。传统社会的一些陈腐思想和风俗习惯受到了新的思想观念的有力冲击,一种与僧伽罗人千百年来形成的传统意识针锋相对的思想观念和道德标准开始逐渐为僧伽罗人所接受。原来的种姓观念也受到了冲击。

在此后的几个世纪中,僧伽罗天主教徒(包括其他基督徒)出现了不同种姓之间通婚的现象,这表明种姓关系被削弱了。僧伽罗传统社会中广泛存在的一夫多妻和一妻多夫的现象在沿海地区逐渐消失,而欧洲式的家庭观念开始在沿海地区逐渐为僧伽罗人所接受。由于教会开办学校,科学文化知识也开始得到传播。

葡萄牙殖民侵略的另外一个重要影响是改变了斯里兰卡岛上的民族构成和民族血缘构成,导致了一个新民族的出现。

由于葡萄牙士兵在东方除了战争外,通常不被要求过兵营生活,只要住在所派驻的市镇里即可。这些来自欧洲的葡萄牙人在殖民地服役期间是不准结婚的。尽管有这些规定,许多人还是同当地女子结婚,生下了欧亚混血儿。这样在斯里兰卡就产生了一个新的民族:伯格人。所谓伯格人就是葡萄牙人、荷兰人与当地僧伽罗人和泰米尔人通婚所生的混血后代。伯格人无论是在血缘上还是在文化因袭上都兼具外来和本地族群的特点,成为两个不同民族之间的纽带。他们的克里奥语实际上成了沟通葡萄牙人和斯里兰卡人的工具。伯格人及其后裔的姓氏多以葡萄牙习惯保留了下来。直到今天,像"席尔瓦"(de Silva)、"佩雷拉"(Perera)、"费尔南多"(Fernando)等带有明显葡萄牙特征的姓氏在斯里兰卡也很常见。

此外,葡萄牙殖民统治对于僧伽罗语的发展变化也产生了重要影响,葡萄牙语的词汇及语法习惯经由伯格人传入僧伽罗语中,成了僧伽罗语不可分割的一部分。今天,僧伽罗语中葡萄牙语外来词主要包括日常生活用语、教育、法律、建筑和宗教等领域的词汇。这些词语很大程度上已经僧伽罗语化,以至于相对于更晚进入斯里兰卡的外来殖民者语言,它们被认为是本地化语言。比如"pipinna"(黄瓜)、"pan"(面包)等今天看来普通的日常生活用语,其实是葡萄牙殖民文化的体现。迄今,据不完全统计,僧伽罗语中至少有1 000个常用葡萄牙语外来词。如果以6 000左右的词汇量为一般生活常用词量为标准的话,这是一个相当大的比例。尽管到17世纪中期之后,葡萄牙人在斯里兰卡的殖民统治就被荷兰人取代,但是语言的痕迹却永远地保留了下来。这些外来词沿用到今天,即使是本地僧伽罗人,也意识不到一部分词语并非僧伽罗语中的原生态产品。

因此,纵观葡萄牙人侵占斯里兰卡沿海地区的 150 多年历史,可以看出,由于种种历史条件的限制,葡萄牙人对斯里兰卡的影响是有限的。即使在葡萄牙人直接统治的沿海地区,殖民当局也基本上没有触动僧伽罗封建国家的传统社会体制、行政管理制度和传统的经济体制。他们除了为加强掠夺而扩大传统商品出口外,几乎没有对沿海地区的经济发展做出过任何有益的贡献。葡萄牙殖民统治对斯里兰卡政治、经济上的影响是微不足道的,正是因为如此,他们在宗教和民族等方面所引起的变化才显得意义更为深远。

第二节 荷兰殖民统治时期(1658—1796 年)

葡萄牙人在占领了经济最发达、人口最稠密的僧伽罗国家科特、悉多伐迦以及泰米尔国家贾夫纳以后,便将下一个征服目标对准了康提。在葡萄牙殖民者占领岛上其他地区后,康提成了反抗西方殖民主义者的堡垒。康提王国作为最后一个僧伽罗国家,不仅在反抗葡萄牙殖民者的斗争中捍卫了自己的独立,而且把岛上的大部分领土统一到自己的政权之下。葡萄牙殖民当局于 1602 年、1611 年、1618 年、1638 年四次组织军队进攻康提,但由于随军的僧伽罗将领与士兵的倒戈,葡萄牙军队都遭到惨败。康提国王趁机收复了一些被葡萄牙人占领的地区。葡萄牙人对康提战争的多次失败,使其殖民统治大大削弱,这成了葡萄牙在岛上势力衰落的开始。在葡萄牙人的占领区,其统治日益难以维持下去。葡萄牙人在斯里兰卡统治腐化,各级官员利用各种名目强行征税,司法苛酷严厉,无情压榨斯里兰卡人民。僧伽罗人不愿为葡萄牙人打仗,于是纷纷响应康提国王的号召,投向康提。在葡萄牙人占领区,反抗葡萄牙人的起义此起彼伏。

当葡萄牙人在斯里兰卡沿海地区的统治面临越来越大的困难时,荷兰人闯了进来,并很快取而代之。荷兰人在 17 世纪初期已经建立了荷兰东印度公司,并开始以巴达维亚为中心在东南亚扩展殖民势力范围,并从香料贸易中获取利益。在斯里兰卡建立据点,进一步夺取葡萄牙人的殖民资产,并贯通从巴达维亚到印度科钦(Cochin)的海上航路,是荷兰人梦寐以求的目标。

1601 年,荷兰船队途经斯里兰卡并短暂访问。1602 年,荷兰探险家范·斯皮尔根(Joris van Spilbergen)抵达东海岸,和康提王国建立了联系。同年,荷兰东印度公司派人前往康提,并准备合作。荷兰殖民者在斯里兰卡长达一个多世纪的侵略扩张拉开了序幕。

从16世纪末开始一直到17世纪上半叶,斯里兰卡康提王国的主要诉求是赶走葡萄牙人。其中最主要的原因是葡萄牙人占据沿海地区,控制航路并垄断了利润丰厚的香料贸易,破坏了斯里兰卡以种姓为基础的农业经济的发展。斯里兰卡社会各阶层对葡萄牙人的憎恶和怨恨越来越多。在与葡萄牙人长期战争中,由于力量有限,康提国王不得不向另一个海上强国荷兰寻求帮助。双方的谈判持续了很久,直到1638年,荷兰东印度公司与康提国王签约。内容包括:康提王国同意将对外贸易权转入荷兰手中,以报答荷兰人提供的军事援助;康提王国承担军费开支和不与葡萄牙当局进行任何接触的义务等;荷兰人从葡萄牙人那里夺取的军事要塞,如果国王希望不要拆除的话,可以由荷兰军队取代葡萄牙军队。该条约实际上是各取所需。荷兰答应帮助国王驱逐葡萄牙人是为了获取肉桂贸易垄断权,并希望康提国王提供一个港口,康提国王给予荷兰人肉桂贸易垄断权则是为了让荷兰人帮助驱逐葡萄牙人。

条约签订后,荷兰很快出兵,1639年3月,荷军攻占亭可马里和拜蒂克洛后,依照协约将这两个地方归还给康提王国。但1640年荷军与康提军队合力攻下内贡博(Negombo)和加勒港后,荷兰人借口康提王国没有支付荷兰远征军费用,将这两个出产肉桂最多的地方据为己有。而荷兰和葡萄牙在欧洲也消除了敌意,1642年,葡萄牙、荷兰就瓜分斯里兰卡领土达成协议。荷兰人保有其占领的城堡以及本沱河以南的土地,葡萄牙人占有贾夫纳王国和该河以北的科特部分。1652年双方和约期满,重新开战,荷兰军队

康提大佛寺

逐步进逼科伦坡。1656 年科伦坡陷落,随后荷兰人北上占领原属于葡萄牙的贾夫纳王国。1658 年,贾夫纳被荷军占领。葡萄牙在斯里兰卡长达 150 年的殖民统治宣告结束。

由于担心英国和法国对其海运帝国的威胁,荷兰人没有能够征服斯里兰卡内陆地区。荷兰东印度公司占领了原葡萄牙统治的西部、西南部和北部地区,继承了葡萄牙人在科伦坡和贾夫纳的殖民遗产,包括炮台和香料贸易的垄断地位。这样,斯里兰卡西南部和北部地区的人民前门驱狼,后门进虎。他们在摆脱了葡萄牙人的殖民统治后,很快又沦入了荷兰殖民主义者的统治之下。对于这样的殖民轮替,斯里兰卡人用这样一个谚语来自嘲,即"用生姜来换辣椒",意为新的殖民者更加狠辣以及为此所做的牺牲和努力得不偿失。荷兰人在斯里兰卡的殖民统治从 1658 年持续到 1796 年,荷兰东印度公司成了斯里兰卡被占领区的主人。

康提王国在反对葡萄牙人的斗争中不仅捍卫了自己的独立,而且地盘有所扩展。荷兰人在岛上占领的地盘与葡萄牙人相比,大大缩小了。康提与荷兰之间从一开始就存在难以妥协的民族主权、经济和政治冲突。他们对荷兰人占领了原葡萄牙人的城堡并赖着不走感到愤怒。

荷兰人占领斯里兰卡的目标是完全垄断香料生产地区,并无意接管康提王国的领土。总部设在巴达维亚的荷兰东印度公司决定把斯里兰卡南部港口城市科伦坡作为扩展殖民地的前哨,这样的决定使科伦坡在随后的 100 多年间发展成为荷兰在斯里兰卡的殖民统治中心。另外两个重要据点设在加勒和贾夫纳。荷兰人把斯里兰卡分为三个省,总督驻扎在科伦坡,指挥官们分别在贾夫纳和加勒治理着其他两个省。这样,以科伦坡、加勒和贾夫纳三个地方为中心,荷兰人从 17 世纪中期开始构建在斯里兰卡的统

康提王宫(1852 年),现为图书馆

治机构。

但是荷兰人企图控制全岛的贸易,而一些贸易通道必须经过康提,部分肉桂,大部分槟榔果以及宝石、木材、染料也依赖康提提供。为获取康提的经济资源,荷兰力图使康提王国贸易自由化。而康提王国一直没有放弃争取民族独立、赶走西方殖民者的斗争。康提国王拉贾辛哈二世(Rājasmha II,1635—1687 年在位)要求荷兰按照 1638 年所签条约撤离他们所占据的领土。但荷兰人却要求康提王国偿还荷兰在驱逐葡萄牙人战争中的巨额开支。1658 年,荷兰人攻克贾夫纳后,向康提王国提出了一份所谓的"军费开支账单",根据这份账单,即使康提王国用沿海地区的肉桂、槟榔和大象等商品的全部出口所得和土地税收入来偿还,也必须再向荷兰支付 7 265 460 荷兰盾。康提王国财政拮据,无力支付这笔巨款,于是荷兰要求康提王国在支付荷兰所蒙受的损失之前,保留沿海地区作为抵押。这样荷兰人顺理成章地继承了葡萄牙人在科伦坡和贾夫纳地区的殖民资产。这对于希望赶走葡萄牙人并且将统治范围扩大到整个斯里兰卡的康提王国来说,是莫大的讽刺。

在戈恩斯(Admiral Ryklof van Goens)任荷属斯里兰卡总督时期(1664—1675 年),他力图削弱康提王国的势力,缩小其领土。1664 年康提王国发生内乱,这给了荷兰殖民者绝好的机会。在康提国王的请求下,1665 年荷兰殖民当局以援助为名,趁机派两支军队分别从科伦坡和加勒出发,占领了萨巴拉莫瓦省(Sabaragamuva),随后又将其势力扩展至四科拉勒省(Four Korales);在东部沿海地区占领了亭可马里、拜蒂克洛;并宣布垄断大象、槟榔、珍珠的出口,以及棉织品、一些日用品的进口。到 1670 年,荷兰殖民者已经占领了斯里兰卡所有的沿海地区。康提国王拉贾辛哈二世严厉镇压叛乱后,1670 年进行反攻,到 1675 年反攻达到最猛烈程度,虽未收复失地,但是使荷兰殖民者付出了高昂的代价。荷兰商人们希望巩固已有的阵地,以便在出口贸易中尽可能高效率地收回投入的资金,而不要进行代价巨大的战争。荷兰从斯里兰卡输出的商品 2/3 都来自康提王国。出于商业利益的考虑,荷兰殖民当局不得不由强硬手段转而实行"和解"政策。这种政策一直持续了将近 100 年。

17 世纪,斯里兰卡的人口规模很小。荷兰人在占领斯里兰卡的沿海地区之后,发现很多地方都是土地荒芜、人烟稀少,稻田废弃、水渠干涸,甚至连南方港口城市附近都经常有野象出没。学者皮里斯认为到荷兰统治初期,斯里兰卡沿海地区的人口最乐观估计也不超过 50 万。面对这样一种破败凋敝的局面,荷兰人的当务之急就是重建战乱之后的生产和生活秩序。他们从印度南部带来大批泰米尔劳工或者说奴隶,让他们种植水稻、棉花和其他急需作物。这些劳工被火烙上"VOC"标记,然后就被带到稻田里工作。贩运来的奴隶能以最低成本完成各种体力劳动,又几乎不需要任何报酬。于是,荷兰东印度公司在 18 世纪从印度南部及非洲贩运大量奴隶到斯里兰卡。这种人口贩运从 18 世纪开始一直持续到英国殖民时期,改变了斯里兰卡的农业经济模式甚至是人口构成。

斯里兰卡的荷兰占领区受荷兰东印度公司设在印度尼西亚的巴达维亚的总部管辖,官吏由东印度公司董事会任命。荷兰东印度公司的商人与葡萄牙人相比,政治手腕更加灵活。如前所述,在行政管理方面,斯里兰卡岛上荷兰占领区分为三大部分,科伦坡、加勒和贾夫纳。科伦坡是荷兰占领区的行政、司法和军事中心。荷兰总督是最高行政首脑,拥有最高权力,设在科伦坡的政治会议协助总督。这个会议的成员包括税务官、科伦坡省长、主要军事官、财务官和其他 5 名成员。科伦坡、加勒和贾夫纳设有各种市政机构。与葡萄牙殖民统治相比,荷兰殖民者在政府系统中最显著的变化是建立了民事法庭,在科伦坡、贾夫纳、亨可马里、拜蒂克洛和加勒等地设立土地法庭。这一制度的引进是渐进性的,它主要适用于欧洲人,并考虑了当地的法令、传统以及习俗。这些机构以罗马-荷兰法为办事准则。

荷兰占领区最高司法机构设在科伦坡。科伦坡的法庭包括裁判法庭、土地法庭和民事法庭。裁判法庭由行政会议选出的几名成员组成,为首的是税收官,主管欧洲人和当地人之间的刑事审判权和初审权。土地法庭主要用于解决农村地区僧伽罗人和泰米尔人关于土地、契约和债务等纠纷的诉讼案件。民事法庭主要审理小型民事案件,对欧洲人和当地人都有审判权。在贾夫纳和加勒都有类似的法庭,但科伦坡法庭可以受理从贾夫纳和加勒法庭提出的上诉案件。

在社会关系和管理方面,荷兰人与葡萄牙人的统治方法基本相似,他们的改革很少触及斯里兰卡的社会传统结构,也没有对僧伽罗国家原有的行政体制进行变革,只是把重要的部门和官职抓在自己的手里。为了使行政机构不过于庞大,他们还在对自己有利的地方保留了传统机构。虽然荷兰人在斯里兰卡农村建立了土地会议,以解决僧伽罗人和泰米尔人之间的土地、契约和债务等争端。但这些会议按照僧伽罗人和泰米尔人的传统办事,而且法官吸收熟悉风俗习惯的当地居民来审理案件。荷兰人尽量不触动当地的风俗习惯,他们甚至把泰米尔人的习惯法汇编成法典,叫《泰萨瓦拉迈》(*Tesavalamai*)。如果僧伽罗和泰米尔习惯法还不足以进行司法判决,则求助于罗马-荷兰法。

和葡萄牙人一样,荷兰人也力求在岛上建立一个可以依靠的阶层。为了达到这个目的,荷兰殖民当局鼓励荷兰人移民斯里兰卡,公司将欧洲移民置于一切有利可图的位置上。但是他们吸收移民的政策未能奏效,向斯里兰卡移民的荷兰人并不多。另一方面,殖民当局也吸收部分僧伽罗和泰米尔封建主、首领,用他们来充实中、下层行政机构。在这方面,荷兰人无疑是成功的。对于效忠荷兰的穆得利亚尔(mudaliyars,斯里兰卡僧伽罗贵族),荷兰殖民者慷慨地授予其土地,尤其是从葡萄牙人那里没收来的土地。荷兰人广泛利用穆得利亚尔,给他们很大特权,由他们兼顾公司的税收利益,管理土地耕作和税收。荷兰人还设立了很多穆得利亚尔的新职业,例如口译员、翻译员和文员等。在荷兰殖民统治时期,穆得利亚尔对城市以外居民的权力很大且不受限制。通过这种方法,荷兰殖民当局培育出一个特权阶层,这些人后来组成了斯里兰卡中产阶级的核心,成了荷兰殖民统治的支柱之一。他们中间的大多数人能说一口流利的荷兰语或葡萄牙语,以欧化的生活方式为时尚。

荷兰东印度公司统治斯里兰卡的主要目标也是获得最大的利润。荷兰东印度公司在岛上的财源主要有两个:年税和各种商业收入。荷兰人还巧立名目征收各种定期和不定期的税收。他们控制了当地政权后,保留了僧伽罗统治者和葡萄牙殖民者的全部税收项目,而且税收体系比以前的统治者更加完备;设置了专门的税收官管理劳役和税收,以减少对地方头人的依赖。和葡萄牙人一样,荷兰东印度公司宣布自己是占领区的土地最高所有者,但对世世代代形成的土地关系尽量不加以干涉。传统土地税是荷兰殖民当局的最主要收入来源,他们把葡萄牙人留下来的土地登记制度再设计得更详尽,登记内容不仅有土地和宅旁的土地情况,而且详细记录了房屋和种植的果树的情况及价值。土地税率的高低依土地质量而定,一般征收产量的 1/10 到 1/2。椰树征收椰子产量的 1/10,用棕榈汁造酒也要课以捐税。卡拉瓦种姓的渔民还要缴捕鱼产量的 1/10 的鱼税,摩尔人和泰米尔人的一些种姓还要缴纳穿鞋税。此外,斯里兰卡人还要缴纳人头税、遗产税等。

荷兰殖民者的商业和税收政策,给斯里兰卡经济造成了严重的破坏,给贾夫纳和马纳尔的泰米尔人带来的后果尤为严重。在欧洲殖民者(尤其是荷兰人)到来以前,贾夫纳半岛是比较繁荣的地区。在这里,货币流通比岛上其他地区更为发达,这种局面是由与印度南部活跃的联系促成的。泰米尔人主要种植水稻,贾夫纳半岛盛产水稻。为获取更多的粮食,荷兰人大幅度提高了对泰米尔人产稻区征收的土地税税率,大大加重了泰米尔人的负担。荷兰殖民者在 17 世纪 70 年代进行了新的土地登记,税收与旧的土地登记相比,增加了一倍。这导致农民大规模的流亡和迁徙。许多农民不堪重负,被迫离开了土地,迁往瓦尼地区。荷兰商人垄断了与印度之间的贸易,这给贾夫纳的经济带来了又一个明显的打击。贾夫纳"商业陷入了绝境,市场上货源枯竭。居民们宁可指望在家里制作那些以前在市场上可以买到的东西"。但是,近海航行和与康提王国之间的近海贸易还是基本上掌握在贾夫纳的泰米尔商人手里,荷兰人也没能避免葡萄牙商人插手贸易活动。

他们将斯里兰卡纳入了荷兰东印度公司东方贸易的国际网中。肉桂是斯里兰卡的主要出口项目,其次是马纳尔海湾的珍珠、大象、胡椒、槟榔、棕榈糖、木材、阿克拉酒(一种椰果产品)和砂仁等。荷兰是欧洲和亚洲市场肉桂的唯一供应者,肉桂贸易是公司收入最重要的来源。为了征收肉桂,他们建立了主管种植和征集肉桂的专门机构——马哈巴达,还广泛利用了僧伽罗的原国家劳役制。这种制度不仅被他们保存下来,而且更加残酷。他们把居住在荷占区萨拉伽马剥肉桂者种姓成员抓来,登入名册,强迫他们像奴隶一样干活,采剥肉桂出口,萨拉伽马必须为荷兰殖民政府无偿服劳役,交固定数量的肉桂给公司。野生桂树只有在潮湿地带的森林里才能见到,剥桂皮要一连干上几个月,是一种既艰苦又危险的工作。剥桂皮者用锋利的刀子剥下桂皮,晒干的桂皮卷成筒状,再将干桂皮打成捆,运到港口去。荷兰当局派最凶狠的监工监视剥桂皮。在荷兰人统治时期,发生过多次剥桂皮者反抗荷兰殖民者的行动。1757 年整个西南部爆发了起义,萨拉伽马是起义的主力,直到 18 世纪 60 年代这场起义才被完全扑灭。对这些起义,康提国王及地方首领予以支持、鼓动。这些起义大大削弱了荷兰人在沿海地区的统治。

与葡萄牙殖民时期一样,肉桂依然是最重要的经济作物和利润来源。由于斯里兰卡肉桂产量高,且大都由专门的低种姓人群负责采集,所以成本很低。大部分肉桂都被荷兰殖民当局运送到巴达维亚,然后再转运到欧洲。在长达 100 多年的荷兰殖民统治时期,斯里兰卡肉桂就这样年复一年被剥皮、晒干,然后转运到巴达维亚。运到欧洲后,其价格要上涨 200%,肉桂收入是荷兰人其他所有收入的三四倍之多。肉桂也成了荷兰人"取之不尽的财富来源"。

为了获取更多的利益,荷兰殖民者不得不重视发展岛上的生产力。在荷兰殖民统治的最后几年,斯里兰卡在出口农业的组织以及传统农业的改造方面都有所改进。这一时期荷兰殖民者稍微放宽了土地政策,规定除 1/3 土地必须种植肉桂外,其余则随意。同时殖民当局改变了过去无偿剥削萨拉伽马的做法,给予免除土地税、船税、自由制盐和卖盐等诸多特权。

为从出口肉桂中榨取更多的利润,荷兰殖民当局必须开辟新的货源。由于肉桂主要产区在康提王国,而荷兰人和康提王国的关系经常处于相当紧张的状态,殖民当局认为仅靠采摘野生肉桂是没有前途的,所以他们在斯里兰卡沿海城市附近建立了桂树园,以减少对康提王国肉桂的依赖。桂树园实际上是斯里兰卡最早的种植园。但是,直到荷兰人撤离斯里兰卡为止,他们始终依靠从康提王国运来的肉桂。为了提高自己在岛上领地的收入,荷兰东印度公司试图引进新的种植园作物:咖啡、棉花、蓝靛等,但收效甚微。咖啡最初是摩尔人种植以供自己需要的。18 世纪前期,荷兰殖民当局极力鼓励种植咖啡,提供优质土地种植这种作物。但由于一系列原因(主要是欧洲市场咖啡价格下跌),荷兰人没有取得成功,其他几种作物的种植结果大都相同。在这方面唯一比较成功的是广泛种植椰树。斯里兰卡西部和西南部沿海地区的气候条件适宜这种作物的生长,到 18 世纪末期英国人占领斯里兰卡时,该岛整个西南部沿海已成了一片椰林,阿克拉酒成为当地一项主要收入来源。但是在荷兰殖民统治时期,种植园经济没有形成一定的规模。

在荷兰殖民统治之下,斯里兰卡开始出现近代工业。岛上交通状况也有很大改善。荷兰人从自身的利益出发,为了推动出口贸易,还修建了一些基础设施。斯里兰卡肉桂产区地处偏远,为了把征收来的肉桂运到沿海港口,就需要筑路、架桥。为此,殖民当局在最大的城市之间修筑了公路,在斯里兰卡的许多河流上架设了桥梁。从马纳尔经科伦坡连接马塔腊的沿海公路意义尤为重大。这些公路使斯里兰卡村社的隔绝状态在某种程度上得到缓和,并对统一市场的形成起到了促进作用。普塔拉姆和科伦坡之间的运河得到了修整,全年可以运货。由于荷兰人在瓦尼地区种植棉花,并从孟加拉引进蚕桑,广泛种植蓝靛,由此又带动了纺织工业的发展。在普塔拉姆和贾夫纳,纺织工业得到了很大发展。为发展纺织业,荷兰人从印度引入了织布工、染色工和印花工,生产的粗布销往康提,富有特色的印花布成为获利相当高的外贸产品。

由于粮食短缺,荷兰殖民当局不得不从印度、爪哇等地进口大米。为了减少进口粮食的开支,当局只能想方设法促进粮食生产,为此荷兰殖民当局利用国家劳役制度强迫僧伽罗人修复了一批灌溉工程,还从印度引进2 000多名劳工从事这项工作,一系列水库和干渠被修复了,从而扩大了水稻种植面积,粮食产量增加了一倍。此外,荷兰人在科伦坡以南的莫腊图瓦建立了木工厂,可以完成船队的订货;在克拉尼建立了制瓦厂。这些工厂规模都不大,而且主要是为了满足自身需要,但它们毕竟是岛上资本主义生产关系发展的开端,促进了斯里兰卡新的社会阶层的产生。

尽管荷兰人实施的一系列措施在客观上促进了斯里兰卡西南地区生产力的发展,但总的看来,斯里兰卡的社会、经济结构几乎仍然是僧伽罗人统治时的老样子,没有多大变化。荷兰对斯里兰卡100多年的殖民统治所产生的影响主要涉及沿海地区社会生活中的家庭婚姻关系和种姓两个方面。

荷兰人来到斯里兰卡的主要目的是利润,他们的传教活动是服从其商业利益的。一到岛上,荷兰人就对罗马天主教采取极度仇视的态度,因为罗马天主教是与葡萄牙人的势力密不可分的。荷兰新教实行宗教迫害政策,把征服天主教放在了首位,天主教信仰被法律禁止,大批改信了天主教的僧伽罗人和泰米尔人受到残酷迫害,1699年荷兰人颁布法令,关闭所有罗马天主教教堂和修道院,严禁天主教教士来岛上传教。天主教教徒必须把孩子送到新教学校上学,孩子的出生证明必须得到新教教会的认可,否则被视为非法,天主教教徒举行婚礼要收重税,而且必须按照新教的仪式举行。但尽管有诸多迫害,也没能彻底摧毁斯里兰卡的天主教,天主教教徒仍保持相当的数量,仍有许多天主教传教士冒险从印度来到斯里兰卡。迫害天主教的政策到18世纪初被迫放弃。

与葡萄牙人相比,荷兰人对佛教和印度教采取了较缓和的态度。佛教和印度教在城市被禁止,但在乡村仍允许存在。荷兰人认为宗教是联系康提国王与斯里兰卡百姓的纽带,有必要促使老百姓改信荷兰加尔文教,以破坏康提王国的基础。1682年为纠正“异教”倾向和鼓励改信加尔文教,通过了强迫改宗的立法,结果在科伦坡省就有近25 000人改宗。许多人改宗是出于世俗动机,因为荷兰人规定只有改信加尔文教才可以被录用为高级官员。尽管传教士改革教派的神父们积极活动,但新入教的僧伽罗或泰米尔基督徒在十分认真地履行自己的新宗教全部义务并遵守新宗教全部规定时,没有放弃自己的传统习惯。许多人改变信仰是为了在经济生活上获得一些便利,如取得一些经营特权,但这并不一定能替代本地宗教的精神慰藉,尤其是泰米尔人,印度教对他们来说是与生俱来的、代代相传的精神世界。白天去教堂,晚上在家膜拜印度教神像对于殖民地时期泰米尔人来说是再正常不过的事情。

荷兰人还通过学校教育实施大面积改宗。他们在科伦坡、贾夫纳和加勒建立了宗教会议,把教育掌握在自己的手里,并建立了有组织的教育系统,通过它的系统宗教进行教育。农村学校除了学习本国语言外,改革派教义也被列入教学内容。后来拉丁文、希腊文和希伯来文也被列入教学内容。荷兰人在贾夫纳和科伦坡建立了政府资助的两所公费学院,用以培养教师和牧师。到1760年,殖民当局已经建立了130所学校,在校学生人数将近6万人;到18世纪末,他们还派送少数学生到尼德兰接受高等教育。但总的来说,荷兰人在岛上的活动经济掠夺是第一位的,传教是第二位的,教堂牧师都是公司职员,教堂也无独立的传教地位,经费来源有限。荷兰殖民者缺乏葡萄牙殖民者的宗教热情,牧师与国家官员一样贪得无厌。他们每一次巡访都与收税官一样对村民进行搜刮。虽然有许多上层社会人士为实际利益改宗,也有一批一般百姓改宗,但多是名义上的,荷兰加尔文教始终没有在斯里兰卡人民中扎下根,远不如罗马天主教,以至于加尔文教在荷兰势力崩溃后也随之消失。

殖民当局为防止荷兰人被当地人同化,曾经严格限制荷兰士兵与当地人通婚,但是荷兰士兵和当地人通婚的事情还是屡有发生,因此,荷兰殖民统治时期,斯里兰卡出现了大批荷兰人和当地人的混血后代,形成了一个民族,即荷兰伯格人。荷兰伯格人和葡萄牙伯格人并称为伯格人。其中荷兰伯格人占伯格人的大多数。当时,这部分伯格人有一种优越感,醉心于欧洲文化,他们以自己的血统为荣,认为自己是最早来到斯里兰卡的荷兰人后代,他们穿欧式风格的服饰,讲荷兰语或葡萄牙语,他们自己内部相互通婚,或者与荷兰东印度公司的新来者通婚。如果能满足以下条件:从父系证明自己的欧洲血统,皮肤白皙,信奉荷兰归正教,说荷兰语(且能读写),他们就能被视为荷兰伯格人。荷兰人统治时期,这些人受到荷兰式教育,在殖民地行政机构或商业部门任职,单独享有开设商店的特权并被给予土地补贴。在英荷战争中,由伯格人组成的军队还曾经保卫过科伦坡要塞。荷兰伯格人在斯里兰卡形成了比较稳定的社区。在殖民地时期,这部分伯格人主要从事商业活动,包括香料、象牙及宝石等买卖。另外一些获利丰厚的行业也被殖民当局划归伯格人专属,比如制鞋、烤面包和宰贩等。伯格人社区的人数稳定增长,形成了有别于当地其他族群以及外来殖民者的身份和文化特征。

　　此外,荷兰人在斯里兰卡 100 多年的殖民统治,对斯里兰卡建筑、雕刻、音乐、美术、语言、风俗习惯、法律等方面也产生了重要影响,留下许多遗产。荷兰人修建的城堡被完整地保留下来,成了殖民地时期欧洲殖民者在亚洲修建并保留下来的最大的城堡,一直到今天仍是斯里兰卡著名的旅游景点。城堡修建在加勒城南的一个半岛之上,四面城墙围护,城堡中遍布荷兰风格建筑,街道秩序井然。在其他地方也保存了一些荷兰建筑,西南沿海地区的许多住房建筑,尤其是富裕人家的房子,明显带有荷兰式建筑风格,有柱廊和院落,窗户宽大,室内光线充足。木制的门、窗上雕刻有花纹。在欧洲思想观念影响下,一夫多妻制在沿海地区消失比较早。在基督徒群体中,不同种姓之间的通婚现象也较早开始出现。

　　荷兰人带来的罗马-荷兰法律对斯里兰卡的社会影响深远,这是斯里兰卡第一次系统地接受国际通行的近代法律制度,它可以先入为主地深入人心并根植于人们的法律观念中。从 17 世纪中期荷兰染指斯里兰卡开始,荷兰人就逐步将自己的罗马-荷兰法律体系推行开来。对于斯里兰卡这样一个没有经历所谓资产阶级革命的封建王权观念占主流的社会,荷兰人带来的法律观念和法律制度是新鲜事物,也被普通民众所乐见。荷兰在科伦坡、贾夫纳、加勒设立了三个法庭,任命各级法官处理从民事诉讼到刑事诉讼等各类案件。到 18 世纪,罗马-荷兰法已经在斯里兰卡沿海地区使用,并在很大程度上保护了普通民众的私有财产所有权。正因为罗马-荷兰法对斯里兰卡社会的影响深远,所以当 19 世纪英国人开始在斯里兰卡实行统治,并带来与罗马-荷兰法不同的普通法的时候,已经很难彻底取而代之。直到今天,罗马-荷兰法经历了多次法制和社会变革,但仍然是斯里兰卡普通法的基石。今天的斯里兰卡经常被视为发展中国家的民主典范,一个比较重要的原因就是斯里兰卡法律制度相对健全。

作者点评

　　从 16 世纪初葡萄牙殖民者开始入侵斯里兰卡到 18 世纪末荷兰殖民者被英国赶出斯里兰卡,葡萄牙、荷兰在斯里兰卡的殖民统治将近 300 年时间。近 300 年葡萄牙、荷兰的殖民掠夺与统治给斯里兰卡带来了深重的灾难,在这期间,葡萄牙、荷兰都是在原有的经济社会框架下,通过税收、服役以及贸易等渠道对斯里兰卡进行残酷的掠夺,获取巨额利润,而斯里兰卡人民却要承担沉重的税赋。

葡萄牙、荷兰的殖民统治对斯里兰卡传统社会造成巨大冲击,使沿海地区的社会面貌发生了变化。基督教的传播,使一部分斯里兰卡人改宗。荷兰人重视教育,他们在科伦坡、贾夫纳建立宗教会议,把教育掌握在自己手里,建立了一个组织得相当完好的小学体系,对斯里兰卡语言文化的发展产生了重要影响。葡萄牙人、荷兰人与当地人通婚,形成了一个新的民族群体——伯格人。在欧洲思想观念的影响下,一夫多妻现象在沿海地区消失得比较早,在基督徒群体中,不同种姓之间通婚的现象也开始出现。葡萄牙、荷兰殖民统治时期,科伦坡也由原来的一个小小的渔村,发展成了南亚地区最重要的港口和贸易集散地之一,荷兰人在斯里兰卡兴办的一些企业尽管规模不大,但毕竟是斯里兰卡最早的资本主义萌芽。荷兰殖民者从印度南部贩运大批泰米尔奴隶到斯里兰卡,增加了斯里兰卡泰米尔人的数量。

第三章

英国殖民统治时期(1796—1948 年)

英国人对斯里兰卡的占领,是在法国大革命时期。英国人统治时期,斯里兰卡再次实现了统一。英国殖民者彻底改变了斯里兰卡的政治、经济结构。这一时期,斯里兰卡逐步引入了现代政治体制,形成了单一的种植园经济,造就了一个统一的国家。斯里兰卡在英国殖民主义者的统治之下,现代化步伐大大加快。

第一节　英国殖民统治的建立

"七年战争"之后,英国将法国的势力赶出了印度。对于英国人来说,要完成对印度南部的征服,在很大程度上要依赖其在印度洋上的海上优势,而斯里兰卡的亨可马里、科伦坡等优良的港口可以给他们控制印度东西海岸提供战略据点。而斯里兰卡丰富的资源,尤其是肉桂,对英国人也具有很大诱惑力。英国人对于斯里兰卡的重要性越来越关注,一直在寻找机会攻击荷兰在岛上的据点。

英国人取代荷兰占领斯里兰卡沿海的历史,似乎是荷兰人取代葡萄牙人历史的重演。荷兰人统治时期,英国东印度公司被允许在斯里兰卡的港口进行贸易。18 世纪下半叶,英国东印度公司已经征服了印度许多领土,成为印度洋地区最重要的商业力量。1762 年,英国东印度公司首次派特使到达康提,希望在岛上谋求一个立足点,但没有成功。康提王国统治者不甘心于荷兰人在沿海的统治,更不愿意看到岛上出口贸易的利润都落到荷兰人手里。为了对抗荷兰殖民者,康提王国曾与已经在印度次大陆站稳脚跟的英国人进行谈判,并希望建立"康提—英国东印度公司联盟",想借此驱逐已经在斯里兰卡沿海地区统治了100多年的荷兰殖民者。但是由于英国人的目的不是协助康提王国赶走荷兰人,而在于扩大自己的利益,所以他们拒绝出兵援助康提,谈判没有取得预期成效。

美国独立战争期间,法国干涉其中,荷兰站在法国一边,1780年英国对荷兰宣战。在1780—1790年英国迈索尔战争(Maysore Wars)①期间,英国就十分关注斯里兰卡东北部的亭可马里港,因为该港口距印度许多重要港口都很近,这个港口是康提王国对外联络和物资运输的重要通道。18世纪下半叶,这里成了英国人进入斯里兰卡的第一落脚点。开始的时候是一些商船、军舰经停补给或船员上岸休整。在印度洋季风轮转的4月和10月,船只还可以进港躲避印度洋风暴。印度洋上几乎终年吹拂的东北季风或西南季风使其与印度次大陆之间的船只往来非常便捷,具有重要战略地位。法国、英国、荷兰三国都把夺取对亭可马里的控制权作为其南亚殖民战略的重要一环。1782年,英国占领斯里兰卡东部沿海地区的亭可马里港,并向康提派出了特使,但是他们与康提王国没有达成协议,这次军事行动没有成功。后来由于法国军舰赶来,英国人被迫于1783年放弃亭可马里。此后英国一直在寻找机会攻击荷兰在斯里兰卡的据点。

1789年,法国爆发了轰轰烈烈的资产阶级大革命。1793年英国对法国宣战。在法国大革命和拿破仑战争期间,英国采取了攻击敌人殖民地,夺取具有重要战略意义据点的政策,先后将法国和荷兰的一些殖民地据为己有。

1794年法国占领了荷兰本土,宣布成立巴达维亚共和国。荷兰执政威廉五世逃到英国,在英国著名的皇家植物园邱园(Kew Garden)避难,他对荷兰在亚洲的殖民地非常关注,并请求英国出兵保护这些殖民地,这就是著名的邱园信件(Kew Letter)。这给英国夺取斯里兰卡提供了一个极好的机会。为防止亭可马里这样具有重要战略意义的天然良港落入法国人手中,英国东印度公司在接到国内的指示后,立即采取行动。英—印马德拉斯总督派人将邱园信件送到科伦坡,并告知荷兰殖民当局,根据邱园信件,斯里兰卡将处于英国军队的保护之下。

英国东印度公司很快派兵占领亭可马里港。1795年康提王国与英国东

---

① 迈索尔战争,18世纪后期英国征服印度南部迈索尔国的战争。共四次(1767—1769年、1780—1784年、1790—1792年、1799年),当地人民英勇抗击30多年。1799年迈索尔首都塞林伽巴丹(Seringapatam)陷落,铁普苏丹阵亡,迈索尔沦为英国附属国。

印度公司在印度马德拉斯签订条约,宣布双方为盟友,共同对付荷兰人;康提王国将斯里兰卡海岸一个有利的地方划给英国东印度公司建筑堡垒,驻扎军队。康提的货物,尤其是肉桂,以商定的价格售给英国东印度公司。1795年,英国东印度公司在预先取得康提国王的支持后,开始进攻荷兰在斯里兰卡的据点。荷兰人未进行任何有效的反击。德梅隆(de Meuron)准将带领瑞士雇佣军从效忠荷兰转而效忠英国。1795 年 8 月,亭可马里陷落;9 月,贾夫纳陷落;1796 年,英军攻占科伦坡。至此,所有荷兰在斯里兰卡的占领区都转到了英国人手中,英国人继葡萄牙人和荷兰人之后,第三个在斯里兰卡沿海地区建立了殖民统治。当时,英国、法国、荷兰和西班牙在欧洲进行谈判,斯里兰卡最后的地位尚未决定,因此英国在斯里兰卡沿海地区统治的最初几年是一个过渡时期。

由于斯里兰卡是由英国东印度公司派兵征服的,所以英国政府于 1796年将斯里兰卡交由东印度公司管理。最初几年,英国殖民当局主要追求的目的有两个:一是巩固自己在斯里兰卡的地位;二是把斯里兰卡纳入英国东印度公司在整个印度洋地区的经济运作范畴,以获取更多的利益。英国东印度公司急于收回占领过程中的花费,他们担心欧洲战事一旦停止,这些土地就可能要归还荷兰,因此它派来的官员都以在最短时间里榨取最大利润为目的。正如英印殖民政府预期的那样,最初的时候,斯里兰卡岛上收入颇丰,主要来源是珍珠和肉桂贸易。两年内,仅珍珠采集就为英国东印度公司带来265 000 英镑收入。英国人在斯里兰卡最高统治首脑是驻扎官(Resident and Superintendent)。英属印度殖民地马德拉斯总督任命马德拉斯的一名税收官罗伯特·安德鲁斯(Robert Andrews)为斯里兰卡的驻扎官。

英国人在接管斯里兰卡时比较顺利,前后只用了 6 个月时间,也没有发生流血事件,但是在由英国东印度公司对斯里兰卡进行统治时,却很不顺利。当时的斯里兰卡情况复杂。在斯里兰卡,有一个庞大的荷兰职员阶层,他们或多或少地已经在这个国家扎下了根。还有一个人数相当多、积极帮助荷兰人的伯格人阶层。1801 年,英国占领区有新教徒 34.2 万人,主要是荷兰人和伯格人,这是英国人不得不考虑的强大的社会力量。因而英国当局决定吸收荷兰人和伯格人参加殖民地政府行政机构的工作。

由于不熟悉斯里兰卡的社会传统和急功近利,英国人来到岛上后采取了几项极不得人心的措施,激起了僧伽罗人的极大愤怒。

首先,他们对当地的封建贵族穆得利亚尔不信任,英国当局开始用从印度南部来的泰米尔人亲信取代穆得利亚尔在政府中的位置。雇用收税官取代当地的首领是英国殖民者征服一个地区后常用的做法。但是斯里兰卡的局势相当复杂，英国殖民者在斯里兰卡的做法，使穆得利亚尔站到了英国殖民当局的对立面。跟随安德鲁斯一同来到斯里兰卡的是东印度公司的一大批泰米尔人职员，他们充当了英国人和当地居民之间的中间人，这些泰米尔人不了解当地的风俗，和僧伽罗社会格格不入，而语言和民族的不同更加深了这种矛盾。过去荷兰人统治时期，当地的封建贵族被殖民当局当作可以依靠的社会基础，享受各种优厚待遇，因此荷兰殖民当局与当地封建贵族建立了一种较为和谐的关系。英国的这些措施使得葡萄牙与荷兰殖民者在沿海省份形成的与僧伽罗首领之间的那种平衡被破坏。

其次，英国人实行税务改革，税率划一，破坏了僧伽罗人的税收传统。安德鲁斯上任后，完全不考虑业已形成的传统，决定在斯里兰卡推行税务改革。僧伽罗人和泰米尔人世代形成的税收制度被打破，这令斯里兰卡人难以容忍。同时，为了削弱穆得利亚尔的势力，安德鲁斯引入印度马德拉斯的税收制度，取消了国家劳役制度，规定原国家劳役作为新税纳入地税中，直接上缴国家。穆得利亚尔也不得不缴纳各种新税。穆得利亚尔的职位被解除，已经使他们极为不满，而在经济上剥夺穆得利亚尔的额外收入则引起这个特权阶层的强烈愤怒。实际上，这项政策的目的是希望原来向封建土地占有者缴纳的税务都能落入东印度公司的腰包，但是这种做法大大提高了土地税额。按照安德鲁斯在岛上实行的税务改革，全部的税收都被统一起来，所有土地占有者都必须缴纳其产量的一半，这种税率划一的做法使农民的处境急剧恶化。椰树所有者必须为每一棵椰树缴纳货币税，税额"有时超过椰子的年产值"。地主将赋税转嫁给农民，结果农民大量负债，处境急剧恶化。

英国殖民当局为了建立一支可以依靠的社会力量，大力支持原来受到排挤、歧视的天主教徒和摩尔人，在英国人的支持下，摩尔人很快成为斯里兰卡贸易、企业活动中的主要社会集团。这在后来保证了他们对英国的完全效忠。

英国殖民当局这种涸泽而渔的搜刮政策和英国官吏的大肆贪污腐败，严重破坏了当地正常的社会经济生活，必然引起斯里兰卡各阶层对新殖民者的仇恨，直接导致了 1796 年 12 月爆发的斯里兰卡历史上的第一次反英起义，科伦坡省是这次起义的主要地区。起义者主要采取游击战术，战斗者十分顽强，起义持续了一年多，直到 1798 年 3 月，英国殖民者才以巨大的损失为代价，镇压了这场反英起义。英国殖民者以骇人听闻的残酷手段屠杀普通居民,烧毁村庄,把起义地区夷为平地。许多穆得利亚尔参加了起义,贾夫纳和巴提卡罗亚的泰米尔人也参加了反英起义,这次起义得到康提王国的非正式支持,可以说,这是全斯里兰卡第一次大规模的反英起义,它在某种程度上团结了斯里兰卡的各个社会阶层。

斯里兰卡的大规模起义不仅给岛上的英国殖民当局以沉痛的教训,而且使英国东印度公司的董事会极为不安。1797 年 9 月,东印度公司派出以德梅隆准将为首的调查委员会,调查岛上的税收政策及执行情况。调查委员会建议恢复原有的税收制度,在一定程度上恢复僧伽罗封建贵族的权利和国家劳役制度。英国殖民当局开始认识到依靠僧伽罗封建贵族的统治手法是值得借鉴的。

考虑到斯里兰卡的重要性,英国政府有意在此实行直接统治。

1797 年,英国决定永久占领该岛。1798 年,英国宣布这个岛国为"皇家殖民地"(Crown Colony)。起初,英国想将斯里兰卡完全独立于东印度公司,但是东印度公司董事会敦促新上任的印度大总督韦斯利勋爵向印度监督委员会主席(the Board of Control of India)邓达斯进行抗议。在和东印度公司的董事们进行了长期的谈判以后,英国政府做了妥协。1798 年英国在斯里兰卡建立了英国政府和东印度公司的双重统治,并任命了文职总督,弗雷德里克·诺斯(Frederick North, 1798—1805 年在位)成了英属斯里兰卡第一个文职总督。所谓双重统治,就是英国政府接管斯里兰卡英占区的行政和司法大权,斯里兰卡的主权属于英王,总督由英王任命,但其总督要在英属印度大总督及东印度公司董事的指导下工作。而英国东印度公司仍然掌握征税和对外贸易大权。东印度公司的官员对总督采取敌对态度,双方互不协作。在印度训练的东印度公司行政人员素质很差,贪污腐败现象十分严重。

在岛上实行双重统治实际上是某种过渡性统治,是英国政府和东印度公司之间达成的妥协性协议,这种状态一直维持到 1802 年《亚眠和约》签订为止。由于斯里兰卡地理位置特殊,对于保护英属印度具有重要的战略意义,所以连首相小皮特也把斯里兰卡描述为:"世界上最有价值的殖民地,他们给我们的印度帝国提供了自建立以来从未得到的安全保障。"1802 年根据英法《亚眠和约》,荷兰在斯里兰卡的领地被正式划归英国。1802 年 1 月 1 日,斯里兰卡成为英王直属殖民地,改由英国殖民部管理。斯里兰卡总督不顾东印度公司的强烈反对,取消了双重统治。这也是斯里兰卡作为英国直属殖民地的大约 150 年历史的正式开端。成为直属殖民地而没有隶属于东印度公司,意味着斯里兰卡在英国的殖民版图中具有超越经济范畴的特殊意义。东印度公司在 20 年内仍保留斯里兰卡肉桂贸易的垄断权。

新任总督诺斯从反英起义中吸取教训。他开始像荷兰人统治时期一样,把当地僧伽罗封建贵族(穆得利亚尔)广泛吸收进国家机构,并在多次试验之后,在一定程度上恢复了国家劳役制度,改革前的税制被部分地恢复。他们还扩大国家机构,把高种姓的僧伽罗人和泰米尔人吸收进去。这样,穆得利亚尔逐渐失去自己在农村的影响,越来越紧密地与英国殖民者联系在一起。

同时为培养一批忠于英帝国的小官吏,1798 年,总督诺斯还在科伦坡创办了一所语言学校即科伦坡学院,教授僧伽罗人、泰米尔人、伯格人和其他欧洲人学习英语。诺斯在 1802 年还规定:"任何申请书,如果不用英语,则一律不接受。"他这样做,并非是出于对僧伽罗语的鄙视,而是为了使那些愿意起草这些申请书的科伦坡学院里的学生对英语产生兴趣。推广英语并不是殖民活动的副产品,而是作为一项主要的殖民策略受到了重视。1803 年,传教士罗伯特(Robert Percival)曾讲道:"我们的政府在本地人群中为传播语言和宗教所做的不懈努力是稳固我们帝国在这个岛上统治的最行之有效的途径。"有条件在英国人开办的学校里读书的是当地社会上层成员的孩子,这些人后来进入殖民当局的行政机构工作,成了英国人统治下的所谓社会精英。在这种情况下,英语很快取代荷兰语,成为僧伽罗人和泰米尔人上流社会的主要语言。这种语言殖民所带来的后果就是在当地形成了一种有别于标准英语的语音、语调和表达习惯,并被称为"僧式英语"。

英国殖民者基本上继承了荷兰在斯里兰卡的统治制度。诺斯任总督期间,岛上的行政和司法管理体制基本形成。总督诺斯作为英国在斯里兰卡统治机构的首脑,是英王在斯里兰卡的代表,对英国议会负责。全部的立法权和行政权力都集中在总督手里。在立法事务方面,由咨询会议(Advisory Council)协助,行政职能由一批文官实行,兼管税收和贸易部门的首席秘书是总督的第一助手,另外还设立了土地服务、社会工作等一系列部门。到 1799 年末,留在斯里兰卡的荷兰人意识到斯里兰卡回归荷兰的可能性越来越小之后,他们也开始和英国人合作,宣布效忠英国。诺斯总督把这些荷兰人吸收到司法系统中工作。英国占领区设省,由一名英国文官管辖,称"税务官",其下机构设置与前相同。诺斯谨慎地削弱地方首领的势力,完全废弃以土地作为任职薪俸的制度,而代之以薪金制。

诺斯的继任者梅特兰(Thomas Maitland)是军官。对诺斯与梅特兰来说,斯里兰卡是大英帝国扩张战略的前哨阵地。他们是持现实主义态度的统治者。他们进一步削弱地方首领的势力,开始对文官进行培训,规定殖民地文官要学习僧伽罗语或泰米尔语,熟悉当地民情,以摆脱穆得利亚尔的影响;且提高文官工资待遇,建立行为规范,腐败和欺诈行为在一定程度上得到纠正。梅特兰还将穆得利亚尔握有的权利分散到各级政府官员手里,只给他们留下部分行政及征税权。在法律制度上,他们继续推行罗马-荷兰法,还制定了一部关于穆斯林的法典,建立了一系列法院:一个由英国法官组成的最高法院,对全岛拥有刑事司法权,对科伦坡和所有的欧洲人拥有民事司法权。在科伦坡、贾夫纳和加勒设立民事法院。1812 年建立了陪审团审判制度,而陪审团最初是建立在种姓和阶层基础上的。

英国殖民者入侵斯里兰卡后,先以康提王国保护者的姿态出现,顺利取代荷兰的殖民统治。最初他们并没有立即尝试占领康提王国,完成对沿海地区接管后,英国就占有了充足的香料资源,控制了全岛的对外物资运输,康提王国产出的任何物品只有经过英国人许可才可以对外出售。在这种情况下,英国已经把康提王国看成"仅仅名义上的主权王国"。康提王国内部政局也不稳定,先后有几个国王都没有子嗣,当时辅佐幼主的权臣为了巩固自己的地位,也乐于和英国人和平相处。

完成了对沿海地区的征服后,随着英国在斯里兰卡统治的稳定,英国殖民者就把目光转向了以康提王国为中心的高地。出于政治、经济和战略上的考虑,英国殖民者急于结束康提王国的统治。因为僧伽罗独立国家的存在对英国殖民者而言本身就是危险的,康提王国一直对反英起义予以支持,直接威胁到英国人在沿海地区的统治。同时英国人在战略上把斯里兰卡看作通往印度的咽喉要地,康提王国也妨碍了英国在东部重要军事基地亭可马里和科伦坡之间建立直接交通道路。在经济上,肉桂仍是英国人在斯里兰卡贸易收入的主要来源,而肉桂的最佳品种主要产地在康提王国境内。

鉴于以上考虑,诺斯决定利用康提王国国内不稳定的时机发动公开战争,借口是在康提境内发生了逮捕几名摩尔商人的事件。这几名摩尔商人是居住在沿海地区经营槟榔贸易的,被认为是英国属民。1803 年,英军翻过难以攀登的山口,入侵康提,发动了第一次康提战争。第一次康提战争又重演了葡萄牙、荷兰殖民者征服康提时的一幕。康提地形崎岖不平,瘴气弥漫,道路匮乏,英国军队的补给无法及时运到,而且总督诺斯也没有为远征康提王国准备足够的粮食补给,行军计划也毫无章法。康提军民抓住英军士兵水土不服等有利时机,主动撤离城市,与英军展开游击战,使英军伤亡惨重。1805年,康提军民再次击退英军的入侵。由于英军粮食和弹药补给困难,疾病,尤其是疟疾蔓延,逃兵人数不断增加。1805年新任总督梅特兰决定停战,英国当局下令从康提撤军,因为这样的战争不但对提高殖民地财政收入没有好处,反而大大增加了军费开支。

　　英国殖民者见武力难以取胜,转而采取欺骗的手法。1811年和1815年,英国殖民当局两次借康提王国发生内讧之机,收买大封建主。1815年英军借口10名英占区僧伽罗商人在康提境内被抓并被当作英国间谍而受到割耳朵和砍手等严厉刑罚的事件,宣布对康提王国开战。经过40天的浴血奋战,康提王国终于抵挡不住强大的英国殖民者的进攻,最后一个独立的僧伽罗国家陷落了。康提末代国王拉贾辛诃(Sri Vikrama Raja Sinha)及其四个妃子被自己的大臣拘禁,押送到科伦坡,康提王国的首都被洗劫一空,末代僧伽罗国王和他的亲属被流放到印度。维系了300年的康提王国的命运就此结束。

　　随后,1815年3月2日,英国殖民当局和康提王国封建贵族代表签订了一项条约。条约规定康提国王"被永远地废黜",他的后裔永远不得承袭王位,康提各省的统治权归英王所有,"暂时"由斯里兰卡总督及其所委派的代理人负责执行;康提各族酋长和百姓的法律、风俗和宗教将予以尊重和维持。

康提酋长们 1

英国人签署这项协议一方面在于告诫僧伽罗人不要再对恢复僧伽罗人的统治存有幻想;另一方面在于安抚康提的穆得利亚尔,让他们服从英国统治。

　　这样,通过这个条约,英国终于达到了在康提王国建立统治的目的。从此,英国殖民者在名义上统治了斯里兰卡全岛。协议签订以后,康提王国便正式被英王兼并,英国当局对康提省进行单独的行政管理,沿用了许多传统的统治制度,较多地保留了僧伽罗民族传统的社会和文化模式,对佛教的特殊地位也予以照顾,还保留了那些与英国人积极合作的穆得利亚尔的特权。斯里兰卡总督作为英帝国主权的代表统治全岛,在康提通过驻扎官行使职权。最高的政治、行政和司法权力集中于驻扎官手中,通过当地政府机构执行。1816 年又设置了税收局管理税收和公共事务。10 月,在康提省特别成立由三人组成的委员会,其中驻扎官兼首席委员,第二委员管理法律事务,第三委员管理税收事务。这种体制一直维持到 1818 年。

　　但是英国的法律否定了康提王国封建首领们原来的权威和特权,他们如今必须匍匐于英国殖民当局的权威之下,昔日的尊严一扫而光。其税收也因边界的消失和过境税的撤销而减少,佛教僧团同样受到打击,这自然引起封建首领和僧伽罗佛教僧团的不满。殖民统治对僧伽罗传统习惯以及对原有社会关系一些不可避免的破坏也引起了广大民众的不满。1817 年 9 月 17日,在一个名叫多雷萨米的僧伽罗人的领导下,反英起义在乌瓦省威尔斯爆发了。这里是外来压迫最深重而僧伽罗人传统文化根深蒂固的斯里兰卡中部山区。多雷萨米自称是僧伽罗王族的后代,赢得了僧侣们的支持,又得到了康提佛牙寺(Daladā Maligavā)的镇国之宝——佛牙舍利,因而深受僧伽罗民众的拥护。他在威尔斯森林里建立起根据地,号召僧伽罗人把英国人赶出去,恢复王国。在他

康提政府大楼(1852 年)

的号召下，对英国殖民统治不满的人纷纷投奔到威尔斯地区。人们把多雷萨米视为僧伽罗人的"国王"，称他为"神"。起义者废除英国殖民者任命的村长，袭击英军，不断取得胜利。

到 1818 年 3 月，除乌瓦省外，冬巴拉、赫瓦哈特、马德勒、瓦拉巴纳、萨伯拉格姆瓦、哈德拉果拉尔亚以及哈特果拉尔亚 7 个省区也摆开了讨伐英军的阵式。面对起义队伍的强大攻势，英军甚感兵员不足，居然把枪支发给康提医院里的伤兵，让他们也参加战斗。然而，车辆劳力缺乏，粮食供应紧张，又遇上连降暴雨，很多英军士兵患热带感冒死去。最后，英军不得不放弃除巴杜拉到马德卡拉布尔之间通道以外的所有据点。1818 年 4 月，凯普拜迪波尔率领起义队伍攻占乌瓦省省会巴杜拉，在城楼上重新升起僧伽罗人的狮子旗，随后又占领了哈特果拉尔亚地区和马德勒省，并向康提进军，反英起义达到了高潮。英国殖民者在斯里兰卡中部地区的统治几乎全部崩溃。被迫从内地撤出。当地的官员要么投降起义一方，要么被英国控制起来，以阻止他们参加起义。这次起义是原康提王国的民族起义，包括了各个阶层的民众。起义是分散性和地区性的，人数不多的英国军队不可能分散对付。总督布朗里格抱怨："如果没有当地人持续和积极的合作，要给叛乱的省施加任何影响都是非常困难的。起义者从不与甚至是小股的军队正面交锋，他们撤入丛林耐心等待，直到恶劣的天气、军粮缺乏和疾病迫使我们撤退。"

1817 年康提地区的反英起义实际上是康提王国消亡前的最后挣扎，是僧伽罗封建势力反对殖民主义的最后一次抗争。为挽救败局，1818 年 6 月，斯里兰卡总督布郎里格从印度调来 7 000 多名援兵，加紧镇压起义。英国军队采取残酷的焦土政策，他们处死起义群众，掠夺粮食和财物，屠杀耕牛，破坏水渠、稻田和果园，抢劫、焚毁村庄，切断起义队伍的供应线，用饥饿来打击起义势力，并劫持起义者的家属作为人质，用威胁和利诱的办法招降起义者，以此分化瓦解起义队伍。英国人"搜索和破坏"的范围不断扩大，致使成千上万户百姓家破人亡，严重影响了起义队伍的士气。殖民者还使用"收买瓦解"的办法，用金钱地位拉拢僧伽罗人中的不坚定分子。于是，一批僧伽罗人地方首领开始投靠英国人，他们捕捉起义群众交给英军，以此换取钱财和官职。1818 年 10 月 29 日，英军包围了努威尔卡拉威亚起义队伍指挥部。凯普拜迪波尔虽然逃出重围，但由于叛徒告密，于 10 月 30 日在阿努拉德普勒城附近的巴拉瓦哈村被英军逮捕。其他起义领导人或是被杀害，或是被捕入狱。被捕的领导人后来被驱逐到毛里求斯。历时一年零一个月的轰轰烈烈的乌瓦省反英起义失败了。1818 年 11 月 13 日,英国殖民统治者在康提成立军事法庭,以"叛国罪"判处起义领导人凯普拜迪波尔和玛杜加拉死刑。

起义迅速瓦解的原因,一方面是起义缺乏统一的领导,起义者各自为战,没有一个共同的目标,相互之间在行动上缺乏配合,便于英军各个击破;另一方面,一部分有影响的康提贵族仍对英国效忠,为英军镇压起义提供了大量人力物力资源。1817—1818 年的起义是英国统治斯里兰卡期间规模最大的一次起义,沉重打击了英国的殖民统治,约有 1 000 名英军士兵死亡。虽然起义是在恢复封建王权的旗号下进行的,但是改变不了其反对殖民主义斗争的实质。

康提起义发生后,英国殖民当局开始在斯里兰卡实行一系列改革,旨在加强英国殖民当局的控制力量,削弱当地首领的权力。1818 年 9 月,英国当局发布公告,宣布削弱当地首领的权力,实行不同的土地税,以示对忠于英国的首领的褒奖及对参与叛乱的首领的惩罚。同时英国殖民者还取消了《康提协定》许诺的对佛教的保护。1818 年 10 月,英国殖民当局颁布改革令,在康提委员会内设立"内地军队司令",以保证内政和军事的统一行动。又在康提地区增设英国文官以架空当地首领,当地首领、头人的权力被大大削减。1818 年 11 月 21 日的一份公告宣布,部落首领由封建主降为官员,受政府任命并领取固定薪水,他们必须听命于康提委员会的指令,服从欧洲文官的管辖。首领、头人的司法权被移至正规的司法系统,其民事裁判权几乎全部被取消。高级首领,如首席大臣和省长,由总督直接任命,低级头人由驻扎官或其授权机关任命。为了加强控制,防止民变,康提委员会及省政府机关有权惩罚不服从命令以及玩忽职守的官员,给予停职、免职、罚款和入狱等处罚。这些措施进一步巩固了英国人在康提地区的统治,这种体制一直延续到1834 年。随着英国殖民政权的稳固,殖民当局采取了一系列对高地地区的改革措施,高地从行政区划的角度被重新分割,并被划拨给沿海各行政区;基础设施的大规模建设也逐渐将斯里兰卡连接成更加易于管理的整体,残存的高地文化特征逐渐淡化。

斯里兰卡成为英国直属殖民地以及康提的陷落成为英国在斯里兰卡建立全面殖民统治的开端,开启了斯里兰卡带有近现代特色的制度建设进程。英国殖民统治早期,英国没有采取法律措施来限制总督权力。诺斯担任总督时期,总督在殖民政府中独揽大权,各级官员任命等行政管理职能由他负责,总督还兼任驻军总司令,并且在立法和司法等方面都拥有相当的发言权。咨询会议对殖民地的重大财务和司法活动实施监管,对总督有一定限制。但是这样一个咨询会议由总督召集成立,其成员由总督任免,其对总督的限制作用可想而知。这段时间也是英国在斯里兰卡殖民统治由初步建立走向稳定的阶段。诺斯之后的几任总督,除继续执行进一步加强殖民地的财政和税收征管的政策,还成立了税务委员会,并任命了税务专员(Commissioner of Revenue),负责全国税收和财政收入事务。斯里兰卡被分为科伦坡、加勒、贾夫纳、马德拉和亭可马里等 8 个税收区,并设立税务官(Collector),负责为殖民地征税。税务官虽然说在名义上仅仅负责税务收取和管理,但实际上是殖民政府派驻各地的代表,对于辖区内各项事务拥有相当大的权力。这些税务区也是现代斯里兰卡 9 个省级行政区划的基础。在财务管理方面,总督还组织成立了专门的审计和会计部门,并派遣专门的审计官员和会计官员对殖民地的财政运行予以监管和核算。对于一些能够对殖民经济形成支柱作用的特殊产业或产品,殖民当局还有单独的部门(如肉桂部等)予以统一管理。

在司法方面,英国在斯里兰卡设立了殖民地最高法院以及各级地方法院,首席大法官也是咨询会议的成员。在重大事项上,首席大法官仍无法挑战总督权威,但作为制度建设的一部分,司法系统已经完全建立起来,在不涉及本地人和外来殖民者矛盾问题时,尽可能做到司法公正。各级司法机构中很多法官和法务人员都是从英国本土调来的,诸如行政不得干预司法等理念早已深入他们的内心,这样的理念也逐渐被移植到斯里兰卡,从而形成了斯里兰卡民主制度的雏型。

1796 年到 1802 年,英国人在斯里兰卡进行的改革使斯里兰卡逐步迈向近代社会,尽管后来的英国殖民者构建了一个更加微妙的斯里兰卡社会,但是,他们社会改革的基础是一个南亚社会形态,这个社会形态是两个多世纪以来在与印度接触交往过程中逐渐形成的。大体上说,他们通过身份类别给人定位,然后通过这些身份类别来控制这些人。为此英国殖民者确认了僧伽罗人、泰米尔人、伯格人、摩尔人的民族身份,对他们分门别类管理,在僧伽罗人和泰米尔人中,推行种姓制度,英国人认为,这些种姓或者类似种姓的单位,将成为斯里兰卡社会的构件。

这样,这个民族繁多、经济发展很不平衡的小岛,经过几百年的动荡以后,在英国殖民者的刺刀下又实现了统一,一个新的、统一的国家逐渐形成。比起斯里兰卡历史上的外来统治者,英国人做了更多的事。英国统一全岛后,为加强军事占领,修筑了很多要塞,过去曾经将殖民地与康提王国隔绝开的边界,现在已畅通无阻,贸易可以自由往来其间了。新的经济因素、新的思想文化、新的生活方式开始涌进康提。源于驻军的医疗服务系统逐步扩展到面向公众的医疗服务机构。邮政系统也日趋完善,形成了覆盖全国的信件邮递网络,主要服务于殖民机构的商品零售网络系统也慢慢覆盖全国,可以向普通民众出售日常生活必需品。基础教育尽管仍然致力于推广宗主国语言和文化,但是向普通本地族群提供了接受教育的机会,教会也在传教之余发挥社会救济和扶危济困的功能。一个与传统王权社会迥然不同的社会制度,在 19 世纪初期的斯里兰卡形成了。与葡萄牙、荷兰殖民者不同的是,英国殖民者是在英国变为世界上军力最强、工业最先进的国家时期控制斯里兰卡的,因而不可避免地将斯里兰卡纳入其资本主义世界经济体系,加快斯里兰卡的现代化进程。在反对英国殖民者的斗争中,斯里兰卡人民的新的民族认同感逐渐形成。

第二节 种植园经济的形成与发展

斯里兰卡幅员较小,资源有限,工业发展受到一定的限制。然而,它的自然条件优越,不但雨量充沛、土地肥沃、可耕地多,而且海域宽广,水库、池塘星罗棋布,为发展农业和渔业提供了非常有利的条件。

16 世纪西方殖民者入侵以前,斯里兰卡是一个自给自足的农业国,历史上一直是以种植水稻为主。当地劳动人民依靠发达的水利排灌系统,从事水稻栽培,粮食供应充足。古代斯里兰卡不但可以粮食自给,而且还可以向外出口,素有"印度洋上的米仓"之称。斯里兰卡人还利用地理上的有利条件,从事海上贸易,出口宝石、香料,进口丝绸、玉石。

16 世纪初至 18 世纪末,葡萄牙、荷兰和英国殖民主义势力相继入侵斯里兰卡,打破了斯里兰卡原来的自然经济体系。斯里兰卡受西方殖民统治长达近四个半世纪之久。在这近四个半世纪的时间里,作为最先卷入资本主义世界体系的东方国家之一,斯里兰卡的社会、经济结构发生了根本性的变化。这种变化主要发生在英国殖民统治时期。在英国殖民统治时期,斯里兰卡大片良田沃土被殖民者霸占,改建成种植园,广泛种植茶叶、橡胶、椰子、可可等经济作物。致使斯里兰卡的社会经济结构发生了根本变化,从此斯里兰卡的稻米生产一落千丈,无数农民失去了土地。斯里兰卡发展起了为西方工业中心服务的种植园经济,斯里兰卡经济从一个封建的、落后的、内向的农业经济

收获可可

转变成为世界市场而生产的资本主义的种植园经济,种植园经济成了其主导性的经济部门。伴随着开发种植园和输出原料的需要,现代交通运输业尤其是铁路得到飞速发展。同时种植园经济也带动了岛上商业、金融业和服务业等相关经济部门的成长,使统一的国内市场得以形成,内贸和外贸都有了很大发展。这使斯里兰卡步入早期现代化的艰难阶段。

一、种植园经济的形成与发展

在西方殖民者入侵后的前两个世纪,即在葡萄牙和荷兰殖民统治时期,殖民者只是垄断了岛上的肉桂贸易,并未造成岛上经济结构的变化。岛上大多数人的生活没有多大变化,他们居住在村庄里,过着自给自足的生活,大米是他们的主要食物,短缺时以山药、椰子和水果补充,除了布匹、盐和干鱼外,岛上很少有内部贸易。对岛外的主要出口品是肉桂、宝石、珍珠、象牙和槟榔,主要进口品是布匹、大米、咖喱粉糖和干鱼。

这种状况在英国殖民者统治该岛后开始逐渐发生变化。

从经济角度而言,英国完成殖民统治权力更迭后要做的第一件事情就是收回成本,占领斯里兰卡的最终目的还是创造经济效益。东印度公司的逐利属性才是其在斯里兰卡采取军事行动的重要驱动力量。在英国殖民统治早期,肉桂和珍珠采集是东印度公司最重视的行业,它们由东印度公司垄断。实际上,肉桂也是英国人决定染指斯里兰卡的一个重要原因,这种香料曾被称为"取之不竭的财富来源"。1801 年到 1822 年,英国政府从垄断斯里兰卡肉桂及贸易中获利 160 万英镑,东印度公司的获利也与其相当。

最初,英国人的肉桂生意并不顺利,专门从事肉桂生产的"萨拉伽马"种姓长期处于荷兰人的统治之下,对于突然到来的英国人心怀疑虑;英国人大量出卖肉桂,没有控制肉桂供应量;荷兰人在阿姆斯特丹大量抛售其存储的肉桂,这导致了 19 世纪初期欧洲市场肉桂价格一度下跌。而且,肉桂出口关税太高,致使斯里兰卡肉桂相对于东南亚等地的产品丧失了市场竞争力,肉桂在斯里兰卡的重要性迅速下降。但在珍珠采集方面,英国人获取了巨额利润,仅 1796 年到 1798 年在珍珠采集上,东印度公司就获利 40 万英镑。在垄断贸易之外,其他一些利润丰厚的行业被殖民当局以"特许经营"的方式对外租赁。捕鱼、海龟捕捞、宝石挖掘,甚至赌博业都被标价租赁给一些特定的人群。鉴于东印度公司的人力限制,这些行业的承租者大多来自包括摩尔人在内的本地族群。

斯里兰卡成为英国直属殖民地后,政治和经济权利被移交给总督,东印度公司在贸易上的垄断地位逐步削弱,殖民政府逐渐将东印度公司抛开,直接向欧洲供应肉桂等商品。这样就在一定程度上避免了东印度公司这个中间环节,减少了殖民地对外利益的转移,也改变了斯里兰卡对外贸易模式,从而有利于本地经济的发展。19 世纪最初几年,斯里兰卡殖民政府每年从出售给东印度公司的肉桂贸易中获利 6 万英镑,到 1814 年,殖民政府转向欧洲市场直接出口肉桂,每年创造的收入达到 10 万英镑。1822 年以后,斯里兰卡殖民政府完全抛开了东印度公司。除了供给欧洲的肉桂、珍珠等大宗商品,斯里兰卡还和近邻印度之间开展了贸易往来,这进一步推动了斯里兰卡与印度次大陆之间的往来,物产丰富的斯里兰卡借此向拥有更大市场的印度出口商品,也从印度输入布匹、大米等斯里兰卡所需的商品,一些具有初步产业链特色的行业发展起来。

19 世纪 20 年代开始,英国殖民政府开始尝试在斯里兰卡种植更多的经济作物,以创造更多的经济收入。除了咖啡外,英国人还开始在内贡博、加勒和康提等地区种植甘蔗,在贾夫纳和东部省份种植棉花,在其他一些地方还种植蓝靛、桑树、罂粟。但只有咖啡获得了大范围的成功,种植园经济在岛上发展起来,并迅速成为岛上的主导性经济部门,大多数人开始逐渐依靠进口食物、布匹和其他制造业产品而生活,岛上的经济结构开始从一个封建的、内向的农业经济转变为资本主义的、外向型的种植园经济。1900 年,全岛出口总值达 9 080 万卢比,茶叶占 5 370 万卢比,椰果产品占 1 630 万卢比。到 1920 年,全岛出口总值达 2.73 亿卢比,茶叶占 1.224 亿卢比,椰果占 4 290 万卢比。1901—1948 年间,茶叶、椰子、橡胶的种植在经济中占主导地位,构成 1901 年出口总值的 75%,1948 年出口的 90%。从 19 世纪后半叶到 20 世纪初,斯里兰卡殖民地的种植园经济进一步发展和定型。

斯里兰卡种植园经济结构萌芽于荷兰殖民统治时期,定型于英国殖民统治时期。斯里兰卡的种植园经济首先从咖啡种植园开始发展。

锡兰咖啡种植园主寓所(1852 年)

荷兰殖民者占领斯里兰卡后,开始在斯里兰卡试建肉桂种植园,18 世纪 30 年代,引入咖啡种植,但没有成功。英国占领斯里兰卡后,也垄断了肉桂贸易。但是从 19 世纪 30 年代开始,由于英国取消了肉桂贸易垄断,肉桂价格大幅下跌。1835—1855 年肉桂出口价格下降了 7.6%,种植园主发现肉桂贸易已无利可图,致使许多种植园抛荒,于是他们便开始寻找新的经济作物。从 19 世纪 20 年代开始,英国殖民政府开始尝试在斯里兰卡播种更多种类的经济作物,以创造更多的经济收入。甘蔗、桑树和咖啡都在岛上各地开始实验性种植,这其中只有咖啡种植获得了大范围的成功,并且迅速发展。

19 世纪之前,咖啡和椰子在斯里兰卡只是普通的作物,全国许多地方都可以见到,但没有之后这样大的规模。肉桂的衰落为这些作物的快速发展带来了机遇。新技术的普及也使得这些作物的终端产品出现了大幅度改善。来自印度南部的泰米尔劳工在这些作物的收获季节大量拥入,也使得在劳动力匮乏的斯里兰卡发展这种劳动密集型的种植园成为可能。这一时期,面积小到几公顷大到数百公顷的各种规模的种植园开始在斯里兰卡大批出现。作物的种类也在不断的种植试验中慢慢扩大。英国人一度希望斯里兰卡在几年内成为"蔗糖殖民地"，并且在贾夫纳等地尝试大面积种植棉花。但这些尝试都没有取得像咖啡和椰子那样的突破性成功。19 世纪 20 年代，英国人在斯里兰卡试种咖啡获得了成功。咖啡种植面积很快大幅增长，咖啡成了英国在斯里兰卡殖民早期除了肉桂之外的重要经济作物之一。

但是斯里兰卡沿海地区的气候和土壤不适宜咖啡种植。咖啡种植业是在征服康提王国之后才开始规模化发展的。1823 年，英国人在康提地区建立了第一个欧洲人投资的咖啡种植园，英国殖民当局也建立了一个咖啡种植园。1832 年，殖民政府削减文官工资后，许多政府机关开办起了种植园。1840 年，根据《公共土地占用条例》第 12 条（the Crown Land Encroachment Ordinance No.12 of 1840），政府宣称所有未占用土地均为王室土地，其中包括许多适宜种植咖啡的土地。原本种植肉桂的土地被殖民政府大面积出售，而许多负责出售土地的官员自身就是咖啡土地大投机商，一些人利用他们的职权，把最好的土地据为己有。

咖啡种植业最初困难重重。在 19 世纪 20 年代，英国人努力在贾夫纳及东部省以一定的商业规模种植棉花，40 年代又尝试种植椰子，斯里兰卡还出现了炼制椰子油的工厂。19 世纪 30 年代前，咖啡仍然是"一种小农作物，斯里兰卡日益增长的出口咖啡主要是由岛上的本地人种植的，他们将咖啡种在路边，或植于宅旁"。19 世纪 40 年代后斯里兰卡咖啡种植业迅速扩大，50 年代后开始发展迅猛。1850—1880 年是咖啡工业和咖啡种植园的大发展时期。这时由于咖啡在欧洲各国的需求量急剧上升，价格暴涨。1836—1844 年 8 年间，英国市场的咖啡价格上升约 300%。因而英国人首先选中种植咖啡作为补偿其肉桂贸易收入减少的新的经济作物，咖啡逐渐成为斯里兰卡出口贸易的重要产品，肉桂变成了次要出口物。

以斯里兰卡殖民政府公务人员疯狂投资种植园为标志的第一次"咖啡热潮"，从 1839 年一直持续到 1847 年。从 1842 年到 1846 年，斯里兰卡咖啡种植园面积增长了 4 倍，从不到 1.5 万英亩增长到将近 6 万英亩。从 1845 年 1 月到 1847 年 2 月 31 日，咖啡种植面积增长了 25 198 英亩，至 50 071 英亩。到 1846 年，岛上有 500—600 个种植园，其中绝大多数在中央省。投资于咖啡的钱多达 500 万英镑。1844 年，土地价格从每英亩 5 先令涨到每英亩 20 先令，1847 年，殖民政府财政困难导致资金断流，到此时大约有 30 万英亩公有土地被出售为咖啡种植地。这些种植园主既有欧洲人,也有斯里兰卡人。第一个购买皇家咖啡种植园的斯里兰卡人是杰罗尼斯·德·索伊萨(Warusahännädige Joronis de Soysa),1837 年他花 411 英镑购买了位于汉古然科塔(Hanguranketa)的一个拥有 480 英亩土地的皇家咖啡园,最终他自己在第一次"咖啡热潮"期间便拥有了 870 英亩公共土地。

到 19 世纪 50 年代,咖啡已成为斯里兰卡主要的出口产品,咖啡业成了斯里兰卡的经济支柱。从 1834 年到 1849 年,斯里兰卡的咖啡出口量增加了 10 倍,从 2.6 万英担①增加到 26 万英担。1859 年咖啡出口量又增加到 53.7 万英担。1869 年其出口量到达顶峰,达 93.9 万英担。到 19 世纪 70 年代,咖啡种植业发展到了其巅峰,已经在斯里兰卡经济中占据了主导地位。咖啡种植总面积从 1871—1872 年的 19.6 万英亩增至 1878 年的 77.3 万英亩。至 19 世纪 70 年代,斯里兰卡咖啡出口每年达 5 万吨。斯里兰卡咖啡种植业已从私人投机者所经营的事业变成殖民地一项主要的产业。

咖啡种植园经济是建立在大规模的种植和管理上的。那时咖啡种植园平均面积有 100 英亩,即使在 1844 年,建立一个咖啡种植园最低的费用也要3 000 英镑。开办这些种植园的资本最初来自英国,随后,设在斯里兰卡的银行向这些需要资金的咖啡种植者提供贷款。

斯里兰卡种植园迅速的崛起是由国际和当地多种因素促成的,具体讲主要有以下几个因素:

第一,英国殖民当局的大力支持。

英国殖民者在斯里兰卡发展种植园经济的最初目的是增加税收,在统治斯里兰卡的英国人看来,斯里兰卡只有一个前途,它只能成为一个生产为人们所需要的一种商品作物的国家,从这种作物中所得到的税收既可使一个种植园主和商人获利,又可为这个岛国的管理提供经费。

在英国殖民者统治早期,欧洲人在斯里兰卡投资农业曾被限制。1801年,英国主管印度事物的大臣亨利·邓达斯(Henry Dundas)曾规定:除科伦坡外,欧洲人不得在任何地区占有土地。1805 年,梅特兰继任斯里兰卡总督后,为吸引欧洲人在岛上投资,他力劝英国国务大臣利物浦勋爵(Lord Liverpool)要允许欧洲人在英国属地的任何地区购置土地,只是每处不得超过4 000 英亩。他认为,要偿清斯里兰卡的债务,关键在于从农业上增加税收,

① 1 英担 = 50.802 公斤。

而要发展农业则非有资本不可。既然只有欧洲人渴望拥有资本,那就应给他们以使用土地的机会。英国政府对这个要求也比较赞许。1810 年 6 月 5 日,利物浦勋爵发给梅特兰总督的文件中说:"在你就任以前,锡兰政府不得不从大陆进口大量稻米,单这一点就足以证明,如果锡兰能够做到自给自足,好处就太大了。我总在想,只要锡兰坚持走这条道路,在交易方面将获得很大利益,至锡兰内部的资本周转会因此而活跃起来,那它的税收也就不至于因进口稻米而如此大量地外流。"在梅特兰的努力下,1812 年英国批准了这个请求。

在斯里兰卡岛内,总督巴恩斯个人的态度也很重要。1820 年爱德华·巴恩斯爵士(Sir Edward Barnes)任斯里兰卡总督时大力推行筑路计划,同时为了鼓励在斯里兰卡发展种植业,巴恩斯决定继续采用梅特兰的法令中关于准许欧洲人开发土地的规定。他鼓励种植咖啡,并亲自经营咖啡种植业。为岛内咖啡种植业制定了许多鼓励性政策,包括优惠贷款、减免出口税和土地税等。

英国殖民当局的大力支持、英国资本的大量输入,是斯里兰卡咖啡种植业迅速发展的首要原因。

第二,当时斯里兰卡岛内外因素的影响。

19 世纪 40 年代英国工业革命已经完成,英国已经进入自由资本主义时期。在此过程中,随着经济的发展,英国和西欧国家对咖啡的需求量日益增长,极大地刺激了斯里兰卡咖啡种植业的发展。同时由于英国实行了自由贸易政策,咖啡进口税大大降低,咖啡价格在英国变得更为低廉,所以 19 世纪最初 30 年内,英国国内人均咖啡消费量增加了 20 倍,这又导致了英国咖啡价格暴涨。而英属西印度群岛殖民地奴隶制度的废除造成该地咖啡产量下降,货源短缺,刺激了其他地区咖啡种植业的发展。随着斯里兰卡的有利位置越来越明显,投资者和种植园主蜂拥而至。

从斯里兰卡岛内因素来看,巴恩斯总督个人的兴趣对咖啡种植业的兴盛也起到了重要作用。巴恩斯上任后,英国殖民当局大力支持咖啡种植业发展,咖啡投资者发现他们很容易得到土地和贷款,咖啡种植园主也被免除土地税,其咖啡产品出口税也被免除。于是英国资本开始大量向斯里兰卡殖民地输入。咖啡出口税于 1820 年取消,一年之后,新的土地法令又做出规定,凡乡村土地均可转让;康提村民及其子孙可以赎回其已卖土地的权利遂因而被废除。1825 年殖民当局颁布法令,咖啡种植园可以不缴纳任何赋税,

1829年又规定凡在咖啡种植园工作的人都免服国家劳役。这些因素都促进了斯里兰卡咖啡种植业的发展。

第三,科尔布鲁克(W. M. G. Colebrook)改革客观上促进了咖啡种植业的发展。

19世纪30年代,英国政府派出了以科尔布鲁克为首的调查团赴斯里兰卡进行调查,在斯里兰卡进行第一次改革。根据调查团的建议书,斯里兰卡文官的退休金均被取消,薪金也受到削减,他们的发展前途随之受到限制,所以他们中大多数人开始经营咖啡种植业。有的文官本人就是种植园主。在斯里兰卡,尽管殖民政府不准文官参与贸易,却准许他们购买土地和出售土地上的产品。历届总督鼓励文官从事企业经营,因为那时在斯里兰卡,只有文官才是有力的投资人,而收支平衡的一个希望就在于发展新兴的实业。同时,为种植园主和种植园集团服务的专门性机构也组建起来。这个机构帮助种植园主获取贷款,为他们提供财政帮助。

科尔布鲁克改革中有一项内容是放松殖民政府对肉桂贸易的垄断权,转而向自由的交易者收取较高的出口关税。这项政策的初衷是提高斯里兰卡优质肉桂的供应量,并增强斯里兰卡肉桂在欧洲市场上的竞争力,同时增加殖民政府的收入。但是事与愿违。高额的出口关税,导致斯里兰卡肉桂相对于东南亚等地的产品丧失了市场竞争力。肉桂贸易在斯里兰卡的重要性下降,原来种植肉桂的土地被殖民政府大量出售,这些土地很快发展成咖啡和椰子种植园。

肉桂的衰落给新的经济作物发展创造了条件。斯里兰卡种植园经济从咖啡种植业开始,但在咖啡种植业迅速发展的同时,其他经济作物的种植业也在尝试之中,并在19世纪90年代超过了咖啡种植业。这些经济作物有茶叶、橡胶、椰子。这主要是由于咖啡树大量死亡,咖啡业受到巨大影响。

19世纪70年代,斯里兰卡的咖啡树受到一种树叶真菌的袭击。这种咖啡树疾病从1869年开始蔓延,几年后大量咖啡树死亡,咖啡业大受影响。80年代,咖啡树疾病的蔓延致使许多种植园几乎破产,斯里兰卡咖啡出口急剧下降。70年代,斯里兰卡咖啡出口比60年代下降了20%。起初,由于咖啡价格上涨,由70年代初的每吨54英镑上涨到70年代末的每吨109英镑。但是由于咖啡树疾病大规模流行,咖啡种植业的衰落最终难以挽回。90年代后,咖啡在斯里兰卡已经变成一个无足轻重的产品。

但是,咖啡业的衰落并没有使斯里兰卡丧失经济发展的资源。在19世纪下半叶,种植园经济的巩固和扩大是斯里兰卡经济的主要话题之一。咖啡种植园主大量修建的道路,为斯里兰卡经济发展奠定了基础。咖啡业在斯里兰卡衰落后,英国种植园主原来准备种植金鸡纳树,作为替代出口产品。1878 年,金鸡纳霜价格涨至每盎司 12 先令 3 便士,斯里兰卡种植金鸡纳树的人就越来越多,到 1883 年,斯里兰卡金鸡纳树种植面积增长到 6.5 万英亩。尽管金鸡纳树种植取得了很大成功,但是与咖啡相比,它在伦敦的销售市场十分有限。而且金鸡纳树最好生长在海拔 1 200 米高的地方,这就限制了斯里兰卡金鸡纳树的种植。同时由于荷属爪哇殖民地种植的金鸡纳树呈井喷式增长,使金鸡纳霜的价格急剧下跌。1890 年,每盎司金鸡纳霜的价格下降为 1 先令,因而金鸡纳树种植业一直没有再增长,种植园主又把眼光转到了茶叶种植上。

1610 年前后,荷兰人第一次将茶叶带到西方,但直到 1657 年茶叶第一次在伦敦公开售卖时,英国公众对茶叶的宠爱才一发不可收拾,以至于英国政府被迫征收茶叶税。斯里兰卡茶叶的种植从 19 世纪 30 年代末开始。印度最早的茶树种植是在 1780 年。当时英国东印度公司的商人从中国广州带走茶籽播于加尔各答,据说茶树生长繁茂。但东印度公司一直没有在印度提倡种植茶叶。1833 年,英国废除了东印度公司的贸易垄断权,东印度公司为了能够继续从茶叶贸易中获取利益,也试图凭借在印度原有的势力,自行经营茶叶。1835 年,东印度公司开始在印度阿萨姆邦进行茶叶种植试验,并取得了成功。1838 年春,英国人制成了约 250 公斤的第一批茶叶,东印度公司认为茶叶质量很好,可以高价出售,印度茶叶种植业从此开始迅速发展。

1839 年,斯里兰卡首次从印度阿萨姆邦引进 205 棵茶树,栽培在佩拉德尼亚种植园内供人欣赏。1854 年,斯里兰卡成立了用以发展茶叶生产的种植者协会。1866 年,泰勒(James Taylor)用中国武夷种茶树鲜叶试制红茶样茶成功,并将其运往伦敦,颇受欢迎。1867 年,英国殖民政府派人去印度考察茶叶种植园情况,并提出了在斯里兰卡发展茶叶的可行性。同年泰勒在斯里兰卡开辟了第一个茶园——卢尔康德拉茶园(Loolecondera Estate),占地 20 英亩,经过科学检验之后,茶叶在康提销售成功,开启了斯里兰卡历史上第一次大规模的茶叶商业种植,为人们展现了茶叶种植的美好前景。

三年后,斯里兰卡开始在中部山区试种 250 英亩茶叶,获得了巨大成功。斯里兰卡中部山区雨量充沛、丘陵起伏,常有漫山云雾,地形有利于排水,土

采茶工在茶园劳作

壤多为酸性红壤或黄壤,是茶树理想的生长地区,这里的茶叶一年四季均可
采摘,月月有收获,从此斯里兰卡便找到了最适合的经济作物。

斯里兰卡大规模种植茶树是从 19 世纪 70 年代开始的。1869 年,斯里兰
卡咖啡树病暴发,无法医治,大批咖啡种植园主不得不砍掉咖啡树改种茶树,
当时"锡兰的确已经表现出是种植茶树非常理想的地方,因此许多在咖啡
业有投资的人,已经把注意力转向种植茶树,即便不以茶树代替咖啡,也以
之作为咖啡的辅业"。而斯里兰卡南部本来不适宜种植咖啡树的地区,被
证明特别适宜大规模种植茶树。这样,随着咖啡树疾病蔓延全岛,斯里兰
卡种植园主纷纷转向种茶树,开创了"向茶业突进"的时期,茶叶产量迅速
增加,出口量激增。而斯里兰卡中南部 1 600 平方公里的范围内,耸立着数
百座山峰,16 条河流从这里发源,成为全国降雨量最丰沛的地区。茶树本
是喜阴灌木,适合生长在山坡上,山谷中适合云雾聚集,像筛子一样过滤阳
光,形成漫射,既能让芽叶中的叶绿素、氨基酸合成,又有利于芳香油和糖
类的积累。1873 年斯里兰卡的茶叶首次销往伦敦,并在伦敦市场上被认
为是一种具有与印度茶和中国茶不同的芳香和味道的茶,很快赢得了很高
的声誉。

　　因此英国殖民政府开始大力扶植斯里兰卡茶叶生产,英国种植园主也纷纷前来斯里兰卡投资兴建茶园。不久绿茵茵的茶园不仅代替了昔日的咖啡种植园,而且遍布在许多新开垦的山坡丘陵上,一个大规模种植茶树的高潮在斯里兰卡兴起。1874年,茶树种植面积增至4 700英亩;到1880年,仅中部地区就有6 000英亩茶园,全岛有1.4万英亩。平均每年新增的茶园面积达到一两万英亩。1894年茶叶种植面积已超过33万英亩。19世纪末,规模庞大的股份有限公司代替了初期个人经营的茶园。1898年,斯里兰卡还成立了茶叶研究所,专门研究茶业。第一次世界大战前夕,斯里兰卡茶叶种植面积已经达到40万英亩。斯里兰卡茶叶出口量大增。1875—1876年度,斯里兰卡出口茶叶200万磅,1885—1886年度增为536.1万磅,1895—1896年度为8 228.8万磅,1897—1898年度突破1亿磅,1900年将近1.5亿磅。斯里兰卡成了仅次于印度、中国的第三大茶叶出口地区。

　　到19世纪末,茶叶成了斯里兰卡经济的支柱性产业,茶业完成了制茶机械化、种茶技术化、销售全球化的转变,茶叶出口收入占斯里兰卡出口总收入的约50%。围绕茶叶种植、采摘、烘干、压制、发酵到烘烤的流水化工艺,产生了大量规模不一的企业。从此印度和斯里兰卡的红茶便逐渐把中国茶从英国市场上排挤出去。“锡兰红茶”已经成为斯里兰卡最具有代表性的标签式产品。从经济角度而言,茶叶种植传统可以说是英国殖民统治留给斯里兰卡的一笔重要遗产。

　　英国殖民政府为了更快地发展茶叶种植园,不择手段,巧取豪夺。他们首先颁布税收优惠政策,扶持茶叶种植业,随后制定了《粮食税收法》和《荒地法》等一系列法令,打击粮农,然后将抢夺过来的土地廉价出售给种植园主。政府还大规模筹措资金,兴办金融机构,发展交通,使斯里兰卡的茶业发展异常迅速。

　　进入20世纪,斯里兰卡的茶叶生产发展更快。1901—1946年,斯里兰卡茶叶种植面积扩大了35.9%,总产量增加2倍。茶叶出口成了斯里兰卡外汇收入的主要来源,这种情况直到现在仍然如此。1900年,斯里兰卡的茶叶出口额为5 370万卢比,而当时斯里兰卡的总出口额为9 080万卢比。1901年,茶叶出口收入占斯里兰卡出口收入的54.6%,1949年占出口收入的61.1%,斯里兰卡几乎生产世界茶叶贸易总量的1/4。茶叶从业人员更多达44万人,占当时总劳动力的27%。从规模、产量和收益上看,20世纪上半叶的“茶叶时代”远远超过了往日的“咖啡时代”。

斯里兰卡茶叶种植业的兴起,为英国殖民政府扩大了财政来源,也使斯里兰卡经济更加依赖于国际市场。1948年斯里兰卡独立以前,斯里兰卡茶叶生产出现几次倒退,均与国际市场茶叶的供求关系紧密相关。尽管如此,独立前夕,斯里兰卡的茶叶种植面积仍有55.4万英亩,年产量为2.71亿英镑,出口额占当时斯里兰卡国家出口总额的68%。斯里兰卡茶叶产量仅次于印度,占世界第二位,是世界上最大的红茶出口国,素有"红茶之国"的美称。

在茶叶种植业快速发展的同时,斯里兰卡橡胶种植业也开始迅速发展。

橡胶的名字来源于印第安语"流泪的树"。橡胶树的原产地在南美洲,主要是巴西。1751年,科学家敏达康从南美洲带了一些橡胶样品回到法国,并在1755年的论文中详细描述了有关橡胶产地、采集和应用的特性,这是世界上首次发表关于橡胶的论述。

1839年,美国人固特异发明了橡胶硫化法,提升了橡胶的效能,扫除了天然橡胶应用中的障碍,也激发起市场对天然橡胶的消费潜力。随着南美洲野生橡胶树资源的不断开发,人们开始怀疑这一产业的生产能力,并着手寻找更加稳定的天然橡胶来源。包括殖民地官员、企业家和科学家在内的英国人不断要求移植橡胶树,并加以实践。这一计划经过多次尝试终于取得成功。巴西橡胶树籽苗于1873年被运到亚洲,种植在印度加尔各答植物园,但是,它们没能熬过当地气温较低的季节,只有3株活到了第二年。从此,印度不再是英国人心中理想的移植目的地。这样纬度更低且拥有佩拉德尼亚植物园的斯里兰卡便成了英国人理想的移植目的地。

1876年6月的某一天凌晨,在亚马孙河流域奉命寻找巴西橡胶树种的英国人亨利·维克汉姆抵达位于伦敦西南角的英国皇家植物园——邱园,急不可待地将随身携带的7万多颗巴西橡胶树种子交给了时任园长约瑟夫·道尔顿·虎克爵士。这些种子随即在植物园的温室中得到培育,并有2 800多颗发芽,长成幼苗。1876年9月,38株橡胶树苗被引入斯里兰卡佩拉德尼亚植物园试种,获得了成功。1880年,斯里兰卡橡胶种植面积达到1 000英亩。到1887年,斯里兰卡赫纳拉特哥达(Henaratgoda)植物园拥有457棵成熟的巴西橡胶树,是东南亚巴西橡胶树种子的主要来源。1890年,许多英国的种植园主和一些有进取心的斯里兰卡人基于商业目的开始大量种植橡胶树。与茶叶树种植情况相同,斯里兰卡大的橡胶种植园一般为欧洲人所有,其资金也来自英国。最初栽种橡胶树的都是一些小种植园。到 1910 年,小种植园种植的橡胶树约占当时橡胶树总数的 1/5。

　　伴随着正如火如荼的工业革命,稳定、耐用、防水、弹性良好且隔热绝缘的天然橡胶成为蒸汽机零部件垫圈的最优选择,并广泛应用于抽水机、机器传送带、软管、火车减震装置、防水衣鞋以及此后出现的海底电缆等。尤其是在英国,这种重要的工业原材料扮演着重要的角色。英国在 1830 年进口天然橡胶 0.211 吨,在 1857 年进口 10 吨,在 1874 年,进口量跃升至 58.71 吨。这大大刺激了斯里兰卡橡胶业的发展。橡胶的种植和生产随着 20 世纪汽车工业的出现而进一步发展起来,一跃成为斯里兰卡第二种重要的种植作物。1905 年至 1910 年是斯里兰卡橡胶树种植的高峰,大批小种植园主纷纷改种橡胶,1912 年,斯里兰卡有 21.7 万英亩的土地种植了橡胶,输出橡胶价值达 1 500 万英镑。1910 年,橡胶已经取代椰子,成了斯里兰卡仅次于茶叶的第二大出口产品。1917—1920 年,由于橡胶价格高涨,橡胶甚至在出口总值上超过了茶叶。

　　第二次世界大战期间,橡胶的需求量大大增加。1942 年日本占领马来亚后,斯里兰卡成为同盟国橡胶的主要提供者,由于战争的刺激,斯里兰卡的橡胶种植业进一步发展。但由于英国按固定价格购买,斯里兰卡并未从中获益。斯里兰卡橡胶在出口前进行初级的加工。橡胶浆(按期切割橡胶树干时所流出的乳汁)经过收集、烟熏和硫化等工序,变成了工业用的橡胶薄片和皱纹橡胶薄片,然后出口。橡胶园里大约一半的劳工是斯里兰卡人,大多住在种植园之外;而另外一半劳工就是从印度来的泰米尔人。1911 年 9 月,斯里兰卡的 1 830 个种植园安置了 421 305 名泰米尔劳工。橡胶出口贸易主要由英国公司掌握。

　　椰子是斯里兰卡第三大种植园作物。斯里兰卡的椰子种植和加工业从19 世纪 50 年代开始快速发展。60 年代以后,椰子种植步伐大大加快。1860年,斯里兰卡椰子种植面积为 25 万英亩,到 1871 年,椰子种植面积已经达到50 万英亩,为经济作物总种植面积的 37%(远高于当时只占经济作物种植总面积 21%—23% 的咖啡),1900 年更升至 41%(当时茶叶的种植面积占经济作物种植总面积的 20%,稻米占了 32%)。20 世纪头 10 年,椰子种植面积达85 万英亩。斯里兰卡的椰子种植业在咖啡业衰落之前就已经出现了,咖啡种植业的衰落推动了椰子种植业的发展。19 世纪 80 年代,出售给斯里兰卡人的椰子种植土地增长了 200%—300%。如今,斯里兰卡的椰子种植面积位列全球第三位,平均产量位列第四或第五,椰子加工制成品也是斯里兰卡重要的出口创汇来源之一。

斯里兰卡的椰子主要种植区在西南海岸,尤其是科伦坡、库鲁内加拉和俱罗之间的三角地带。其他沿海地带也有分布。椰子产量很高,每年可收获6次,长年不断。与茶叶、橡胶种植园不同的是,斯里兰卡的椰子种植园大部分是由斯里兰卡人投资兴办的。这些投资人中大部分是低地僧伽罗人,也有少数泰米尔人,而且大部分椰子种植园是 10 英亩以下的小种植园。19 世纪80 年代初期,此地欧洲人的椰子种植园不到 3 万英亩;90 年代欧洲人在这方面的投资不足 5%。这是因为种植椰子不需要巨大的资金开支,也不需要昂贵的机械设备。但是椰子加工制成品的加工和运输却主要控制在英国商人手里。此外椰子大部分是小规模种植,与咖啡、橡胶种植园相比,并不需要多少劳动力。劳动力基本上来自附近村庄。椰子种植园与附近村庄的经济联系比茶叶、咖啡种植园更为密切。由椰子种植业发展起来的小型加工业,如椰子油、棕绳和棕垫的生产,活跃了当地经济。椰子种植为小工业和家庭手工业开辟了广阔的门路。椰干含油量达 60%—80%,是榨油的上等原料,榨油剩的椰渣是上好的饲料,椰棕可以制绳、织地毯、做刷子等。此外,椰油可以制造肥皂,椰花可以用来酿酒、制醋,椰壳烧制的炭还是一种优质的化工原料。因此,椰子被斯里兰卡人誉为"万能宝树",在斯里兰卡的经济和人民生活中具有十分重要的意义。

二、种植园经济的影响

种植园经济的形成与发展给斯里兰卡社会、经济的发展造成了深刻的影响,使斯里兰卡经济发展模式发生了根本的转变,传统的农业生产部门开始衰落,现代种植园经济部门成为全岛的主导性部门,由此产生了一个本地种植园主阶层,种植园主都不同程度地从经济增长中得到了益处。

第一,种植园经济的发展,带动了岛上经济的发展,使统一的国内市场形成,斯里兰卡被拉入了资本主义世界市场。

历史上斯里兰卡长期以小农经济为主,即使在葡萄牙和荷兰殖民统治时期,经济发展模式也以初级产品直接出口为主。英国为了使斯里兰卡变成为它服务的农业附属国,彻底改造了斯里兰卡的经济结构,使之从内向的农业经济转变成外向的种植园经济,成为世界市场热带商品作物的生产基地。种植经济成为斯里兰卡主导性经济部门,农业经历了较大程度的商品化过程。种植园经济的发展又带动了全国商业、金融业和服务业等相关经济活动的增长,使统一的国内市场开始形成,内贸和外贸都有相当的发展。这使斯里兰卡步入早期现代化的艰难阶段。

同时,长期的殖民统治也不可避免地给斯里兰卡带来了现代社会的一些因素。伴随着开发种植园和输出原料的需要,英国殖民政府开始在斯里兰卡大规模修建供水系统、道路、铁路、港口等基础设施,现代交通运输业得到迅速发展,在斯里兰卡出现了前所未有的修路高潮,公路修到地处穷乡僻壤的种植园,而且发展了电力、邮政、通信事业。为大力发展种植园,英国殖民政府还大规模筹措资金,兴建金融机构,开设银行业务。

当英国在 1796 年接管荷兰的殖民地时,斯里兰卡只有连接科伦坡与尼果波的沙路,货物主要通过自然河道、运河及海路进行运输。早在巴恩斯总督任期之内,出于军事、安全及战略等方面的需要,英国殖民当局就大力推行筑路计划,并调用军事工程人员对其负责,毫无忌惮地非法利用国家劳役制度,征调斯里兰卡人来从事这项工作。巴恩斯总督认为,康提地区的封闭隔绝状态不利于殖民当局对这一地区的控制。因为修筑道路可以使英军长驱直入地进入康提。如果再次发生僧伽罗人的反抗,殖民当局可以轻而易举派兵镇压,控制局势。而且,中部山区是斯里兰卡的重要出口商品集中产地。由于地势险要,交通不便,要把山区的产品运到沿海地区的港口异常困难。而修筑从沿海到康提山区的道路,可以打破这一地区与世隔绝的状态,加速康提地区的开发。

可见,殖民政府对修筑道路的热情原本是为了打通从沿海到中部高地的交通,主要是连接从科伦坡到康提的军事设施,是为了便于对康提叛乱者的镇压。1820 年到 1831 年殖民政府又先后修建了三条道路与康提相连,将康提的天然屏障打开了。殖民政府对于中部山区的统治得以巩固。尽管早期的道路在许多山区仅仅是在灌木丛林中开辟一条简单的通道,但是这毕竟开启了以连接全岛为目标的道路网络的建设。

很多咖啡种植园散落在康提及其周围地区,随着种植园经济的发展,种植园主们面临的一个重要问题是如何将这些产品从山区运到科伦坡港口。最初的运输是由挑夫们完成的,他们对道路的要求不高。随着咖啡等经济作物的种植园面积扩大、产量的提高,牛车成了主要运输工具,这就需要把道路修整到一定宽度并相对平整。为此种植园主向政府发起强烈呼吁,要求开辟道路。当咖啡业成为经济的主导后,斯里兰卡交通运输开始迅速发展。

1848 年,殖民政府通过《道路法令》(*Road Ordinance*),规定每个 18—55 岁的男性都必须每年有 6 天时间参加修路,否则需要缴纳一定的费用才能免除劳役。1833 年,政府用于筑路的款项只有 11 393 英镑,占国家总收入的 2.5%,到 1860 年,岛上的干道共长 1 800 英里,这时用于修筑道路和维护道路的款项差不多占国家总收入的 20%。乔治·安德森总督(Sir George Anderson,1850—1855 年在位)在任期内对现存的道路进行改造,以满足种植园主的要求。其继任者也采取同样的政策。1855—1860 年,殖民政府用于筑路和架桥的开支更多达 100 万英镑。到殖民时代后期,斯里兰卡公路总里程达到大约 5 000 英里,覆盖全国的道路网络基本形成。

科伦坡港(1852 年)

斯里兰卡道路运输方面的突破性进展来自国内铁路的大规模修建。这一时期英国殖民政府修建铁路有多方面的原因,但是英国在印度修建铁路的成功经验是最大的推动力。殖民政府在 1845 年成立"锡兰铁路公司",开始筹备修筑从科伦坡到康提的铁路,并且认为这样一条铁路将极大地推动高地的矿产资源开发,并吸引更多的英国投资者。对种植园主而言,铁路运输可以降低成本。康提到科伦坡港口的铁路从 1858 年开工至 1867 年完工。它大大降低了从康提到科伦坡的货物运输成本。到 1873 年,铁路延伸至甘波罗,1874 年又延伸至那伐拉皮提亚,1884 年延伸至那鲁亚,几乎将岛上的种植园区都联系起来。19 世纪末,斯里兰卡的铁路里程已经达到 300 英里,而整个英国殖民统治时期修建的铁路里程则超过了 1 000 英里。铁路的延伸不但降低了货物运输成本,还促使人们开辟更多的种植园,推动了城镇的发展。

科伦坡本来只拥有一个开阔的锚地,随着咖啡出口量的增长和苏伊士运河的开通,大量船只停靠在科伦坡港和加勒港,科伦坡成了"东方的大加煤站"。英国人开始修建科伦坡港,首先建造一条长4 212 英尺、覆盖面超过 500 英亩的防波堤。科伦坡港的修建刺激了其他产品的出口,例如石墨和椰子,而且港口还为码头工人、轮机工程师、煤炭和液体燃料进口商、货物装卸工、经纪人和交易商提供了就业机会和收入。1906 年,科伦坡港面积达到 613 英亩,已经成为当时亚洲最大的人工港。

科伦坡街景(1880 年)

由于交通运输业的大力发展,斯里兰卡全国各地的联系变得日益密切,偏远的山村得到了发展,城镇也随之发展起来。在沿海港口、种植园区、道路的主要路口都兴起了城市,大量的农民拥入城市,造成对食品、衣物、建筑材料的巨大需求,这又促进了斯里兰卡内部贸易的发展。此外,由于贸易的发展,斯里兰卡与国际市场联系日益加强,出

科伦坡至康提铁路一景(1870 年)

口贸易增加,斯里兰卡人均国民收入也大大增加。斯里兰卡不仅受到印度和西方的影响,而且居于整个世界的相互影响之中,世界事务也开始在这个偏远的岛国产生冲击波。从此以后,斯里兰卡的经济不可避免地融入资本主义世界经济的大潮中。

第二,斯里兰卡单一种植园经济结构的建立,使得斯里兰卡的社会阶层

结构开始发生变化。

　　斯里兰卡单一的种植园经济结构的建立,确保了那些把资本和精力投入斯里兰卡经济建设之中的英国人的利益,使他们享有斯里兰卡经济收益的一大部分。同时,它带动了其他经济部门的发展。所有这些变化又推动了相关经济活动的发展,使那些次要的商业和手工业应运而生,加快了斯里兰卡现代化的进程。

　　随着种植园经济的发展,在斯里兰卡产生了新的社会阶层,斯里兰卡的社会阶层结构开始发生变化。一批斯里兰卡人开始经营一些小的种植园,他们靠此获取了巨额财富,成为斯里兰卡的上层。这些人受过良好的教育,熟悉西方政治制度,同殖民政府联系密切。其子女大都到英国留过学,受过系统的西方教育。这些斯里兰卡人的上层分子成了斯里兰卡民族解放运动的领导者。

　　到19世纪末,种植园企业已经具备相当大的规模,除种植茶叶、橡胶和椰子外,还从事有关这些作物的产品的生产。因而斯里兰卡经济增长所带来的一小部分利益,还被那些以较低身份为种植园经济服务的人所获得。这些人中,有在铁路未出现以前把咖啡运到港口去的车夫,有负责维修工作的木匠和铁匠,有贮藏室和货栈的办事员,有在应新秩序的需要而建立的众多政府部门中担任低级职务的人员,最后还有为住在种植园以外以及迅速发展中的科伦坡城居民供应粮食和生活必需品的商人。随着斯里兰卡的开发,许多设有法庭和政府机构的小城给一批新的受过英式教育的律师和其他人士提供了就业机会。这些人接受过英语教育,成了所谓的社会精英阶层。英国化精英们渴望参与国家的治理,他们对英国人忠心耿耿。这批人的收入介于为数很少的英国种植园主及商人和斯里兰卡民众之间,构成小小一部分资产阶级的经济基础,同时成为斯里兰卡民族解放运动的主力。

　　第三,单一种植园经济的发展,改变了斯里兰卡原有的经济结构,使斯里兰卡完全成了为西方市场服务的农业原料产地。斯里兰卡经济开始畸形发展,最后固定为单一的种植园经济。

　　由于殖民统治,国家经济畸形发展的现象在许多第三世界国家普遍存在,形成了所谓的单一经济。单一经济指一个国家只生产和出口某几种甚至一种农产品或矿业原料,以此作为其主要收入来源。单一经济这种畸形的经济结构,固然与某一国家特定的自然环境和自然资源有关,但从根本上讲,是殖民主义的产物。

斯里兰卡同样存在这种情况。单一种植园经济的缺点是它只开发斯里兰卡资源的一部分,而其他经济资源却被废弃。斯里兰卡也有矿物资源,虽然事实上并不丰富,但殖民者并未开发。斯里兰卡的石墨资源也十分丰富。19 世纪 90 年代,世界各地虽然需要石墨,但它只是由几户在自己的土地中发现了石墨的低地僧伽罗人以简陋的设备进行开采。

在英国殖民统治时期,种植园作物产业已经成了斯里兰卡的支柱产业,在国民经济中占据主导地位。1921 年,全岛依靠种植园生活的人达 100 万人,占当时斯里兰卡总人口的 25%。1938 年,斯里兰卡出口商品中,茶叶占67%,橡胶占 18%,包括椰子在内的其他商品出口仅占 15%。

单一的种植园经济的迅速发展,遏制了其他行业的发展,摧毁了斯里兰卡的农业。在西方殖民者入侵斯里兰卡以前,斯里兰卡是一个自给自足、以农耕为主的农业国,素有“东方粮仓”之称。斯里兰卡的人口大多数依靠传统农业为生,大米是斯里兰卡人的主食,但由于殖民者只发展获利较高的种植园,而牺牲农民的利益,农业没有多少政府投入,耕作条件迅速恶化,结果造成严重的粮荒,粮食生产增长缓慢。1930 年,斯里兰卡全部耕地 350 万英亩中,近 3/4 即约 260 万英亩是供出口的三大经济作物的种植园,仅约 1/4 即约 90 万英亩才是维生的稻田。斯里兰卡不得不从国外大量进口粮食和工业日用品。从 19 世纪 30 年代后期起,茶叶、橡胶、椰子三大种植园作物的生产取代了传统农业的地位,成为斯里兰卡的经济支柱,这三大经济作物采用资本主义农场制的方式经营,产品用于出口。随着种植业超过农业,农业中的商品经济成分超过了封建的自给自足的自然经济,商品经济十分发达。

殖民政府的土地立法和种植园的扩展,还造成了许多农民失去土地,在农村形成一个人数众多的无地农民阶层,他们被迫四处流浪或替种植园主干活。虽然 1848 年农民起义迫使英国殖民当局采取一些措施来改善农业状况,修复了一些水库,并在 1884 年设立了中央灌溉委员会和地方灌溉委员会,粮食生产有所发展,但由于土地上人口压力增大,稻米商品化程度较低,农业技术落后,粮食生产相对于商品作物生产大大滞后。粮食仍不能自给,需从印度大批进口。1915 年,斯里兰卡的大米进口总值达 5 500 万卢比,构成斯里兰卡进口总值的 1/3。除了食品,还有两类进口项目:一是纺织品,包括布匹、棉花;二是为茶叶、橡胶和椰果工业所需的加工机器。到 1950 年,食物和酒类构成了斯里兰卡全部进口的 47%。

这样,斯里兰卡经济在英国殖民时期就形成了典型的二元经济结构:一种是种植园经济。种植园显然属于近代资本主义经济,这些近代的种植业部门资本集中,技术水平较先进,为世界市场而生产,种植园产品的出口是斯里兰卡外汇的最主要来源,种植园经济成了斯里兰卡的经济支柱。但是,大量的利润被汇回英国,种植园主更愿意选择雇用印度泰米尔劳工,倾向于进口任何自己需要的货物,包括稻米、蜡烛等消费品,以及诸如机械和茶箱之类的生产资料。另外一种是传统的农业经济。传统的农业部门中,劳动密集,技术水平低下,沿用传统的耕作方式,商品化和货币化程度低,具有自给自足的倾向,直接满足农村市场需要。传统的农业在国民经济中所占的比例非常小,这两个经济部门之间的联系很少。这种二元经济结构的出现,与其说是因为经济组织的需要,不如说是由于受到殖民政策的影响。国内经济的近代发展受到种植园主及政府政策的刻意抑制,斯里兰卡本土的资本主义只在很少的几个领域内有所发展:宝石贸易、亚力酒的酿造和销售,椰子制品的加工与出口等。而在商业上获得成功的斯里兰卡人更倾向于把他们的财富投入子弟在海外的教育上,目的是让他们的子弟能够成为英国化的精英。种植园经济的发展给英国殖民统治者带来的超额利润,使殖民政府有可能在斯里兰卡实行一些福利措施,如粮食补贴配售制、免费教育制、免费医疗制等。

由于种植园经济的畸形发展,斯里兰卡传统的手工行业消失了,英国质优价廉的工业品满足了岛上的需要,斯里兰卡本土所制造的机械或工具,实际上也不过是制茶所需要的并不复杂的烘焙机和揉茶机而已。在英国殖民统治时期,斯里兰卡几乎没有建立现代工业,绝大多数制造品均需进口。1922年,斯里兰卡工业委员会提议建立一些国有工厂以制造日用品如肥皂、玻璃、水泥、纸张等,但没有采取任何实际行动。第二次世界大战爆发后,由于战争使工业品进口困难,殖民政府才在斯里兰卡建立了一些从事胶合板、奎宁药品、皮革、椰壳纤维板、陶瓷、玻璃等生产的少量的小型工业,以满足那些无法进口的各种基本商品。

在两次世界大战期间,斯里兰卡的国民收入增长率和经济的生产能力都呈明显衰退趋势,而种植园经济体制由于殖民政权的维持,得到进一步发展,国家经济结构日趋畸形。从商品性农业发展中获利的是少数人,斯里兰卡粮食不能自给,基本工业品都不能生产,大量依靠进口,工业仅占整个经济结构的5%。斯里兰卡经济完全成了为英国工业服务的殖民地型经济。独立后,这种单一的种植园经济因为世界贸易条件日趋不利于出口初级产品而使斯里兰卡经济逐步陷于困境。

第四,种植园经济的发展,使斯里兰卡的民族构成发生了一些变化。

种植园经济的迅速发展,使劳动力问题成了种植园主所关心的问题。种植园需要大量的季节性劳动力,在每年 8—11 月咖啡收获季节,采摘咖啡果需要大量劳动力,种植园主在康提地区农村招不到这批劳动力。因为康提村民这时正忙于自己的稻米收获,还要翻耕土地以备播种。此外,那些高种姓的僧伽罗人还认为他们耕种自己的小块土地就会享有传统的社会地位,而如果当了靠别人付酬的农业工人就降低了自己的身份。到种植园工作辛苦但报酬很低也是僧伽罗人不愿意去的主要原因之一。所以,斯里兰卡人不愿到种植园里从事艰苦而有组织的工作。

荷兰在对斯里兰卡进行殖民统治时期,就开始从印度南部贩运泰米尔人奴隶到斯里兰卡,在种植园从事劳作。英国殖民统治地位确立后,从 19 世纪 30 年代开始,随着种植园经济的快速发展,劳动力短缺问题再次凸显。为解决种植园劳动力极度短缺问题,种植园主开始到印度南部招募泰米尔人劳工。19 世纪 30 年代后期,印度殖民政府同牙买加、特立尼达、英属圭亚那、毛里求斯签订了关于把印度南部劳工迁移到这些地方当种植园工人的协议。

该协议表面上只规定印度南部劳工向上述国家迁移,但实际上包括了所有英国殖民地国家。于是印度南部劳工(主要是泰米尔人)背井离乡,远涉重洋,潮水般地涌入上述国家和斯里兰卡。1839 年,从印度南部来斯里兰卡的泰米尔人有 3 000 人,此后每年大约有 4 万名印度泰米尔劳工进入斯里兰卡。1844 年,到达斯里兰卡的泰米尔劳工增至 7.7 万人,1840—1860 年的 20 年间,平均每

19 世纪 70 年代的斯里兰卡种植园工人

年到达斯里兰卡的泰米尔劳工约有 5 万人。这些劳工中有近一半的人做完工后又返回了印度,但也有很大一部分留在了斯里兰卡。尽管 1839 年,英属印度殖民政府通过法案禁止招募劳工出境。这些劳工受到种植园主和中介机构的双重剥削,在迁徙途中死亡率也很高。但是由于当时印度南部经济日益恶化,人民生活极度贫困,这些苦力在高于印度南部工资水平的季节劳动收入的诱惑下,源源不断地拥入斯里兰卡。1880 年前,永久居住在斯里兰卡的印度泰米尔移民达到 20 万人。由于印度泰米尔移民的大量拥入,殖民政府开始关注印籍泰米尔移民问题。1858 年,根据苦力移民法令,由殖民政府和种植园主分别出资设置了一笔基金,在印度设立了代办处,在斯里兰卡设立了移民局,以方便迁往斯里兰卡的移民。苦力交 3 先令,便可以搭乘包船并在沿途各站得到政府所组织的医疗机构的照顾。

19 世纪 70 年代斯里兰卡种植园里的年轻女工

19 世纪 80 年代,咖啡种植园因咖啡树遭受树叶真菌袭击而衰落,人们纷纷转而经营茶叶和橡胶等作物,由于常年需要劳工,定居下来的印度泰米尔劳工不断增加。

咖啡生产需要大量采摘咖啡果的季节工,而茶叶和橡胶生产与咖啡不同,茶叶生产要整理土地、剪修茶树、锄草、施肥、采摘,还有加工过程中的干萎、揉制、发酵、烘焙、分级等,橡胶生产要经过割浆、收集、烟熏和硫化等工序,最后制成橡胶薄片和皱纹橡胶薄片,茶叶和橡胶的各个生产环节都需要大批工人,而且是长期工。一部分采摘咖啡的季节工人继续留在斯里兰卡,新的劳工则不断大批地从印度南部马德拉斯省(主要是拉玛纳达普拉姆县)流入斯里兰卡茶园和橡胶园。许多泰米尔移民居住在斯里兰卡中部地区。1891 年到 1911 年的 20 年间,岛上由于移民而增加的人口达到 517 000 人。泰米尔移民不断增加,1941 年有 603 000 人,到 1949 年达 758 264 人。

这些印度泰米尔劳工一般出身于低级种姓,他们在印度生活得十分艰苦,当他们听说到斯里兰卡可以过上好日子时,就毅然离开家园来到斯里兰卡。在咖啡种植业兴旺时期,种植园需要的是季节性临时工,因此这些印度泰米尔人是零零星星地来到斯里兰卡的,在咖啡收获季节过后还要返回印度。最早的泰米尔劳工,有的甚至携带妻室儿女,在泰米尔语中叫作"甘加尼"的把头率领之下离开家园,沿着印度海岸长途奔波,一直步行到离斯里兰卡最近的拉梅什瓦兰港,然后挤进运米的小船,越过保克海峡,抵达斯里兰卡。上岸以后继续步行,还要穿过瘴雾弥漫的丛林,才能到达种植园地区。死神在丛林的小道上不断夺取他们的生命。由于没有任何卫生保健措施,许多人死于霍乱和疟疾,只有一部分幸存者能到达中部地区的种植园。后来,种植园主为确保劳动力的来源,改变了招募劳工的办法。他们采取预付一部分工资和实行交通补贴的办法从印度南部招募廉价劳动力,这些钱要在后来的工资中扣除;在债务偿还以前,劳工不得离开种植园。

英国人从印度南部引进泰米尔劳工的决定对斯里兰卡民族之间和宗教团体之间的关系产生了重大影响。这一新民族对岛上的整个社会生活的影响日益增加。随着泰米尔移民人数增加,在斯里兰卡,在占有土地种植水稻的僧伽罗农民身边,即在享有较好生活水平的僧伽罗人、佛教徒身边,居住了一大群收入极低的领工资的"奴隶",即泰米尔人和印度人。他们完全被隔绝于当地农人及其生活之外,只能在庄园的范围之内过着十分艰苦的生活,他们有许多人在岛上定居,收入和基本生活条件都没有保障,处境极为悲惨。这些移民劳动繁重,收入低微,没有固定月工资,只按每天的劳动量计酬。

与早期印度南部移民不同,种植园劳工既没有被同化进入某一个更古老的族群,也没有保留他们的印度身份,他们处于一种封闭隔绝的状态。虽然直到 1911 年人口普查前,他们并没有脱离其他讲泰米尔语的兰卡人而成为"印度裔泰米尔人",但是殖民政府 19 世纪 40 年代就开始把他们当成一个新的独特的兰卡族群。大量印度泰米尔移民的到来,增加了斯里兰卡泰米尔人的力量,引起了僧伽罗人的恐惧,僧伽罗人和泰米尔人两大民族之间逐渐产生了猜疑和敌视。而英国殖民当局实行偏重泰米尔人的政策已经使僧伽罗人的自尊心受到伤害,大量引进印度泰米尔人,更激起了僧伽罗人的强烈不满。印度泰米尔人的大量拥入,使僧伽罗人感到自己的家园再次遭受泰米尔人的侵犯。在斯里兰卡,就像在世界其他地方一样,殖民统治结构的建立制造着紧张不安的局势,并播下了日后爆发冲突的种子。

值得指出的是,由于种植园经济的畸形发展,斯里兰卡不但没有自己的民族工业,而且英国也几乎不在这里进行这方面的投资。欧洲来的种植园主与殖民政府一道控制了斯里兰卡的经济命脉,大的种植园和进出口贸易均由外国公司垄断,使斯里兰卡单一的种植园经济完全定形。拥有大地产的种植园主、从事进出口业的商人和采矿业的企业主构成了斯里兰卡新的上层阶级,他们成了斯里兰卡上流社会的主体,而广大下层人民依然一贫如洗,斯里兰卡社会结构出现两极化的倾向。

这种情况与印度有些不同。在印度,英国资本大量进入,兴办许多现代工业,英国不仅把印度作为原料产地,而且还力图使之变成资本输出的场所,因而印度工业在一定程度上发展起来,在印度传统经济与外国工业资本的夹缝中产生了有一定实力的民族工业,由此产生出一个作为中产阶级力量相对较强的民族工商业阶层。而对于斯里兰卡,英国只想把它作为单纯的热带种植园作物生产地,并无意发展其他工业。英国在斯里兰卡经济方面所起的作用远远不如其在印度的作用。这也说明,殖民统治者的一切所作所为,都是以符合它自身利益为最高准则的。

第三节　现代政治体制的确立

1783 年英国正式承认美国独立,英帝国逐步瓦解。美国革命之后,英国政府从美国革命中吸取教训,大幅度调整了其殖民政策,加强了对殖民地政治上的控制,尤其是加强了总督的权力。由于英国占领斯里兰卡主要是出于把它作为战略前哨基地的考虑,这种迹象更为明显。

1802 年建立的咨询会议是斯里兰卡立法机构的萌芽,但是这个咨询会议附属于总督。英国在斯里兰卡的管理机构矛盾重重,效率低下。而斯里兰卡文官的薪水却是英帝国中除印度之外最高的。值得注意的是,在斯里兰卡,殖民机构禁止从事私人贸易。

19 世纪 40 年代,英国工业革命已经完成,英国社会经济得到了飞速发展。英国进入自由资本主义的发展阶段。随着英国工业革命的迅速发展,英国工业资产阶级迫切要求改变过去那种赤裸裸的直接掠夺的方法,将殖民地变为英国工业的原料产地和产品销售市场,杜绝殖民地出现腐败,给殖民地一个"好的政府",杜绝出现暴政,在殖民地实行自由贸易,关心原住民的生活。

这种新的殖民政策在印度殖民地已经实行。斯里兰卡不断发生的骚乱，财政状况的拮据和英国本土出现的新思潮，促使英国政府决定在斯里兰卡实行改革。这次改革，通过议会斗争确立现代政治体制，是斯里兰卡政治现代化的显著特点。从 19 世纪初期起，英国在斯里兰卡进行了多次改革。通过一系列的改革，斯里兰卡逐步建立了现代政治体制。

一、科尔布鲁克改革

科尔布鲁克改革是英国人在斯里兰卡进行的第一次全面改革。19 世纪 20 年代，作为英国皇家直属殖民地的斯里兰卡逐渐在社会制度和经济秩序等方面取得稳步发展。为了进一步巩固这个在战略位置和经济资源上都十分重要的殖民地，英国政府向斯里兰卡派遣了一个调查委员会，目的是了解斯里兰卡殖民政府的行政效率、司法状况，并改善其并不让人满意的财政状况。1829 年"锡兰资源利用调查团"的团员科尔布鲁克来到斯里兰卡就全岛行政、本地制度、内政状况以及军事建设进行系统的调查。后来由卡梅伦(Charles Hay Cameron)协助处理立法和司法方面的事务。1831 年，调查委员会向英国议会提交了调查报告，就斯里兰卡改革事宜提出一系列政策、建议。调查报告的内容包括："法律、规章和习俗……也包括其他与政府行政有关的事务，司法、行政、军事和教会等机关的情况，税收、贸易以及锡兰岛的资源。"主要包括以下几个方面：

(1) 废除贸易垄断，实行自由贸易。科尔布鲁克改革的目标是在斯里兰卡建立一个自由的国家上层建筑。科尔布鲁克眼中的斯里兰卡殖民政府弊病丛生，需要大幅度改革。因此调查委员会首先建议废除东印度公司肉桂贸易垄断，允许自由贸易。贸易垄断曾经给殖民政府带来可观的收益，为了弥补政府财政损失，他建议任何从斯里兰卡出口的货物均需要缴税。此外，调查委员会还建议废除国家劳役制。这些建议都被英国殖民政府采纳。由于此时斯里兰卡社会已受英国影响近 40 年，传统的社会结构有了很大的改变，经济商品化有了一定发展，因而没有出现像上次取消国家劳役制时所产生的不良后果。贸易垄断权的取消以及国家劳役制的废除，为私人企业的成长，以及种植园的兴起、商业贸易的发展铺平了道路。

(2) 改革政府机构，让当地人参与国家管理。调查委员会还建议削减总督的权力，设立行政会议和立法会议。在行政会议里，总督只是一个名义上的首领，立法会议由欧洲人和斯里兰卡人指定的代表组成，总督不应参与该会的各种讨论。立法会议成员由 9 名官方成员和 6 名非官方成员组成。非官方成员包括 1 名僧伽罗人、1 名泰米尔人和 1 名伯格人。这两个会议构成了斯里兰卡未来政治结构的最初雏形,是斯里兰卡现代议会制度的萌芽。1833 年,根据卡梅伦的方案,全岛建立了一个由最高法院统管的单一司法制度,国家劳役制度被废除。农村基层组织甘沙巴的司法权力也被废除,并被移交给政府。这标志着斯里兰卡现代司法体制的开始。作为改革的措施,它远远走在了英属印度及其他非白人殖民地的前面。

(3) 统一全岛的行政体系。斯里兰卡原来存在两套独立的政府体系,分别在沿海省份和原康提王国辖区内,这是不合理的。在各级行政区划中建立协调统一的管理是殖民政府的目标,科尔布鲁克还认为,岛上分为 16 个省开支巨大。他建议把全国划分为 5 个省份,即科伦坡、加勒、亭可马里、贾夫纳和康提。这样,斯里兰卡第一次实行了全岛统一的行政制度。但是在通信和交通设施都不完善的 19 世纪中期,很多时候高效的管理也只是一个目标。一直到 1873 年,也就是连贯斯里兰卡各省区的道路交通网初步建立起来的时候,各省的专员才有机会第一次聚在一起开会,并了解不同省区的情况。统一的行政制度的建立加强了低地僧伽罗人、泰米尔人和康提僧伽罗人的民族整体意识,有利于国家的统一发展。

此外,调查团还建议在斯里兰卡大力发展教育,并得到了斯里兰卡总督霍顿(Sir Robert Wilmot Horton)的支持。他们坚信,要使斯里兰卡在政治、社会、经济和道德各方面向前发展,唯一的途径是教育。此后,大批受过良好教育的斯里兰卡人登上了政治舞台。

(4) 建议削减文职人员数量、职位、薪水和奖金。这一政策的推行,使许多欧洲籍官员离开了斯里兰卡,一些文职人员嫌工资低,消极怠工。但是后来由于允许政府官员开办种植园以营利,大批殖民政府官员不管公务,一心埋头经营种植园,造成腐败盛行,同时农民的利益受到侵犯。科尔布鲁克主张殖民政府的公务岗位向社会公开,英语熟练的本地人或者在斯里兰卡定居的英国人都有机会取得职位,在语言方面,要求普通公务人员至少掌握一门本地语言,对于高层官员,如果不掌握本地语言,则没有晋升机会。这样的语言政策显然有利于外来的殖民者和本地精英之间和谐相处。在文职公务人员梯队建设方面,鼓励知识结构良好的年轻英国人到殖民地任职。他们首先在英国接受培训和测试,然后被派遣到斯里兰卡,通过本地语言测试就有机会获得固定职位。对本地语言的重视是英国殖民政策从初期的军事占领向温和的秩序建设过渡的一个表现,这是斯里兰卡殖民时期开始以来一个新的现象。

如前所述,卡梅伦的司法改革废除了甘沙巴的司法权力,把它交给政府法庭。甘沙巴是斯里兰卡农村基层组织,它在乡村维持法律秩序、解决纠纷、审讯犯人及组织收税,并通过国家劳役制度驱使农民劳动和维持种姓等级秩序。

科尔布鲁克改革对殖民政府高层的触动较少,科伦坡最高决策层的运行机制几乎没有什么改变。在省一级行政机构,殖民政府设置了"省级专员"(Government Agent)。这个代表的职责包括维护辖区的法律秩序和社会稳定、征收税赋,以及代表殖民政府履行各项具体职能。在各省级行政单位之下,进一步细化出 21 个城市级行政单位,设置"城市专员"(City Agent)。在专员之外专门设立了负责司法的官员和相应的法庭,以明确行政和司法相互独立。

科尔布鲁克-卡梅伦改革是英国在斯里兰卡确立统治地位后进行的第一次全面系统的改革。此后的 1833—1870 年,斯里兰卡成了英帝国内非白人附属国改革的先锋。改革使斯里兰卡比其他附属殖民地具有更为先进的政治体系。科尔布鲁克的改革建议大部分在以后的 10 年付诸实施。所以 1833 年被认为是斯里兰卡历史的转折点,是新时期的开始。

近千年来,斯里兰卡一直处于分裂状态,西方殖民者入侵以前,斯里兰卡处于三足鼎立状态。经过科尔布鲁克改革,斯里兰卡实现了全国政治上、经济上的统一。它开始作为一个民族国家出现,并且有了一个强大的中央政府,这在以前是从来没有的。这次改革后,一些欧洲人、印度人、穆斯林和低地僧伽罗人纷纷拥进原康提王国地区从事贸易和开办种植园,原来比较闭塞的康提地区也卷入资本主义世界经济圈,从而使康提的社会经济结构发生了急剧变化。

尤其值得注意的是,这次改革引入了资本主义议会制度的萌芽。从此开始,非官方的人士进入立法会议,一些报纸也把立法会议当成当地议会,斯里兰卡政治开始向英国式议会制方向发展。当时数量不多的中产阶级人士有了参与政治的机会,他们代表了当时正出现的受英式教育的中产阶级的利益,也正是这些人成了以后斯里兰卡民族运动的领导人。可以说正是英国式现代议会制度、英国式的教育为英国殖民主义培养了自己的掘墓人,这是英国殖民者当初所没有想到的。

1833 年后,斯里兰卡在英帝国非白人殖民地中作为改革先锋的角色持续了近 50 年。19 世纪末 20 世纪初,牙买加、毛里求斯、特立尼达等英帝国殖民地在这方面的发展上又超过了斯里兰卡。

19 世纪中叶以后,在斯里兰卡社会出现了一批新的上层精英分子,他们是受西方教育和英国化了的人。这群人包括种植园主、实业家、文官和专家。新的中产阶级在 19 世纪上半叶积极参与政治,要求在立法方面反映自己的经济要求。19 世纪中叶和下半叶在立法会议中发生了两次官方代表与非官方代表之间的冲突。在这些冲突中非官方代表意识到他们在立法会议中所处的微弱地位,强烈要求改革立法会议。在其压力下,英国国务秘书做出了让步,给斯里兰卡立法会议以控制预算权,非官方代表有权提出议案并就预算进行投票。这可以说是斯里兰卡中产阶级参与政治和议会改革的最初尝试。

科尔布鲁克开启的改革给斯里兰卡社会带来了急剧的震荡,使包括广大农民在内的许多阶层利益受损。殖民政府维护英国商人和种植园主的利益,他们大量投资于种植园,而种植园的扩展侵占了大量良田。1832 年,为扩大种植园,殖民政府拍卖了王室所有的土地。1840 年的土地法规定,凡无契约证明土地所有权的农民,其土地均被没收。许多农民的土地被剥夺,失地农民的经济条件恶化。而 1847—1848 年的咖啡危机,使原有的社会秩序恶化,殖民政府为了增加收入,增加了许多新的税种,印花税也大大提高,引起斯里兰卡各阶层普遍不满,1848 年起义终于爆发了。

1848 年起义的中心有两个,一个是科伦坡,另一个是康提的马塔勒(Mātalē)和库伦内家拉(Kurunägala)。起义发生的地方正是种植园快速发展的地区。1848 年 7 月,科伦坡郊区 4 000 名民众集会,反对增加税收,并准备开进要塞,向总督请愿。总督颇为惊慌,调集军队驱散群众。随后,康提发生了起义,起义民众袭击康提首府康提和马塔勒、库伦内家拉的公共建筑、商店以及一些种植园主的住宅。英军很快镇压了起义,并在维护法律和秩序的名义下,颁布戒严令,处死一批起义民众。起义表明斯里兰卡民族矛盾尖锐,直接导致英国调整过去对佛教严格限制的政策,并改善了与当地首领的关系。

19 世纪 30—50 年代是改革和重建的时代,这一时期,英国对科尔布鲁克的改革进行广泛的调整,议会制也有所发展。英国殖民当局首先对文官系统进行调整,提高年轻官员的薪金,增加了文官职务的吸引力,并规定文官在被任命前必须接受一段时间的训练,所有的官员必须学习僧伽罗语或泰米尔语,同时增加了文官职位,根据政绩升迁,并通过文官考试选拔官员。

为巩固英国的殖民统治,政府开始将当地头人吸收到殖民统治机构中来,1879 年又通过甘沙巴条例,恢复了传统的村级政权机构甘沙巴的权力,将农田耕作和水利设施管理等事务交予其管理。作为僧伽罗传统村社的重要议事机构,甘沙巴由村社中地主等较为富裕的人群代表组成,可以处理村子中较小的诸如民事纠纷等一般性事务。政府重新划分了省级区划,将全国分为 9 个省份。新的政府部门的设置和省的重新划分使政府职能更加专业化,这些都是后来议会改革的先导。

至 19 世纪 80 年代,斯里兰卡的社会和经济生活发生了巨大的变革。种植园经济早已迅速兴起,并成了国家经济的主导部门。现代公路、铁路的建设和通信手段的广泛发展,促进了更深的经济整合。城镇在各处建立起来,城市人口大量增长。一个新兴的中产阶级在斯里兰卡社会形成,且数量日益增长。

二、麦卡伦与曼宁改革

在 19 世纪后期立法会议中僧伽罗代表对政治改革少有兴趣,那时他们甚至强烈反对任何变革。其中僧伽罗代表几乎全部来自廓依伽马(goyigama)种姓①的一个家族,政治活动带有种姓冲突的一面,这是当时斯里兰卡政治运动的一个显著的特点。1881 年,一个非廓依伽马种姓的人向垄断僧伽罗席位的廓依伽马种姓提出挑战,这表明新上升的中产阶级开始不满传统特权阶层占据政治地盘而毫无作为。1882 年,最富有的克拉瓦种姓企业家建立了锡兰农业联盟,其宗旨主要是捍卫本地种植园主的利益。1888 年,锡兰农业联盟改为锡兰国民联盟,它的成立是斯里兰卡政治运动的开始。1889 年立法会议增加了两名非官方代表名额,但这是分给康提人和摩尔人的,而他们对政治改革不感兴趣,英国拒绝了低地僧伽罗人要求额外增加名额的呼声。

总的来说,19 世纪斯里兰卡政治体制基本上是科尔布鲁克-卡梅伦改革所定下的模式,变化不大。斯里兰卡社会各阶层对改革的呼声也不高。这是由于在 19 世纪斯里兰卡,民族运动处于起步阶段,中产阶级刚刚形成,还没有形成一股强大的政治力量,一些上层人士虽然要求进行改革,但这只是出于种姓斗争的需要,其政治抱负是狭隘的,只是为了取代另一个种姓。英国殖民者常常通过授予非廓依伽马种姓首领勋章的手法来挑起斯里兰卡种姓间的竞争。

---

①　廓依伽马是人数最多的僧伽罗种姓,一般认为他们在僧伽罗人中的社会地位最高。

同时从 19 世纪中叶开始,英国殖民当局对斯里兰卡本土行政管理制度也作了一些调整,英国人意识到,斯里兰卡传统首领比受过教育的斯里兰卡人威胁要小得多。英国人开始恢复传统的乡村司法机构,一些传统的地方首领被任命为司法官。英国人努力赢得这些人的效忠,保持并扩大这些影响,从而转移了他们对政治改革的视线。当时,改革对于一般人来说几乎毫无意义。

这种状况到 20 世纪有了很大的变化。虽然英国在斯里兰卡的殖民统治大厦没有发生重大变化,但已开始修补工作。在 20 世纪最初 20 年,斯里兰卡改革运动逐渐兴起。这一时期,发起改革运动的是斯里兰卡的知识界。已经成长壮大的斯里兰卡中产阶级不但富有,而且受过良好的教育,他们这时已不满足于他们在岛内所扮演的二等公民角色。他们要求英国殖民当局改组政府机构,更多地吸收斯里兰卡人担任文官,争取非官方议员在议会中占多数。

在 19 世纪末,斯里兰卡政府中所有的高级官员几乎全是欧洲人。斯里兰卡本地官员由于职位低下,不能在政治上有所作为,所以他们都站到改革的最前列。此外不少政治组织,如锡兰社会改革协会和佛教民族主义者的各种协会,也通过决议要求进行改革。民族主义感情与佛教价值的重新肯定紧密结合在一起,推动了斯里兰卡的改革运动。

20 世纪初,斯里兰卡政治运动步伐加快是与当时岛外的形势分不开的。

首先,印度民族运动的蓬勃发展以及 1905 年日俄战争中同属亚洲的日本的胜利,激起了斯里兰卡知识精英极大的民族热情,增强了他们的民族自信心。19 世纪八九十年代,印度民族解放运动蓬勃发展。1885 年,印度国大党的成立,对印度民族运动发展具有重大意义。1906—1907 年,为抗议英国殖民当局分割孟加拉,印度爆发了全国性的抵制英货运动,这一运动沉重打击了英国殖民者,迫使英国做出让步,对立法会议进行改革,增加民选的非官方人士。

其次,1906 年英国自由党战胜了保守党,结束了其将近 20 年的统治,唤起了殖民地改革的希望。

最后,印度莫莱-明托改革(Morley-Minto Reform)给邻近的斯里兰卡树立了直接的榜样。1906 年,明托勋爵(Lord Minto)继任印度总督。明托勋爵上任后,面对蓬勃发展的印度民族运动,他决心依靠印度国大党温和派和文官阶层的支持,和英国新任印度事务大臣约翰·莫莱(John Morley)一道推出"莫莱-明托改革",1909 年,英国议会通过了其改革方案,这就是《印度立法会法案》(*Indian Councils Act*)。法案规定在各级立法、行政机构中增加印度人的比例,扩大印度人名义上的参政权。这一改革使斯里兰卡人看到了希望,他们希望斯里兰卡殖民政府也能够进行改革,吸收更多的斯里兰卡人参政议政。

这样,从 1905 年到 1919 年,斯里兰卡低地地区的政治联盟、商业联合会和福利联盟首先掀起了以佛教复兴运动和戒酒运动为中心的民族运动。这些民族运动激发了斯里兰卡民众的民族自豪感,促进了民族意识的觉醒,迫使英国殖民当局对其现行政治体制进行进一步的改革。英国殖民部虽然一贯反对政治改革,但面对斯里兰卡持续的民族运动,作为对政治改革要求的回应,英国殖民当局不得不摆出改革的姿态。在这以后的 30 多年内,英国殖民当局陆续进行了几次改革。通过这些改革,斯里兰卡逐步确立了现代政治体制,在政治现代化方面向前大大迈进了一步。

1912 年,斯里兰卡总督亨利·麦卡伦(Sir Henry MacCallum)开始进行政治改革。这是 20 世纪英国在斯里兰卡进行的第一次政治改革。这次改革只是将斯里兰卡立法会议的成员增至 21 名,其中 10 名是非官方议员。这 10 名非官方议员中,6 名成员由官方指定;低地僧伽罗人和泰米尔人各 2 名,康提人和穆斯林各 1 人。其他 4 名由选举产生,欧洲人 2 名,伯格人 1 名,受过教育的僧伽罗人 1 名。选民的人数也严格限制在 3000 人以内。斯里兰卡的本土精英在立法会议第一次有了自己的代表。在 21 名立法会议成员中,欧洲人、伯格人及指定代表等共 20 人,他们都是站在官方一边的。只有一名僧伽罗人作为斯里兰卡中产阶级的代表要求进行改革。

1915 年斯里兰卡发生的民族骚乱以及 1917 年印度《蒙塔古宣言》(*Montagu Declaration*)的公布,刺激了斯里兰卡民族运动进一步发展,迫使英国殖民当局进一步推进改革,促进了斯里兰卡现代政治体制的建立。

1915 年 5 月 28 日—6 月 5 日爆发的民族骚乱是斯里兰卡统一后第一次民族骚乱。其起因是从印度南部马拉巴海岸迁来的信奉伊斯兰教的摩尔人垄断贸易、高价牟利的行为引起僧伽罗人的强烈不满。这种不满情绪与当时的戒酒运动结合在一起,演变成了大规模的宗教方面的冲突。

《蒙塔古宣言》的公布对斯里兰卡民族运动影响深远。1917 年 8 月 20 日,英国新任印度事务大臣蒙塔古在英国下院发表重要宣言:承诺"要使印度人越来越多地参与政府机构的各部门以便在作为英帝国的一个不可分割部分的印度,逐步发展自治机构,实现责任政府",逐渐在印度建立自治政府。这是印度国大党、穆斯林联盟和自治联盟共同努力、长期斗争的结果。《蒙塔古宣言》为斯里兰卡民族运动确定了一个政治目标。同时斯里兰卡的民族运动领导人由此感到,争取改革的首要条件是成立一个全国性的政治组织。1917 年锡兰改革同盟(Ceylon Reform League)成立,由波那巴兰姆·阿鲁那恰兰姆(Ponnambalam Arunachalam)担任第一任主席。1919 年正式改名为锡兰国民大会党(Ceylon National Congress)。阿鲁那恰兰姆努力克服锡兰国民大会党领导层中立宪主义者的短视行为,协调区域选举制度和教派利益之间的矛盾,从而使锡兰国民大会党成为斯里兰卡民族团结和种族和谐的象征。锡兰国民大会党要求立即进行政治改革,成立由 50 人组成的议会,其中40 人应该是建立在区域选举基础上的斯里兰卡人代表。同时要求举行全面的男性公民普选权和有限的女性公民普选权。在最初阶段,锡兰国民大会党曾受到普遍支持,就连激进的青年兰卡联盟(Young Lanka League)也加入了大会。

然而,在此后的 20 年内,锡兰国民大会党的影响有限。这一方面是由于其领导人政治上的保守主义,另一方面则是由于 1919 年斯里兰卡新任总督曼宁的到来。在 20 世纪头 20 年,斯里兰卡民族运动的显著特征是其活动限制在改革的范围内进行,它强调把政治改革作为努力的目标,坚持认为需要将斯里兰卡爱国主义与对英国的忠诚协调起来。

面对斯里兰卡民族运动发展的趋势,1918 年 9 月,新任总督威廉·曼宁(Sir William Manning)到达斯里兰卡。曼宁是英属斯里兰卡总督中最为专横者之一,他上任后便决定要遏制斯里兰卡民族运动发展的趋势。他以敌视的眼光看待当时锡兰国民大会党的发展。所以曼宁一方面摆出改革的姿态,另一方面暗中分裂斯里兰卡民族运动。

1921 年,英国殖民政府实行了一些新的改革,并提出了新宪法。1924 年新宪法开始实行。新宪法规定:由选举产生的非官方成员应多于官方成员,但它保留了教族选区。立法会议成员扩大为 37 人,官方成员首次成为少数派,只有 14 名,其中 5 名为当然成员(ex-officio),9 名由总督提名。23 名非官方成员中,4 名由总督提名,包括康提僧伽罗人(2 名)、穆斯林(1 名)和印度人(1 名),3 名由总督从没有担任政府职位的僧伽罗人、泰米尔人和伯格人中挑选。改革完全废除教族选举制,实行区域选举制。其他 16 名按照区域选举制度选举产生。为协调各方面的利益,曼宁提出了新的政策建议,其原则是:没有一个教族能对其他教族占优势;斯里兰卡人的联合不至于通过投票推翻政府。后来,曼宁利用民族主义者的不和,又进行了所谓的"曼宁-德沃夏尔改革",这次改革将立法会议成员增至 49 名,其中只有 12 名官方人士。在 37 名非官方人士中,其中 23 名由区域选举;11 名由公共选区选出,在西部省为泰米尔人设立教族席位,为僧伽罗人在西部省和南部省增加 2 个席位,穆斯林和印度人的席位分别为 3 名和 2 名,这样在立法会议中,政府处于少数派的地位;另有 3 名由总督指定。公民权之赋予仍然取决于受教育程度以及财产或收入情况,选民也增加到总人口的 4%。

曼宁改革为斯里兰卡民族冲突埋下了种子,这是僧伽罗人和泰米尔人分歧升级的开始。以前在英国殖民统治下,僧伽罗人和泰米尔人在立法会议中均处于少数派的地位,双方原来在立法会议中的比例是 3∶3。但是这种情况在曼宁改革后发生了根本的变化。

各个阶层都对这次改革不满。23 名区域选举产生的代表议席实际上就是为僧伽罗和泰米尔贵族设计的。区域选举制的实行,使得泰米尔人代表比例大为减少,僧伽罗人和泰米尔人在立法会议中的比例变成了 10∶3,僧伽罗人成了唯一的多数派,这引起了泰米尔人的不满。而且印度裔选民的范围限定得很窄,把种植园泰米尔劳工和定居在斯里兰卡的其他印度裔均排除在外。由泰米尔人领导的少数派开始坚决反对朝向责任制政府的任何积极措施。但是僧伽罗人却反对任何形式的教族代表,认为这是英国人给斯里兰卡不同民族之间插入的楔子。这些意见的不同导致了泰米尔人退出锡兰国民大会党,为了保护自身的利益,为了给泰米尔人争取足够的代表名额,他们开始成立自己的组织——泰米尔人民大会。从 1924 年到 1930 年,斯里兰卡政局混乱,政客和部长们冲突不断。立法会议里的锡兰国民大会党党员开始像反对派一样,他们以财政委员会为讲坛,通过质询部长的方式来抨击政府的政策。而在此之前,部长在执行政策时是不受监督的。

从此以后,斯里兰卡种族问题成了斯里兰卡现代化进程中一个挥之不去的阴影。所以斯里兰卡虽然通过改革,在政治上逐步实现了现代化,但是这种现代政治体制却未能解决其种族问题,反而随着岛内外的政治改革,随着斯里兰卡政权从英国人转向斯里兰卡人手中的前景日益明朗,僧伽罗人和泰米尔人之间的分歧与相互猜疑就变得不可避免,种族问题日益激化。而这一切都是英国殖民主义者实行民族分化策略的结果。

三、多诺莫尔改革

　　曼宁改革后的 6 年时间内,斯里兰卡各政党以民族主义为旗帜,既要求扩大本民族的代表权,又要求自治权。各民族代表在立法会议上既相互竞争,又不断抨击殖民政府的各项政策,政局混乱。对于曼宁改革,岛内外都不满意,僧伽罗民族主义者利用已取得的优势,继续进行斗争,康提地区是种植业中心,但经济上康提人收益较少,康提僧伽罗人对经济和政治利益分配不均甚为不满,转而依靠殖民者。与此同时,斯里兰卡的工人罢工接连不断。

康提酋长们 2

　　面对斯里兰卡复杂的政治局势,英国殖民者使用其在其他殖民地惯用的"分而治之"的办法,不断挑动斯里兰卡各个民族之间的矛盾,力图从内部分裂斯里兰卡民族运动,以维护英国殖民统治。曼宁一方面拉拢康提人,另一方面借立法会议中代表比例问题挑起泰米尔人和僧伽罗人的不满,他在西部省份为泰米尔人设立教族席位,又激发了锡兰国民大会党领导之间的矛盾,僧伽罗人和泰米尔人之间的裂痕因为曼宁改革越来越大。1919 年,在锡兰国民大会党的发起下,僧伽罗大会成立了,其政治目标是争取建立斯里兰卡自治政府,其首要任务是"联系广大人民群众"。与此同时,斯里兰卡工人运动也蓬勃发展。

　　英国殖民当局对此形势有充分认识。1926 年 11 月末,斯里兰卡新总督休·克利福德爵士(Sir Hugh Clifford)向国内呈送一份公文,勾勒出了该岛宪法的弊端。这份公文指出:1923—1924 年的宪法不应只看作过渡的宪法,授予责任制政府这一重大措施是其逻辑的及必然的结果。他反对 1924 年的改革,认为 1924 年的改革是一场可怕的失败,并认为岛上民众会不可避免地按其种族、宗教和种姓而分裂为不同部分。

1927 年,英国政府派出以多诺莫尔(The Lord Donoughmore)为主席的特别委员会前往斯里兰卡,就现行宪法的运作以及任何需要修改的地方提出报告。此时,特别委员会面临一大困境,即在一个拥有不同语言、宗教的多民族国家里,议会民主制度能否适应这一情形,特别是这一体制还容易造成"多数人的暴政"等问题。英国政府宣称其目标是要在岛上逐步发展自治体制。

经过调查,多诺莫尔委员会认为现存体制有几个弊端。"目前的情况是,政党体制的出现并没有带来预期的效果,而且存在一个巨大风险,即在政党形成过程中,民族因素扮演了至关重要的角色,我们绝不能忽视这一情况。这一因素对单纯依照传统标准建立的议会民主体系产生了消极影响:首先,它削弱了民主机制运行的有效性;其次,当这种民族差异与冲突被民主体制释放出来后,将会对斯里兰卡的社会结构造成毁灭性的影响。"委员们发现,该岛各社群的代言人都流露出极大不满。僧伽罗人中的低种姓反对高种姓的不公正待遇,各种各样的讲泰米尔语的兰卡人(有婆罗多、有基督徒、有东部省份的泰米尔人以及低级种姓)对于泰米尔政策为科伦坡上层社会主导不满,种植园的泰米尔人不愿意由富有的印度裔商人来代表,康提人、马来人、伯格人都想争取单独代表权。没有什么族群代表制度能让各族居民感到满意。而且在现行的制度下,行政会议向总督负责,不能在立法会议中取得必要的权力,造成权力和责任的分离。而立法会议中的稳定多数派采取的政策就是对抗政府,官方和非官方成员不存在合作的精神。一位历史学家曾恰如其分地把多诺莫尔调查团所面临的任务说成:"在不损害帝国统治和利益的前提下,给予那些立法机构中的锡兰首领以行政上的代表权。"

考虑多种因素,多诺莫尔委员会认为必须改革现存的体制,使立法和行政保持一致。为化解族际矛盾,多诺莫尔委员会提出了废除民族代表制、扩大公民权的建议。委员会认为民族代表制容易造成民族间的隔阂和不信任,只有将其废除,才有可能创造一个统一的社会。同时,要扩大公民权。1929 年 12 月 12 日,斯里兰卡立法会议仅仅以两票之差的多数通过了新宪法(即《多诺莫尔宪法》)。1931 年 3 月 20 日,英国议会通过了该宪法:斯里兰卡设立有立法和行政权力的国务院以及部长会议,一院制的立法会议由 61 名成员组成。其中 3 名官方成员,其他 58 名非官方成员中,50 名由成年人普选,分别从 50 个地方选区选出,其他 8 名由总督任命,代表在议会中没有代表的人群的利益。

这是一次变动较大的改革,首先,它采用了成年人普选权,选民范围大为扩大;其次,新的立法会议再次取消了教族席位,完全实行区域选举制。这使僧伽罗人和泰米尔人两大民族的矛盾更加明显。在行政方面,全岛的行政分为 10 个部,负责内政、财政、法律、农业和土地、地方政府、劳工、工商、交通与工程、卫生、教育。其中前 3 个部向英国殖民部和总督负责,由 3 个国务官掌管,其他 7 个部由斯里兰卡民选的部长管理。英国将无关紧要的部门移交给了斯里兰卡人,而自己则紧紧抓住关键部门不放,主管财政的国务院和首席秘书都可控制 7 个部长,财政部通过财政拨款施加压力,首席秘书则控制各部运行的大权。在立法会议选举后,58 个非官方代表分成 7 个委员会,每个委员会管理一个部,并选举一个主席担任部长,7 个部长选举议长,3 个国务官和 7 个部长组成部长会议,由议长主持会议。立法会议的权限非常有限。总督仍然保留很大的权力,所有的法律只有征得总督的同意或英王通过国务秘书下达的同意书才能生效。而且议案通过后即使总督同意,英国政府也可以否决,英国可以为斯里兰卡立法,但这些限制一般不使用。这表明,英国给予斯里兰卡的自由只是有限自由,英国为其加了诸多限制。显然英国政府不会轻而易举地放弃在殖民地的权力。

多诺莫尔的改革是斯里兰卡政治现代化进程中最重要的事件之一,虽然殖民统治的结构基本上仍无改变,但是增大了当选的民选代表的权力。对于在斯里兰卡和联合王国的英国人来说,旧的大厦正在崩溃,但是对于斯里兰卡上流社会人士来说,大厦内部的一切却似乎被刷新和修饰一番,活动余地更大了,一股更为自由的空气正通过走廊阵阵袭入。通过这次改革,斯里兰卡人民享有了成年人普选权,斯里兰卡获得了大部分内部自治权力。

根据《多诺莫尔宪法》所实行的政治本土化政策,对斯里兰卡以后的历史发展产生了深远的影响。

这一改革在斯里兰卡遭到了多方面的抨击,锡兰国民大会党认为改革只是装点门面,以 E. W. 佩雷拉(E. W. Perera)为首的一个僧伽罗政治团体严厉批评这次改革,认为它在走向责任制政府方面步子迈得太小。佩雷拉在这件事情上的激进态度与国民大会党的温和批评派之间产生了分歧,为此他退出锡兰国民大会党,成立了自己的政治组织——全锡兰自由联盟(All-Ceylon Liberal League),并吸收了当时才华横溢的年轻的政治家班达拉奈克(S. W. R. D Bandaranaike)和 G.G.波兰姆巴兰(G. G. Ponnambalam)参加。但后来,全锡兰自由联盟聚合一批精英人士将目标转向推进自由贸易和反对出口关税方面,在政治上没有发挥多大作用。国民大会党的领导人对于扩大种植园里印度移民的选举权深为关切,认为这会扩大欧洲种植园主(印度劳工的雇主)在政治上潜在的威胁。泰米尔政治组织对取消教族席位甚为不满,成立了主要由教师和学生组成的贾夫纳青年联盟,反对多诺莫尔改革,认为改革离自治政府的要求太远,要求英国殖民当局立即答应给斯里兰卡以自治权,并对立法会议的选举实行了抵制。

《多诺莫尔宪法》规定印度泰米尔人有选举权,1931 年,这部分人占全国有选举权人口的 15%,他们绝大多数为种植园劳工。1831—1836 年,注册的印度泰米尔选民由 10 万人上升至 14.3 万人,1839 年又增至 23.5 万人。僧伽罗民族主义领导人曾反对给予泰米尔人平等的权利,因为这将在种植园地区给予他们实质上的政治权利,而且会在有些内陆地区把康提人置于少数地位。僧伽罗领导人宣称,由于大多数种植园工人同他们的家乡印度一直保持着联系与接触,他们不是斯里兰卡人,而是印度人,并担心庞大的种植园劳工人口将来有可能成为国中之国,这是对斯里兰卡的潜在威胁。后来又有人将种植园工人看作印度的第五纵队。锡兰国民大会党宣称,不限制种植园泰米尔人的选举,就拒绝投票支持《多诺莫尔宪法》。最后,赫伯特·斯坦利(Herbert Stanley)多方协调,他使僧伽罗政客相信,定居的种植园泰米尔人数量将会逐渐减少,这才借助僧伽罗人的投票,在立法会议以 19∶17 的票数通过了《多诺莫尔宪法》。

随着越来越多的斯里兰卡人担任政府部门的要职,部长会议的权力以及地位日渐提高。部长们开始进入以前无权过问的领域。这次改革之后,国务会议已着手解决官职本土化的问题,以及把斯里兰卡人提升到为他们开放的公职中较高等级的问题。1928 年,在斯里兰卡的文职官员中,3 名国务官中没有 1 名斯里兰卡人,22 名一等官员中只有 1 名斯里兰卡人,27 名二等官员中有 5 名,43 名三等官员中有 13 名,28 个四等官员中有 16 名。在全国 123名文官中,只有 35 名是斯里兰卡人。1932 年部长会议做出一项决议:只有在找不到合格的斯里兰卡人时才能任命非斯里兰卡人担任公职。这就是所谓的"三月决议",但是这项决议由于受到英国殖民部的反对,一直未能实行,直到 20 世纪 30 年代后期。1938 年,在所有政府雇员中,1/4 以上都是印度裔公民,1939 年,国务会议通过一项法令,大约有 2.5 万名印度裔泰米尔人被"强迫退休",到 1941 年政府中印度裔雇员将降到 12%。作为报复,印度从1939 年 8 月开始禁止向斯里兰卡移民。直到 1942 年,由于战时工作需要,斯里兰卡的印度裔劳动力持续移居至印度,这项禁令才被取消。

　　1931 年的政治体制试图将不同的民族聚合在一起,以保证不同的民族政党能够通力合作,但僧伽罗人的巨大人口优势,使得僧伽罗政党能够在普选中取得绝对多数的选票。1936 年的普选证明了这一点。在这一年中,僧伽罗人的政党——锡兰国民大会党大获全胜,在国民议会中取得绝对多数的席位,38 名僧伽罗人在形成行政委员会时事先平均分配到 7 个委员会中,由于每个委员会中僧伽罗人都占多数,因而选出了 7 个僧伽罗部长,主导了所有的委员会,从而形成了一个"泛僧伽罗人内阁",泰米尔人被排除在内阁之外。他们辩称,这只是在修宪时增强与英国人讨价还价的一种手段。它引起了少数派的不满。结果国务秘书以此为借口,拒绝采纳新的改革建议。

　　1937—1939 年,英国殖民当局又进行了一些无关宏旨的政治改革。1938 年新任总督安德鲁·考尔德科特(Sir Andrew Caldecott)在征求了岛上各方面意见后,向殖民部提交了自己的政策建议。他拒绝了少数派平衡代表的要求,认为向教族代表制做出让步在斯里兰卡政治中已不可实行了,但可以增加席位和少数派代表。当时行政会议有对立倾向,国务官代表殖民部,部长代表斯里兰卡人,他们不能有效行使各自的责任,因此他建议用内阁制政府代替现有政府。国务官不是内阁成员,其大多数职能转到相应的部长手中。英国殖民大臣也同意斯里兰卡部长会议应朝着内阁政府的方向发展。到 1940 年 11 月,原属于秘书长管辖的外事工作也转交给斯里兰卡部长会议负责。

　　20 世纪 40 年代,斯里兰卡部长会议权力日益增大,有更多的斯里兰卡人在政府部门中身居高位,他们能够比英国公务员更好地配合国务会议的工作,总督也几乎不再动用否决权。原计划于 1941 年举行的选举推迟了。这是斯里兰卡立法机关首次延长任期。第二次世界大战爆发后,斯里兰卡对于英国控制印度具有十分重要的战略意义,因为缅甸、马来亚和荷属东印度群岛都已失守,印度的东北边疆也受到日本的进攻。斯里兰卡成了一艘不沉的航空母舰。同时它还是英帝国主要的橡胶供应基地,1939 年 9 月 5 日,斯里兰卡总督在国务会议上发表讲话:"我们已站在一场战争的门槛上了,在这场战争中,我们这个岛将同英联邦所有其他伙伴并肩负起自己的责任。"同一天下午,议院议长提议,国务会议"在此紧要关头,应向英王陛下和英国政府提出保证,他们一定全心全意地支持进行这场战争"。大多数代表指望以全力支持英国参战来换取它对进一步改革的支持。国务会议决定拨出大宗款项,用以加强岛上的防御工事,并着手制订关于食糖配给和对各方面进行控制的方案。由于欧洲战事的发展,1940 年立法会议通过一项补充法令,延长了国务会议的任期,但最长不得超过两年。国务秘书决定选举延迟两年。1941年,又宣称选举之事延迟至战后再议。1942 年日本两次袭击斯里兰卡,造成一定恐慌,议会改革便被搁置。

由于斯里兰卡的重要性,英国政府便把它放到了一个特殊地位。战争开始以来,斯里兰卡部长会议发展成为一个名副其实的独立体,殖民政府提高了它的地位,并赋予它更多的职责。1940 年 11 月,原来属于秘书长管辖的外事工作,已被委托给部长会议。1942 年以后,部长会议便自动地开始向完整的统一的内阁制的方向发展。

总之,英国在斯里兰卡所进行的这些改革,给了斯里兰卡人民一定的自由,奠定了斯里兰卡政治现代化的基础。通过这些改革,斯里兰卡逐步建立了现代议会政治制度。斯里兰卡独立是通过和平手段实现的,斯里兰卡独立以后建立的政治体制也是从殖民地时期继承的。

但应该说,英国人的这些改革,是斯里兰卡民族运动蓬勃发展的结果,是其迫于形势不得不采取的措施。当现存殖民制度不能适应形势需要时,英国便会进行一些小的改革,但是每次改革总要留一些尾巴,这是英国殖民统治的特点之一。英国同意在斯里兰卡设立议会,实际上是为了冲淡斯里兰卡人民的斗争精神,是想用议会式的清谈取代民族运动,并通过给予斯里兰卡成年人普选权,挑起僧伽罗和泰米尔两大民族的矛盾,用所谓代表制问题加剧两大民族之间的摩擦,达到"分而治之"的目的。斯里兰卡独立以后民族矛盾之所以难以消弭,与英国殖民当局在斯里兰卡推行的这种政治制度有很大关系。

第四节　中产阶级的形成与民族运动的发展

英国殖民统治时期,特别是科尔布鲁克改革之后,斯里兰卡的社会经济结构开始发生变化,种植园经济迅速兴起,种植园经济逐渐成为岛国经济的主导部门,现代公路、铁路的修建和通信手段的广泛发展又促进了更深的经济整合,城镇在各处建立起来,城市人口大量增长,一个新兴的中产阶级在斯里兰卡社会中形成。这一中产阶级主要是那些接受了西方教育和英国化了的斯里兰卡人,他们因从事新的经济活动而致富,逐渐从当地民众中分离出来。另外,中产阶级还包括当地小种植园主、小商人、教师、技师、医生等职业者。20 世纪初期,斯里兰卡的中产阶级成了斯里兰卡民族运动的中坚力量,成为斯里兰卡民族运动的领导阶层。

英国殖民统治初期,传统的精英阶层努力使自己适应新的环境,在西方殖民统治下仍保持自己的特权地位,他们成了殖民统治者和当地人民之间的联系纽带。但是 1832 年科尔布鲁克改革大大削弱了穆得利亚尔的势力,斯里兰卡社会结构开始发生变化。因为这次改革引入了议会制度的萌芽,从此开始,非官方的人士进入了立法会议,当时数量不多的中产阶级人士有了参与政治的机会。一些不属于传统的上层社会的人通过新的经济机会或参与殖民政权,地位得以上升,他们向传统的精英阶层提出了强有力的挑战。

在这种情况下,传统特权阶层发现自己越来越难以在经济方面取得对其他本地人的优势,他们过去的优势主要在于拥有土地。但是在科尔布鲁克改革以后,殖民政府拍卖王室土地,使得社会各阶层都可以获得土地,许多新富通过购买土地提升了社会地位。在 19 世纪后半叶,大部分王室土地是由斯里兰卡人而不是由欧洲种植园主购买的。由于咖啡、茶叶、椰子、橡胶等种植的成功,新兴的斯里兰卡人种植园主积累了前所未有的财富,不论是在拥有土地的数目方面,还是在教育和职业训练方面,他们都能与传统的特权阶层相匹敌。少数僧伽罗人在开采石墨矿方面发了大财,还有投资修路和轮船业的,更有垄断阿克拉酒生产的,他们在商业贸易、种植业活动中获得了成功,远比传统上层人士要富裕。由于斯里兰卡既不收所得税,也不存在土地税及遗产税,他们的财富可以不受财政的限制急速增长。

经济的发展,使斯里兰卡资本家人数大大增加,到 19 世纪中期,斯里兰卡已出现一个由种植园主、实业家、文官以及受过高等教育的医生、律师、建筑师等职业专家构成的新的阶层,即中产阶级。他们享有比穆得利亚尔更高的收入和名望。这一阶层一部分人比较西化,效仿英国人的作风,还有一些人更关心本地习俗和维护传统,因而他们在种族、道德观念、种姓和宗教方面都有相当大的差异。

但在这些差异中,他们又有一些相同的因素。共同的英语教育和领导民族运动的责任将他们联系起来,使这一集团具有很强的包容性和适应性,并具有相当的群众基础。他们是从本民族的土壤中生长起来的,与中下层以及农民都有宗教、种姓和经济上的广泛联系。这一阶层一直掌握着斯里兰卡民族运动的领导权。

英语教育是英国殖民统治时期中产阶级提升的重要途径。接受了英语教育就会在各个方面占据优势,获得更多跻身上层社会的机会。因而斯里兰卡的中产阶级不是在斯里兰卡最好的英语学校接受教育,就是前往英国或印度的大学进行深造。19 世纪初期,英国政府并没有认识到教育应该是国家提供的服务。早期的英语教育是由教会承办的。1832 年前,斯里兰卡有三类学校:(1)政府设置的僧伽罗语、泰米尔语和英语学校;(2)修道院办的教会学校;(3)私人学校。

在科尔布鲁克报告中包含有宽泛的教育目标。当时全岛 25 万名适龄儿童中只有 1.2 万名在校学生,其中不到 800 名学生学习英语。科尔布鲁克总督想将英语教育的重心从荷兰殖民时期的传播基督教转到为殖民统治机构服务的训练上来。科尔布鲁克自己也明显地把教育看成改变斯里兰卡的手段,敦促推动学校教育以传播英语知识。他认为,教育会削弱种姓制度,使当地居民从其赖以生存的农业中脱离,使居民"西方化"。

为更好地推行英语教学,科尔布鲁克建议,凡是有教会学校的地方都尽可能关闭其他类型的学校,从而更好地集中生源。在政府开办的学校中,掌握英语也成为一项必要条件。1834 年,殖民政府成立了学校委员会(School Commission),以统筹管理殖民政府的教育事务。科尔布鲁克改革后,基督教的一些主要派别,包括浸礼会和卫斯理会等传教团体纷纷进入斯里兰卡传教,并以科伦坡为中心建立了数量众多的教会学校,大规模开展英语教育工作。1832 年开设的英语学校只有 5 所,到 1839 年,政府举办的英语学校有 39 所,泰米尔语学校有 5 所。至 1848 年,斯里兰卡已经有 60 所英语学校,2 714 名学生在其中学习。最终,本土语言教育也在斯里兰卡开展起来。1869 年,政府兴办的僧伽罗语学校有 64 所,泰米尔语学校 40 所,在校学生8 751 人。1878 年,在校学生上升为 67 750 人。当然,从入学人数来看在校学生的占比仍是很小的,全岛有 2/3 的男孩和 5/6 的女孩未受过任何教育。

根据融资方式不同,这一时期斯里兰卡的学校有三类:不收费的公立学校、收费但从政府那里领取补贴的学校、完全收费的私立学校。需要指出的是,这些学校是按照西方的教育模式举办的,讲授僧伽罗语、泰米尔语和英语。

教会学校大多属于不收费的公立学校。传教士们相信,教会教育可以让本地族群快速放弃传统的文化观念。1861 年,中央学校委员会向所有教会学校提供资助,但对课程内容作了严格限制。1869 年后,只要每天有 3 个小时的世俗教育时间,获得资助的学校就被允许进行宗教教学。由于传教士的努力,国家资助的教育变成了斯里兰卡学校教育的一个特点,而这种教育在当时的英国尚未出现。

在以本土语言进行的基础教育迅速扩大的同时,一些精英学校提供了密集的英语语言课程,特别是科伦坡学院(Colombo Academy,1881年改名为皇家学院)、圣托马斯学院(St. Thomas College)等,这些精英学校以英国公立学校为蓝本,要求学生接受英式着装、举止和风俗。英语授课学校能够比僧伽罗语或泰米尔语授课学校获得更多的资助,资助款项多少则以通过高水平考试学生的数量为依据。而岛上最好的英语学校在贾夫纳半岛。美国传教士把支持教育作为改变学生宗教信仰的方法,在贾夫纳半岛建立了许多英语学校。这里的泰米尔人通过教育进入政府、私营部门等各行各业从事需要英语的职业。许多泰米尔精英人士为了就业迁徙到南部和中部地区,这导致僧伽罗人的抗议。但是英国人为了达到"分而治之"的目的,更青睐泰米尔人,而不使用僧伽罗人。

20世纪上半叶,斯里兰卡教育发展很快。到1900年,已有1 812所注册学校,其中484所是官办,其余接受政府资助。在校学生人数升至218 000人。到1926年,学生人数已达494 000人,占总人口的10%;1930年达578 000人,占总人口的11%;到1947年,有1 036 134人入学,为总人口的15%,识字率从1901年的26.4%升至1946年的57.8%,斯里兰卡已建立了完备的初等教育体系。

英语教育的开展,使更多的下层民众有机会进入殖民政府。1870年、1874年,斯里兰卡建立了医学院和法学院。到19世纪末,斯里兰卡的大学和职业教育仍很少。由于斯里兰卡高等教育只限于几个专业,斯里兰卡青年欲深造必须去英国或印度。中产阶级不但把钱投资到房地产上,也把钱投资到子弟的教育上。受到良好教育的斯里兰卡人,便具备了从事政府机关工作的条件,可以担任某些为斯里兰卡人开放的低级文官职务,或者从事各种专门职业。当时的斯里兰卡总督就这样写道:"值得注意的是,在法庭上,我们有了几乎足以同英国律师界相媲美的讼监和辩护士——这只是在岛上进行教育的结果。"同时,新型社会经济体系的确立,带动了新的社会需求,因而产生了许多与传统职业迥然不同的职业类型,如与法律、医疗、教育有关的职业,以及种植园主、企业家和商人等。

英国人统治初期,伯格人的处境虽然不如以前,但仍然处于较为优越的地位。英国人禁止使用荷兰语,伯格人不得不适应环境,很快学会了英语,并被吸收到英国殖民政府的行政部门中。这些会说英语的伯格人成了英国殖民统治最大的受益者。伯格人子弟大量进入英语学校,并在接受良好的英语教育之后进入行政、立法、司法和医院等领域,迅速获得了优势地位。许多伯格人子弟成为英国殖民政府的高级公务员。但是随着英语教育的推行,19世纪后期,接受英语教育的僧伽罗人和泰米尔人在私营部门和政府服务部门中开始多于伯格人。本地贵族由于和殖民政府联系紧密,他们也认识到英语教育的重要性,并有足够的经济力量支持相应的教育花费,其子女得到更多的接受英语教育的机会,继而赴英国或印度等海外国家留学。

19世纪末20世纪初,斯里兰卡已经形成了一个受过西方教育、接受西方文化观念的知识精英阶层。这些斯里兰卡精英十分活跃,他们服务于殖民政府,从事各种职业(特别是律师),他们期望参与斯里兰卡的治理。与英国人不同,这些人对斯里兰卡的未来有持久的关注。这些新的精英阶层通常住在科伦坡,并跨越种族界限进行社会交往,他们的住所、衣着、娱乐和烹饪方式都以英国人为榜样,他们中很多人都建有庄园,其中混合了传统高地位家族和新型富有种植园主的生活方式。这些人沉迷于西方文化,在文化层次上与一般民众不同。

20世纪初,这些为数不多的受过英式教育的人士逐渐认识到,他们在经济上和社会上的机会受到了殖民统治制度的限制。一位作者在《青年锡兰》上撰文,对受过英式教育者的前途上的种种限制,作了这样的评论:"他们对我们所进行的英式教育是贫乏的,其目的不过是为了适应他们的自私的观点而已,也就是说,他们必须雇用本地人来担任那些低级职务,因此也就必须雇用本地人,使之能胜任这种苦差事。"他们只是一个新的社会阶层,他们的经济地位远远不能同英国或欧洲的中产阶级相比,还不属于严格意义的中产阶级。因此,既有钱又受过新式教育的人们,不会长久满足于他们在国内所扮演的角色,因此他们站到了改革运动的最前列。

这一阶层早在19世纪中期就已积极参与政治,要求在立法方面反映自己的诉求,因此在立法会议中发生了官方代表和非官方代表之间的公开冲突。如1847年官方代表与非官方代表之间发生了第一次利益冲突。这一年的咖啡种植业危机造成出口的骤减和税收的减少,使政府决定在预算中大大压缩道路建设的开支。非官方代表反对这种削减,认为多投资有利于缓解危机。但是由于官方在1845年以后不再经营种植园,所以没有直接的经济利益,他们只急于平衡开支,最后他们不顾非官方代表的反对通过了这项决议。

　　非官方代表逐渐认识到自己在立法会议中所处的微弱地位,因而他们强烈要求改革立法会议,主张在立法会议中非官方代表应占多数,国务秘书拒绝了他们的要求。但是他们经过不懈的斗争,终于迫使殖民当局做出让步,允许非官方代表有提出议案的权力。1864 年,英国要求由斯里兰卡支付英军在斯里兰卡驻防的军费,遭到非官方代表的强烈反对,他们退出立法会议以示抗议。因为当时种植园主需要把更多的钱投在修建公路以及计划修建的从科伦坡到康提的铁路之上。由于一部分人要求满足他们的需要而引起的改革运动,成了斯里兰卡 19 世纪政治活动的固定形式。1865 年锡兰联盟成立,该联盟要求在议会中非官方代表应占多数,并有控制预算的权力。在英国,一些与斯里兰卡种植园经济有密切联系的金融集团也支持非官方人士。这样,在岛内外各方面的压力下,英国固定了军费,国务秘书给斯里兰卡立法会议以控制预算权,准许斯里兰卡立法会议讨论各种预算提案。这可以说是斯里兰卡中产阶级参与政治和要求议会改革的最初尝试。

　　但是,总的来说,19 世纪后期,斯里兰卡立法会议中的斯里兰卡代表对政治改革兴趣不大。1888 年锡兰国民联盟(Ceylon National Association)的成立是斯里兰卡政治运动的开端,许多精英分子加入了这个组织。19 世纪末,斯里兰卡政治运动只处于起步阶段,政治活动常常带有种姓冲突的一面,一点有限的政治改革要求也只限于上层人士,对一般斯里兰卡人来说几乎毫无意义。

　　这种状况到 20 世纪有了很大的变化。斯里兰卡 20 世纪最初 20 年的历史,实际上是一部温和的政治改革运动的历史,发起这场政治改革运动的是斯里兰卡的知识界。斯里兰卡知识界的领导人大都毕业于英国名牌大学,与他们的同胞相比,他们更能敏锐地感到他们在英国和在斯里兰卡所受到的不同对待。在英国他们比较自由,受到尊重,而回到自己的祖国,他们则要受到英国人在政治上的歧视。一位剑桥大学圣约翰学院的两科优等生在给其亲戚的一封信中十分清楚地谈到这种不同的对待:"你简直想不到这里的大人物对我们的态度,他们完全不同于在斯里兰卡的那些英国人。在这里,大人物同你握手,同你平起平坐,同你极为亲切地交谈,好像你就是他的好友一样。"这些不仅富有而且受过良好教育的斯里兰卡中产阶级这时已不能接受他们在岛内所扮演的二等公民角色。他们日益认识到自己在政治上和社会上上升的机会受到英国殖民者的限制。因而他们要求英国殖民当局改组政府机构。

19世纪末20世纪初,斯里兰卡兴起了轰轰烈烈的佛教复兴运动和戒酒运动。这是斯里兰卡民族意识的觉醒及民族运动发展的必然结果。这场运动也使斯里兰卡中产阶级进一步成熟。

从19世纪下半期开始,斯里兰卡发生了一场佛教复兴运动。几百年来,佛教作为被征服者的宗教,受到外来宗教的歧视、排挤与迫害。

在葡萄牙、荷兰殖民者的打压之下,19世纪初期,佛教在斯里兰卡已经衰落。1815年英国全面征服斯里兰卡时,佛教正处于低谷。英国占领斯里兰卡初期,在宗教上采取了一种较为宽松的策略,即允许沿海地区原来荷兰占领区的人民自由改变信仰,这样英国最初对佛教也采取怀柔和干预政策。占领康提之后,英国承诺佛教仪式、寺院、朝拜圣地受到保护。此后,由英国殖民政府任命僧团首领,批准宗教庆典活动,强迫耕种寺庙土地的人为寺庙服劳役。这样许多荷兰殖民时期改信基督教的斯里兰卡人重新回归佛教,沿海地区的佛教也在一定程度上实现了复兴。但由于英国和斯里兰卡基督教团体的反对,1857年,殖民政府逐渐脱离与佛教的关系,僧团首领由各级推举,然后由总督签署认可状任命,殖民政府在宗教事务中采取中立原则。然而,尽管欧洲殖民统治在斯里兰卡持续了好几百年,佛教在宗教界人士、旧封建贵族和广大农民阶层中仍有着深厚的基础。一旦殖民统治者对僧伽罗人的宗教压迫稍有缓解,佛教的复兴就是不可避免的。

19世纪初,英国向斯里兰卡派出大批传教团体,浸礼会、卫斯理宗等传教团纷纷前来,基督教新教受到殖民政府的大力支持,学校教育成了人民改宗的最主要途径。为此,基督教会兴办了许多学校,他们在学校中教授英语,传播基督教。基督教通过出版印刷宣传品、报纸等进行宣传,还开展社会工作,如兴办孤儿院、建立医院等,以扩大基督教的影响。英国教会在斯里兰卡的传教活动在很大范围内取得了成功。英国人对于天主教的传播也采取了宽容态度。天主教凭借着其高度的组织性和传教士的热情,同时重视对本土神父的培养,最终得到维持。为了显示其传教的成功带来的自信,英国教会曾鼓励不同宗教信仰的人群之间展开公开辩论。殖民政府虽然没有支持佛教传统的复兴,但是对相关的思潮和活动采取默许的态度。19世纪下半叶斯里兰卡的佛教复兴运动就是在几位主张"自由"的总督任期内完成的。

19世纪中期以后,斯里兰卡佛教复兴运动发展起来。在这个时期,僧伽罗人政治意识的增强和佛教复兴是相辅相成的。佛教复兴运动实际上是斯里兰卡佛教面对基督教会的不断进攻的一种反应。他们把保卫佛教、复兴民族文化与抵制基督教传教活动和反抗殖民统治的斗争联系在一起。大量的僧伽罗世俗佛教组织,如青年人佛教协会、锡兰全国佛教大会和佛教国民队等组织相继建立。这些组织大都带有强烈的政治色彩,因而客观上成为政治意识和佛教复兴之间的桥梁。这场运动对于振兴僧伽罗人民族宗教和文化传统起到了很大作用。它极大地刺激了僧伽罗人的民族觉醒。这实际上也是斯里兰卡民族主义运动的开始。

19世纪40—60年代,斯里兰卡曾发生过几次零星的佛教反抗基督教的事件。19世纪60—70年代,在斯里兰卡的佛教接受了基督教传教团的挑战,开始用基督教的活动形式来表达自己。1865—1870年发生了5次佛教比丘同基督教传教士的论战。在1865年前2次辩论中,双方代表还是各自宣读讲稿。到了后3次辩论,就发展成了针锋相对的诘难和辩驳。由于佛教千年以来推崇机锋禅语而长于思辨,佛教僧侣常常自幼将佛教经典烂熟于胸,且佛教派出最有经验、知识最渊博的饱学之士参加辩论,因而在后3次的辩论中,佛教长老表现出了让人折服的气魄和人格魅力,完全征服了在场的民众甚至一些基督徒。5次辩论都以佛教取得优势而告终,使得更多的民众坚定了对佛教的信心,为佛教复兴做了舆论准备。

由佛教徒管理的学校此时也进入中等学校教育的领域。佛教吸收了来自西欧的民族主义思想,通过学校培养学生的民族主义情绪。1872年智增佛学院(Vidyodaya Pirivena)和1876年智严佛学院(Vidyalankara Pirivena)的成立,更为佛教的复兴奠定了基础。佛教复兴(以及印度教和伊斯兰教的复兴)是斯里兰卡在20世纪达到高潮的民族主义运动的第一阶段,是民族意识萌芽所导致的必然结果,并进一步促进了民族意识觉醒。这种围绕佛教复兴产生的宗教民族主义,在进入20世纪后发展成为反对殖民主义的重要精神力量。

1880年,美国神智学者亨利·奥尔科特(Henry Steele Olcott)来到斯里兰卡,建立了佛教灵智学会,这个学会开办了许多佛教学校,其中重要的是1883年开办的阿难陀学院(Ananda College)。奥尔科特还效仿《基督教义问答集》(*Catechism*)出版了一份专为大众阅读的佛教教义摘要。他还推广了现在被公认的佛教旗幡,由水平和垂直的蓝色、黄色、深红色和橙色条纹组成,代表着人们所认为的从佛陀身上发出的光。从此以后,佛教复兴运动开始了一个新的方向。这时佛教徒也行动起来,力图修复阿努拉德普勒的古代都城,将其作为圣地。1873年,新设立的北中省把阿努拉德普勒作为首府,这引起了一场骚乱。佛教复兴运动人士反对政府在古城遗迹周围修建办公场所和开办市场。

1883 年复活节发生了科特海那骚乱。科特海那位于科伦坡郊区,是罗马天主教势力很强的地区,佛教活动也有可观的规模。骚乱是由宗教庆典引起的,由于佛教徒敬奉佛陀的仪式繁华热闹,庆典活动长时间持续,附近天主教堂的教徒感到恼怒,双方发生了冲突。随后组成的事件调查委员会认定是佛教徒的狂热挑起了骚乱,由此殖民政府决定对一切宗教游行进行限制。这对佛教徒尤其不利,因为他们的游行是以热闹的音乐为特点的。佛教徒对这一决定大为不满。

此后,佛教教育工作发展迅速,到 1890 年已经建立了 40 所佛教学校,佛教徒子女从小就接受佛教熏陶。他们还发行佛教报纸,从事各种佛教宣传活动。一批旨在"提高文化"的学会纷纷成立,这些团体可以使受过英语教育的本地人参与禁酒会、文学团体及其组织的其他活动,消除他们的不满情绪。佛教社团迅速发展起来,这些佛教学校的建立成为政治启蒙的开始,激发了斯里兰卡人民对斯里兰卡传统文化的自豪感。可以说佛教复兴过程也是宗教信仰层面去殖民化的进程。从国内因素看,经历了几百年殖民统治之后,斯里兰卡的民众之间存在着强烈的民族文化自觉的愿望和冲动,而佛教就是最能代表僧伽罗民族文化传统的宗教载体。这一时期的佛教复兴运动本身仍具有很大的局限性,民族主义感情与佛教价值的重新肯定紧密结合在一起,对于日后民族运动的发展起到了积极作用,但是在佛教和传统文化复兴的同时,也重新燃起了僧伽罗人在历史上形成的宗教感情和民族感情,这就不能不成为斯里兰卡独立后国家政治生活的隐患。斯里兰卡佛教复兴运动一直持续到独立以后。

20 世纪初期,斯里兰卡又发生了以戒酒运动为中心的民族主义运动,戒酒运动导致了 1915 年僧伽罗民族主义者与英国殖民统治者发生的第一次政治对抗。

戒酒运动开始于 19 世纪末 20 世纪初,这个运动实际上与佛教复兴运动相关联,受到佛教徒的赞许。在斯里兰卡,当地酒类的制造和销售是由政府垄断专营的,对其征收的消费税也是政府收入的一个主要来源,英国殖民政府为获取税收到处开设酒店。虽然酒的主要消费者是种植园劳工、城市工人和马车夫,但是佛教徒领袖认为酗酒问题正在向僧伽罗农村蔓延,酗酒成为社会公害。1903—1905 年,斯里兰卡掀起了一场轰轰烈烈的禁酒运动。佛教徒发起的戒酒运动,把酒的问题与西方化和基督教化的问题联系在一起,使之成为具有明显反对殖民主义倾向的运动,并获得了普通僧伽罗农民的广泛支持。这场运动不但吸引了斯里兰卡民众参加,而且上层精英也加入了这场运动中。斯里兰卡中产阶级的中下层,包括中下级政府雇员、学校职员、小店主和小作坊主充当了运动领导阶层和联系广大群众的纽带。

戒酒运动有两次高潮,一次是在1903—1905年,另外一次是在1911—1914年。在1903—1905年组成的戒酒社团中最著名的是哈皮提伽姆戒酒联合会,该协会在科伦坡农村地区吸收了2万名会员,当时科伦坡市总人口只有60万人。1905年,戒酒运动进入低潮,但是这些戒酒运动组织并没有解散。1911—1914年,戒酒运动再次进入高潮,这次运动有一个特点,那就是运动主要是为了抵制英国殖民者的政府改革。1913年在斯里兰卡全国戒酒中央委员会成立了,戒酒运动有了转变为政治斗争的趋势。一些戒酒运动的领导人认为可以把它作为全国政治组织的基础,将戒酒运动转变为有明确政治目标的运动,但是这一点未能实现。

当时斯里兰卡的政治家分为民族主义者和立宪主义者两类。立宪主义者热心于改革立法会议和让斯里兰卡人进入政府高层机构,主张有限的政治活动,不打破英国人所设立的宪法政治的框架;反对公开集会和政治鼓动,也没有什么基层组织。民族主义者则强调斯里兰卡的文化模式和宗教传统,关注社会改革,有广泛的群众基础。戒酒运动将民族主义和立宪主义糅合在一起。戒酒运动唤起了斯里兰卡人的民族感情,促进了斯里兰卡民族运动的发展,并且成为1915年民族冲突的诱因之一。

1915年爆发的民族冲突对斯里兰卡民族运动的发展产生了重要影响。从印度南部马拉巴海岸(Malabar Coast)迁来的摩尔人零售商的高价牟利行为引起了僧伽罗人的不满;摩尔人的清真寺规模随着其族群的兴旺而不断扩大。不满进而发展为宗教方面的冲突。1915年,在康提城镇加姆波勒,一座清真寺扩建到了一条道路上,而这条道路正是僧伽罗人传统的每年庆祝佛陀诞生的卫塞节贝拉赫拉(vesak perahara)游行的必经之路。政府代表禁止这一游行,但是地区法官的裁定偏袒僧伽罗人。5月28日僧伽罗人和摩尔人的暴力对抗爆发并迅速蔓延。1915年5月28日,康提和甘波罗两地突然发生了僧伽罗人和摩尔人的骚乱,6月2日,骚乱蔓延至5个省。共有86座清真寺被破坏,2 000余家商店被洗劫,17座基督教堂遭到袭击,35名摩尔人丧生,198名摩尔人受伤。英国殖民当局宣布戒严,派军队镇压骚乱,将教派冲突当作反对英国统治的密谋来对待,并以此为借口将矛头直指所谓的密谋领导人——锡兰民族运动的参加者。罗伯特·查尔默斯(Robert Chalmers)总督在开始时犹豫不决,后来又反应过度。他认为骚乱是戒酒运动领导人的阴谋,可能还有德国的煽动。大约有上百名工人在戒严状态下遭到巡逻队的枪杀,大批僧伽罗人和戒酒运动的参加者被捕,许多人未经审判便被处死,28 名与工会有关的铁路工人也被捕。最终,总督查尔默斯被召回,英国殖民当局任命了一个委员会调查此事,尽管发现许多镇压措施是不合理的,但它宣布这样做是出于对英王的忠诚,戒严令是不得已而为之。

英国殖民政府镇压斯里兰卡民族运动的暴行激起了斯里兰卡各阶层的愤慨,斯里兰卡中产阶级对英国殖民统治的态度有了明显的转变。在立法会议中,斯里兰卡人代表勇敢地批评政府,指责政府镇压斯里兰卡人民的残暴行为。英国化的僧伽罗精英阶层的从前的忠诚也备受质疑,他们也开始挑战殖民统治。通过这一事件,斯里兰卡民族运动的领导人第一次发现在现存制度下他们根本无力制止殖民政府的镇压行为。他们迫切感到应该争取政治权力,由斯里兰卡人自己控制政府。同时印度政治改革的发展给斯里兰卡立宪主义者以很大触动。

在民族运动和殖民统治之间的矛盾日益尖锐的情况下,斯里兰卡民族运动的领导人认识到争取政治改革的首要条件就是成立一个全国性的政治组织。如前所述,1917 年,锡兰改革同盟成立,泰米尔人波那巴兰姆·阿鲁那恰兰姆出任第一任主席。1919 年,该组织改名为锡兰国民大会党。阿鲁那恰兰姆努力克服领导层中立宪主义者的政治近视,协调区域选举制和教派利益之间的矛盾,从而使锡兰国民大会党成为民族团结和种族和谐的象征。这一事件对于摩尔人也有持久的影响。面对暴力以及僧伽罗人长期以来的敌意,摩尔人领导阶层更加保守,更加支持英国人。

当局势平稳后,斯里兰卡知识界又一次掀起了政治改革运动。这一次运动是在激进立宪主义者阿鲁那恰兰姆和新成立的锡兰改革同盟的支持下展开的。他们要求立即进行改革,成立由 50 人组成的议会,其中 40 人应是建立在区域选举基础上的斯里兰卡人代表,同时要求有预算控制权,实行全面的男性公民普选权和有限的女性公民普选权,最后要求任命至少两名选举出来的成员参加总督的行政会议。

但是在斯里兰卡不存在"温和派"和"极端派"的明确分野,斯里兰卡民族运动领导人中的激进民族主义者很少,绝大多数是保守的立宪主义者。他们只将国民大会党作为政治鼓动的阵地,而不愿意深入发动广大民众,忽视国内深刻的社会问题和民众的经济处境。国民大会党成员主要限于上层精英分子,还远远不是群众性的组织。

由于斯里兰卡中产阶级的出现及民族运动的发展,英国统治斯里兰卡的组织机构开始有了"下沉"迹象。100多年来,支持它的基础已经开始动摇,其墙壁也出现了裂缝。20世纪20年代,斯里兰卡社会基础方面发生了重大变动,出现了一个新的阶级,这就是日益兴起的城市工人阶级。这个阶级刚一出现就有自身的权利意识,开始了争取自己权益的斗争。20年代,科伦坡已是一个拥有超过25万人口的大城市,这里是斯里兰卡铁路运输枢纽,有许多货栈和机械加工厂,用以维护当时岛上唯一有效的运输系统。种植园企业所需要的少数可由本土制造的生产工具也是这里的产品。科伦坡港还是当时南亚最大的港口之一。在英国统治时期,科伦坡一直是斯里兰卡最大的城市。斯里兰卡的工人阶级正是在这里产生的。

1919年在锡兰国民大会党的发起下,僧伽罗大会(Sinhala Maha Sabha)成立,其政治目标是建立斯里兰卡自治政府,首要任务是"联系广大人民群众"。该组织成立后,很快在各地建立了分支机构。通过僧伽罗大会,立宪主义者很快将农村人口也吸引到政治活动中去。1936年,立法会议第二次选举举行,选出了7个僧伽罗部长,结果引起少数派不满。这样,民族运动出现了裂痕。

经济危机恶化了种族关系,因为僧伽罗政客强化了僧伽罗人的既有认知:少数民族一方面抢走了他们的工作,另一方面又控制着银行和借贷业。所以,政府应通过立法保护那些僧伽罗人认为他们自己有资格从事的职业,诸如拥有土地、种植水稻、从事零售业以及开采宝石矿藏等。

值得指出的是,斯里兰卡民族运动的发展是斯里兰卡中产阶级努力的结果。最初,在反对殖民主义的大旗下,斯里兰卡的精英阶层尚能团结一致,共同对外。但是,随着民族运动的发展,斯里兰卡精英阶层之间的冲突越来越严重。这种冲突最初表现为种姓的冲突。斯里兰卡普选制实行后,种姓间的冲突逐渐淡漠,而民族冲突越来越强烈。尤其是僧伽罗人和泰米尔人上层之间的敌视,在分割政权方面发展成为政治对立,引发了两大主要民族之间的相互猜疑和敌对情绪。从此以后,民族问题成为斯里兰卡现代化道路上一个难以解开的结。

作者点评

斯里兰卡独特的地理位置、丰富的资源,对英国人极具诱惑力。英国人对斯里兰卡早就垂涎三尺。法国大革命为英国占领斯里兰卡提供了契机。虽然说从 16 世纪初开始,葡萄牙、荷兰殖民者就先后进入斯里兰卡,但是他们没有改变斯里兰卡的社会结构。英国人殖民统治时期,斯里兰卡三足鼎立的局面被打破,这个种族繁多、经济发展很不平衡的小岛,经过几百年的动荡以后,在英国殖民者的刺刀下又实现了政治上的统一。一个新的、统一的国家逐渐形成。在英国殖民统治期间,为了加强军事占领,发展经济,英国修筑了公路、铁路、港口等,促进了斯里兰卡经济的现代化发展。政治上,西方资本主义政治文明被逐渐引入斯里兰卡,一个与传统王权社会迥然不同的社会制度,在斯里兰卡逐渐形成了。经济上,英国为了使斯里兰卡成为其投资场所和原料产地,大力发展咖啡、茶叶、橡胶、椰子等作物的种植,使斯里兰卡形成了单一的种植园经济,这对斯里兰卡未来经济发展造成了深刻影响。斯里兰卡在英国殖民者的统治之下,现代化步伐大大加快。但是,英国殖民者"分而治之"的政策,加深了僧伽罗人与泰米尔人两大民族之间的隔阂,为斯里兰卡独立以后的民族冲突埋下了祸根。

第四章
延续殖民时期的遗产（1948—1956 年）

　　1948 年 2 月 4 日凌晨,锡兰自治领宣告成立,斯里兰卡事实上获得了独立,斯里兰卡历史翻开了新的一页。这一天,斯里兰卡举行了盛大的群众游行和庆祝大会。长达四个半世纪的外国殖民统治结束了。锡兰报业联合公司在欢呼这一天时说:"嘹亮的庙宇和教堂的钟声以及欢乐的鼓声在 1948 年 2 月 4 日清晨把锡兰人民从他们受奴役的睡梦中唤醒过来,使他们进入了一个自由民族尚不成熟的觉醒中。"这些庆祝活动标志着一个充满希望的新时代的开始。在独立后的相当长时间内,斯里兰卡保留了殖民地时期的国家名称"锡兰",并以自治领的形式留在英联邦之内,一直到 1972 年,斯里兰卡才以宪法的形式将国名改为"斯里兰卡"。

第一节　锡兰自治领的成立

　　第二次世界大战爆发后,斯里兰卡民族运动进入了一个新的阶段。考虑到斯里兰卡岛所处的重要战略地位,英国殖民当局向当地立宪主义领导人做出了让步。通过议会程序,斯里兰卡政治家逐步获得更多的权力。同样,英国殖民统治在斯里兰卡的终结也是通过议会程序,通过完全的民主与宪政制度实现权力和平移交的,民族运动是其主要推动力,议会斗争是主要的手段。这在亚非拉民族解放运动中是很少见的。通过议会斗争,和平走向独立是斯里兰卡民族独立运动的一个特点。正因为斯里兰卡的议会民主制度发展得比较完善,所以独立以后斯里兰卡在政治上能够沿着议会制度道路不断向前发展,能够保持政治稳定。

　　从 20 世纪 30 年代多诺莫尔改革开始,斯里兰卡人民就获得了选举权,这对斯里兰卡以后的政治发展非常重要。1927年,多诺莫尔委员会到斯里兰卡调查现存政治制度的状况时,英国政府就宣称其目标是要在岛上逐步发展自治的体制。多诺莫尔改革使斯里兰卡人民获得了成年人普选权,一些次要的部门也移交给斯里兰卡人掌管。但是这次改革只给了斯里兰卡人民有限的自由,同时加上了相当多的限制。虽然英国政府不会轻易放弃手中的权力,但是英国殖民大臣仍同意斯里兰卡部长会议应朝着内阁政府方向发展。

　　这一时期斯里兰卡的民族运动并未停止,但其方式比较独特。锡兰国民大会党的改组促进了斯里兰卡民族运动的发展,但是其中种族冲突的种子已经开始萌发。1939年锡兰国民大会进行了改组,以D.S.森纳那亚克(D. S. Senanayake)为首的一部分锡兰国民大会党年轻成员成功地使国民大会党制定了一个党纲。

　　国民大会党终于有了一个明确的社会和经济纲领。而在过

D.S.森纳那亚克

去,它只是个人的松散集合,没有组织和纪律的约束。现在党纲规定:任何属于教族组织的成员都不准加入锡兰国民大会。同时锡兰国民大会党开始在农村地区发展。《青年兰卡报》在社论中指出:“国民大会党处在它历史的转折点上……国民大会党出现了明显的转变,它寻求理想而不是政策;追求大众幸福,而不是部分人的福利;它开始了民族觉醒,不是为了政党或教族,而是为了民族和人民。”D.S.森纳那亚克出任部长会议主席后,他以强有力的政治手段控制了国务会议和部长会议,成为国民大会党最有影响力的人物。森纳那亚克曾经不知疲倦地进行旨在限制印度裔兰卡人选举权的活动。1940年,他最终把政府争取了过来,有1/4的印度裔登记选民被除名,其选民人数从1939年的22.5万人减少到1943年的16.8万人。国会通过了一系列歧视印度裔的法律。这些法律提出以种族为基础来确定斯里兰卡人,很多工作只能留给斯里兰卡人。1938年在所有政府的雇员中,1/4以上是印度裔公民;第二年,根据国务会议的规定,大约2.5万名印度裔人被“强制退休”;到1941年,政府雇员中的印度裔减少到12%。作为报复,印度从1939年8月开始禁

止向斯里兰卡移民。在这项禁令下,印度裔的非技术移民不能前往斯里兰卡,那些来到印度的也不能返回斯里兰卡。

1942—1947 年是英国殖民者移交权力的关键时期。权力移交是通过谈判来实现的,从 1942 年起,斯里兰卡部长会议主席 D.S.森纳那亚克开始同总督安德鲁·考尔德科特进行谈判。D.S.森纳那亚克在谈判中起了突出作用,为斯里兰卡最终独立做出了巨大贡献,因而他被人们誉为斯里兰卡自由的建筑师。

D.S.森纳那亚克同英国人谈判时确定了一个目标:就是要像白人自治领一样通过颁布宪法取得自治领地位,斯里兰卡自治领地位的取得应通过与英国协商而不是对抗的方式。他的观点代表了锡兰国民大会党温和一派的主张,而在 1942 年,影响日益上升的年轻一代,已将全面独立作为锡兰国民大会党的奋斗目标。D.S.森纳那亚克还认为,斯里兰卡是一个由多种族构成的复杂社会,政治民主应不与任何特殊的集团利益相联系,斯里兰卡应建成一个世俗国家,在国家和宗教间有明确的划分。应该说在斯里兰卡这样一个多种族、多宗教并存的国家,这种观点对于维护国家的稳定和团结是很重要的。在当时以班达拉奈克和僧伽罗大会为代表的观点认为,斯里兰卡政体应该以僧伽罗和佛教为特点,而不应是世俗国家和多种族政体。

第二次世界大战爆发后,斯里兰卡对于英国控制印度洋具有重要的战略意义,它是英帝国主要的橡胶供应地,是盟军摧毁日本力量的桥头堡,还是其通过波斯湾向苏联运送军用物资的补给站。1942 年,蒙巴顿勋爵把他的司令部设在了斯里兰卡。为了战争的顺利进行,英国政府十分重视同斯里兰卡(或部长会议)保持和睦的关系。而英国殖民部借口战争延迟改革。1943 年5 月 26 日,英国政府宣布,战后将重新审查斯里兰卡的宪法,将按照英王政府枢密院的敕令,准备让锡兰成立一个在英王统治下的完全责任制政府,以处理一切内政问题。英王政府一再重申,它将"通过合适的调查团或协商会对部长们在同一时期可能提出的完整制宪方案的详细方案进行审查"。根据英国政府的宣言,英帝国仍保留对岛上武装力量的控制权,斯里兰卡的外交关系置于英帝国的指导之下。只有在这个框架之内,部长会议才可以起草新宪法。可见,英国根本无意放弃对斯里兰卡的统治。而斯里兰卡立法会议中大多数代表指望以全力支持英国参战来换取英国对斯里兰卡进一步改革的支持。第二次世界大战期间,斯里兰卡处于军政府的管制之下,海军上将杰弗里·雷顿(Geoffrey Layton)通过一个战争委员会进行管理,该委员会由军官、总督、部长会议以及民防专员组成。

第二次世界大战爆发后,斯里兰卡立法会议决定拨出大宗款项,用于加强岛上的防御工事。1939 年 9 月 5 日,斯里兰卡议会议长提议,国务会议在此紧要关头,应该向英王陛下和英国政府提出保证,一定全心全意地支持这场战争。1940 年,国务秘书决定选举延期两年,1941 年,又宣称此事延至战后再议。这是斯里兰卡立法机关首次延长任期,此后类似的情况又多次出现。1942 年的复活节,科伦坡受到日军两次空袭,虽然损失很小,但是在民众中造成一定恐慌,许多人惊慌失措,弃城而逃。4 天后,日军飞机从航空母舰上起飞,袭击了亭可马里港。由于战争,斯里兰卡议会改革被搁置。

从第二次世界大战开始以来,斯里兰卡部长会议正在发展成为一个名副其实的独立体,殖民政府已提高了它的地位,并赋予它更广泛的职责。在战争爆发之前,1938 年 11 月 10 日,殖民大臣马尔科姆·麦克唐纳(Malcolm MacDonald)已同意部长会议今后应该朝着内阁制政府的方向发展。1942 年,泰米尔人阿鲁那恰兰姆·马哈德伐(A.Mahadeva,阿鲁那恰兰姆·波那巴兰姆爵士的儿子)当选为内政部长,部长会议的基础扩大,已不再是一个泛僧伽罗团体。到 1942 年,部长会议便自动地开始向完整的内阁制方向发展,它正在变成一个结合得更加紧密的实体。

第二次世界大战期间,在战时合作方面,英国越发依赖国务会议,在关于独立问题的最后谈判中,对于部长会议提出的宪法草案,英国也基本上全部接受。至 1943 年,在外交方面,英国也做出了重大让步。1940 年,原来属于国务秘书管辖的外事工作,已委托给部长会议了。1940 年 11 月,总督与 D.S.森纳那亚克、S.W.R.D.班达拉奈克、财政秘书赫克萨姆(H. J. Huxham)等人组成的斯里兰卡政府代表团,前往印度新德里商讨斯里兰卡的印度籍种植园工人的选举权问题。这次协商没有取得任何结果,但具有重要的象征意义,英国授予斯里兰卡部长会议在对外问题上有代表本国说话的权利。它是斯里兰卡开始获得外交权的标志。1941 年,以吉尔贾·巴季派爵士(Sir Girja Bajpai)为首的印度代表团带着同样的使命来斯里兰卡访问,也没有取得任何结果。

这一阶段 D.S.森纳那亚克率代表团赴印度的使命值得一提。按照《多诺莫尔宪法》,外交事务属于国务秘书的权力范围。但是派 D.S.森纳那亚克率团赴印度谈判一事表明,在斯里兰卡的印度籍种植园工人这一关键问题上,部长会议被授予了代表本国政府的权力。1943 年,D.B.贾亚提拉克(D. B. Jayatilaka)率斯里兰卡政府代表团再次去印度谈判,这表明部长会议已被承认在重要的外交问题上有代表本国的权力,部长会议实质上变成斯里兰卡政府的准内阁。

1943 年,D.S.森纳那亚克因为反对共产党加入锡兰国民大会党,宣布退出该组织。①从锡兰国民大会党退出后,他便能更自由地与英国议会进行议会改革的谈判,而不受任何政治组织的约束。他所面临的第一个任务是在1943 年 5 月 26 日国务秘书宣言的基础上起草新的宪法。1944 年,斯里兰卡部长会议向英国殖民部提出自己拟订的宪法草案,并开始同英国殖民部进行谈判。该宪法草案的内容包括:(1)废除《多诺莫尔宪法》体制,实行英国式宪法,建立两院制的立法议会;(2)进一步加强 1931 年实行的半责任制政府,废除总督的保留权力和国务官;(3)像英联邦其他国家一样,在国内事务上实行完全责任制政府,英王继续保留对斯里兰卡的三项重要权力:为斯里兰卡立法、为斯里兰卡制宪、掌管防务和外交。这实际上是向英国提出斯里兰卡成为不完全自治领的有限要求。

面对斯里兰卡提出的改革要求,英国方面做出了反应。1944 年 7 月 5日,英国殖民大臣在下院宣布,英王政府已决定委派一个调查团前往斯里兰卡,"对有关宪法改革的一些建议进行审查和讨论,而这些建议都是以实现英王政府在 1943 年 5 月 26 日就这个问题所发表的宣言为目的的,并在同岛上与宪法改革问题有关各方面(包括少数派教族在内)磋商之后,向英王政府提出关于为达到该目的所必须采取的一切措施"。

斯里兰卡部长会议对英国方面的决定很不满,他们表示拒绝与这个调查团合作,拒绝接受英王政府于 1943 年 5 月 26 日及其以后所发表的宣言,联合抵制委员会会议。因为 1943 年宣言中提到,调查团或协商会所要审查的只是部长们的建议。森纳那亚克及其部长会议中的其他同事争辩说这等于废除了 1943 年宣言的一些条款。他们认为委员会所参考的事宜应限定在宣

---

①　从 1942 年起,作为官方的民族主义政党,共产党采取和国民大会党紧密合作的政策,1943 年,共产党敦促国民大会党拒绝殖民部 1943 年宣言,坚持斯里兰卡独立的目标。这赢得了国民大会党大部分青年成员的同情与支持。在接着举行的 1943 年年会上,国民大会党改变了不准政党加入该党的章程,准许共产党加入国民大会党。结果引起老一代的国民大会党成员的愤怒。

言所设定的范围,而这个宣言事实上意味着委员会的工作应限制在审查部长们的宪法草案。他们重申国务会议中 3/4 多数的要求可以很好地保护少数派的利益。

英国殖民部驳回了斯里兰卡部长会议的抗议,1944 年 12 月,以索尔伯里勋爵(Lord Soulbury)为首的调查委员会到达斯里兰卡,就实施进一步改革进行考察。他们在斯里兰卡停留的 3 个月之内,科伦坡举行了 20 次公众集会。最初,部长会议拒绝向调查团提供证词,因为他们想让调查团只考虑部长会议的建议,而不要和少数民族代表见面。他们秘密会见了调查团,调查团也基本接受了部长会议的建议。1945 年 7 月,调查委员会向英国殖民大臣提交报告,其中回顾了 1931 年以来宪政的发展,认为多诺莫尔改革成就很大。该报告的核心内容包括:(1)继续保留成年人普选权;(2)外交、国防和修改宪法的权力则保留给总督;(3)建立内阁制政府,内阁大臣由其中的一名成员即总理领导,向立法机构负责;(4)建议按照英国上院的原则建立一个参议院,其成员由 15 名选举产生的社会上重要人物或在公职中成绩卓著的人士及 15 名总督任命的成员构成。报告特别关注少数派问题,认为斯里兰卡政府没有明显歧视少数派的政策,因而拒绝了锡兰泰米尔大会"50∶50"(国务会议中僧伽罗、泰米尔代表各占一半)的提议,主张可为少数派提供额外的代表席位。

1945 年 7 月中旬,D.S.森纳那亚克到达伦敦与英国进行谈判。8 月,东

英国王家调查团抵斯时的科伦坡拱门

亚的形势发生了巨大变化,日本宣布投降。这时英国内阁的主要精力集中在日本战败后英国所面临的紧迫的外交问题,因而拖延了对索尔伯里报告的审查。东亚形势的巨变,使 D.S.森纳那亚克对索尔伯里报告的态度也发生了很大变化,斯里兰卡民族主义者不再接受以 1943 年宣言作为谈判的基础。D.S.森纳那亚克在国务会议上说:"索尔伯里委员会的建议诚然是在宪法上的一个进步,但现在已经不够了,委员会的建议是建立在 1943 年的宣言基础上的,而现在在宣言框架下制定宪法的条件已不复存在。"他向英国指出,应直接给予斯里兰卡自治领地位,毋须通过索尔伯里报告中提议的中间阶段;为加快进程,英国政府可以用议会决议案马上给予斯里兰卡自治领地位。此外,英国应给予斯里兰卡防务和外交方面的自主权。

第二次世界大战以德、意、日法西斯的失败而告终。在大战期间,作为盟国"不沉的航空母舰"、盟军东南亚战区司令部所在地和给养补给地,斯里兰卡的经济受到刺激,发展迅速,武装部队在全岛各地消费,只要有东西卖给军队,就可以富裕起来,而那些能够满足军队要求去采购商品提供服务的中间商赚钱更多,斯里兰卡成了盟国最大的橡胶生产基地。

与此同时,斯里兰卡国内上层人士和广大人民群众强烈要求摆脱外国殖民统治的束缚,争取国家独立。英国政府感到与其按照老办法统治下去,最终被人民的革命洪流所淹没,不如与当地上层人士妥协,以避免风暴,保护自己在当地的殖民利益。1945 年 9 月 11 日,英国内阁决定把索尔伯里报告作为斯里兰卡新宪法的基础,坚决反对立即给予斯里兰卡自治领地位。10 月 31 日,英国政府发布白皮书,根据索尔伯里调查团所建议的方针,提供一部新宪法(即《索尔伯里宪法》),这部宪法为总督保留了一定的在必要时使用的非常权力。英国政府希望,"锡兰人民将接受这部宪法,并决心加以执行,以期在较短时间内进展到自治领地位",承诺在实行该宪法 6 年后给予斯里兰卡某种形式的自治领地位。根据该宪法,斯里兰卡议会由上下两院组成,下院为 101 名成员,其中 95% 为民选;上院为 35 人,15 人由总督指定,其余 20 人由下院选出。行政会议向内阁制方向发展,并向立法会议负责,总督不受部长约束,在外交和防务方面可以下达总督令。

这部宪法与 D.S.森纳那亚克所要求的自治领地位还相距甚远,国内有声音鼓动打破和平,争取斯里兰卡独立。森纳那亚克对于他出使英国的结果也非常失望,但是当他知道英国政府白皮书的内容后,随即表示尽管该白皮书与他的愿望相距甚远,他还是准备接受它并将它提交给立法会议。森纳那亚克认为争取自治领地位只是一个时间问题,没有必要冒打碎现存结构之险,他认为应当接受这部宪法。因为这部宪法"给予我们自治领地位的明确许诺",而且该宪法"取消了斯里兰卡自治政府只能处理内政的限制;废除立法会议和行政会议责权分离的双头政治;限制英帝国对斯里兰卡国防和外交的限制;移民、选举权、关税、航运业不在帝国控制之内"。同时他们还获得了修改自己宪法的权力。

1945 年 11 月,斯里兰卡国务会议通过议案,决定接受英国白皮书提出的宪法(即《索尔伯里宪法》),由于森纳那亚克向少数派做了个人保证,他所提出的关于接受宪法的动议,以 51 票对 3 票获得通过。1946 年,宪法草案付诸实施。此后,英国殖民当局与斯里兰卡代表进行了多次对话,也做了许多妥协。1946 年的宪法,接受了西方部长会议制度,行政权掌握在总理手里,内阁由总督任命,但下院是权力的中心,总理和内阁对下院负责。

印度独立对斯里兰卡独立运动的发展影响很大。1947 年 2 月 20 日,英国首相艾德礼宣布了印度独立的时间表。英国政府再也无法拖延改革斯里兰卡的宪法,实现斯里兰卡自治领地位的方式更加明确。印度独立斗争的进展大大鼓舞了斯里兰卡。森纳那亚克在伦敦会谈时,呼吁殖民部尽快给斯里兰卡自治领地位。英国方面则唯恐一旦撤出斯里兰卡,自己的利益会受到很大损害,因此借口斯里兰卡面临教派分裂危险,如果移交权力,意味着僧伽罗人掌权,少数派肯定不肯接受,并说斯里兰卡社会经济发展是由于英国给予其完善的制度,斯里兰卡的繁荣离不开英国,拒绝了森纳那亚克的要求。

但是斯里兰卡民族运动并未停止。1947 年,斯里兰卡进行大选。为将力量分散的资产阶级政党集结在一起,在森纳那亚克的领导下,锡兰国民大会党、僧伽罗大会等联合组成了统一国民党,该党并非一个有严密政治纲领的组织,其主要目标是争取斯里兰卡的自治领地位。1947 年 2 月,森纳那亚克在给英国殖民部国务秘书阿瑟·克里奇-琼斯(Arthur Creech-Jones)的信件中,再次敦促英国尽快允诺给斯里兰卡自治领地位,放弃渐进演变原则。

此时,在斯里兰卡,争取斯里兰卡独立的呼声愈来愈高,劳工运动进一步发展,甚至影响到政府的决策。森纳那亚克及温和派受到来自左翼的强大压力,温和派的态度也强硬起来。1947 年 5 月底,森纳那亚克给国务官奥利弗·古内提拉克爵士(Sir O.E. Goonetileke)一封电报,要求他在其职权范围之内,用一切可能的方式敦促英国政府马上宣布给斯里兰卡自治领地位,并重申签订外交和防务事务协议的必要性。英国政府也看到了森纳那亚克及温和派所面临的压力,认为立即授予其自治领地位是保证英国在斯里兰卡政治存亡的紧迫、必要的手段。1947年6月18日,英国政府终于发表宣言,承诺立即给予斯里兰卡"英联邦国家内的完全责任制地位"。

这一结果与森纳那亚克所要求的不同,他对这一措辞感到惊诧,因为这暗含着英国继续统治斯里兰卡的意思,还不是完全的自治领地位,他提议修改这一宣言。英方回复斯里兰卡可以按自己的说法进行解释,即斯里兰卡有自由选择成为自治领的权力。为尽快实现权力移交,不引起冲突,斯里兰卡国务会议接受了该宣言。

1947年7月,斯里兰卡总督亨利·莫尔(Sir Henry Moore)到伦敦商讨最后权力移交的问题。莫尔与英国政府签署了三个条约:防务条约同意军事互助,英军在斯里兰卡驻军,利用海、陆、空军事基地,帮助训练斯里兰卡军队;外交事务条约将斯里兰卡地位定义为英联邦内的独立成员,承认斯里兰卡作为一个完全独立的国家,拥有外交权,斯里兰卡可请求帝国政府在外国的代表照顾其利益,两国政府在外交事务方面相互联络;第三个条约是关于内政文官系统的,英国统治者撤离斯里兰卡时,原有英国官员应继续录用,斯里兰卡政府保证照发其薪俸、奖金、退休金等。至此英国决定基本放弃对斯里兰卡外交、内政的控制权。

1947年9月,大选如期举行,这是斯里兰卡在政党基础上举行的第一次选举,95名按地区选出的议员进入了新的议会。统一国民党(UNP)由于其领袖在争取自治领地位方面的威望,在选举中占据了绝对优势,受到了来自各个派别的支持,获得了95个议席中的42个,统一国民党作为多数党成立政府,14名内阁成员中有11名是统一国民党人,2名无党派人士。森纳那亚克担任总理。11月24日,森纳那亚克代表斯里兰卡与英国政府签署国防、外交、文官条约。斯里兰卡议会尽管有少数人觉得独立是不完全的,但仍然以议案形式确认了以上条约。1947年12月3日,斯里兰卡众议院以59票对11票的多数通过独立法案,确认英国议会不再有为斯里兰卡立法的权力,除非受到斯里兰卡政府的邀请,斯里兰卡不再是殖民地,而是英联邦内的自治领。1947年12月10日,英王批准斯里兰卡独立法案,并把1948年2月4日命名为"约定日",斯里兰卡在该日正式宣布独立。这样,先后与葡萄牙、荷兰及英国殖民者进行了长达400多年斗争的斯里兰卡人民终于获得了胜利,赢得了独立,斯里兰卡的历史翻开了新的一页。

斯里兰卡独立之路走得比较顺利。这一方面是斯里兰卡民族主义者不懈斗争的结果,另一方面也与英国人的乐观态度有关。在英国人看来,与英国其他殖民地相比,斯里兰卡独立后几乎能百分之百地保持英国在该地的利益。斯里兰卡并未受到战争的摧残,战后仍有货币储备可用,而且它的种植园经济有利可图;斯里兰卡保守的领导层熟悉民主政治和英国式的行政构架,他们接受过良好的西方教育。但是独立后的发展却并没有像英国人预期的那样。

第二节　独立之初斯里兰卡的政治

1948 年 2 月 4 日,斯里兰卡正式宣布独立,全国上下举行了盛大的庆祝活动,这标志着一个充满希望的新时代的开始。最后一任殖民地总督亨利·莫尔爵士就任新独立的斯里兰卡首任总督。

1947 年举行第一次议会选举,获胜的是由许多党派联合组成的统一国民党。2 月 10 日斯里兰卡议会正式召开,新内阁在旧的部长会议卸任之后立即接管了政府工作,统一国民党主席、曾在英国殖民政府中担任农业土地部长达 15 年之久的 D.S.森纳那亚克正式组成第一届内阁,担任政府总理。

与南亚其他国家相比,斯里兰卡的议会民主制度发展得比较完善。由于斯里兰卡独立是依照宪法程序,通过和平手段取得的,因而在独立后的几年内,斯里兰卡基本上沿用了英国殖民主义遗留下来的一整套制度。新的政府与旧的殖民地时期的政府并无明显区别,英国人所建立的结构并没有触动,只不过内部略有调整而已。这届政府主张"有秩序和保守的进步",内政、外交政策与独立前没有多大区别。这种情况一直延续到 1956 年班达拉奈克领导的人民联合阵线政府上台。

第二次世界大战期间,斯里兰卡的经济没有遭到破坏,而且由于战争的需求,斯里兰卡的经济得到了发展。战后,由于国际市场因素,斯里兰卡三大种植园出口产品(茶叶、橡胶和椰子)在世界市场上价格上涨,斯里兰卡赚到数目相当可观的外汇,所以这届政府执政期间,经济表现出暂时的繁荣。当时一些人把这时的斯里兰卡称为"一块稳定、安静和井井有条的绿洲"。

在南亚,殖民地权力的移交必然伴随着宪法的制定。1946 年生效的《索尔伯里宪法》为斯里兰卡提供了一套政府的内阁制度,1948 年,斯里兰卡议会对该宪法进行修订,该宪法成为斯里兰卡首部宪法,并一直实施到1972 年。

根据该宪法,总督是斯里兰卡的元首,有权召集、解散议会。斯里兰卡独立后,仍有两个英国人担任总督,即亨利·莫尔及索尔伯里爵士,为的是感谢他们帮助斯里兰卡赢得独立的功劳。英王的权力,有些由英王本人行使,另外一些则交给总督,作为英王的代表行使。

内阁是宪法制度的核心。按宪法规定,内阁集体负责,以总理为首,由他来行使职权,而总理必须是议会下院多数党领袖。按宪法规定,总理还兼任国防和外交部部长,总理指派各部部长,并任命被称为国务秘书的低级部长。议会由英王、参议院、众议院构成。参议院由 30 名成员构成,其中 15 名由众议院议员按比例代表制选出,15 名由总督根据总理提议任命。宪法规定,总督应任命那些在公共事务、专门职业、商业、工业或农业方面(包括教育、法律、医药、科学、工程与银行等事业)崭露头角的人士为参议员。参议员任期6 年,每两年更换 1/3 的参议员。众议院共有 157 名议员,其中 140 名来自140 个选一个议员的选区,8 名来自选 2 名议员的选区,3 名来自 1 个选 3 名议员的选区。众议员任期 5 年,除非是国会因故提前解散。当议会两院发生意见分歧或冲突时,参议院只有延期通过权,有关财务的方案,只能延期 1 个月,其他法案可延期一年。

斯里兰卡议会民主发展比较快。1931 年它就已经实现成年人普选权,但是在议会中却没有真正的政党冲突。唯一的全国性政治组织是成立于1919 年的锡兰国民大会党,但是这个组织后来演变成了代表低地僧伽罗人利益的政党。在 1947 年的大选中,只有统一国民党以一个政党身份向选民提出了接管政权的要求。其他的政党还不成熟,所以在第一届政府中还没有形成一个反对派。当时斯里兰卡存在几个左翼政党:锡兰平等社会党(Lanka Sama Samaja Party)、布尔什维克列宁主义党(后改为布尔什维克平等党)、革命平等社会党(Viplavakari Lanka Sama Samaja Party)及共产党。这些左翼政党竞争 95 个议席中的 51 个议席。但是这些政党不团结,难以形成一股政治力量。在后来的时间里,左翼政党不同意选出一位领导来团结这些分散的力量。当统一国民党组成新政府替换原有的政府时,锡兰平等社会党的国会领袖 N.M.佩雷拉博士(Dr N. M. Perera)就宣称他们是一个"革命政党",因而根本不愿意在一个"资产阶级政府"里服务。锡兰平等社会党的态度使得建立反对派联合阵线的希望破灭。泰米尔人的组织叫全锡兰国会党（the All-Ceylon Congess），这个组织的多数派于 1948 年参加了政府。反对这一行动的党员，组成了一个对抗性组织，叫泰米尔联邦党（the Tamil Federal Party），另外还有一个代表斯里兰卡印度泰米尔工人利益的印度国会党（Ceylon India Congress）。到了这时，斯里兰卡议会制度才越来越成熟。

斯里兰卡尽管获得了独立，但是在独立后的最初几年，斯里兰卡的社会经济秩序几乎没有经过什么转折或者停顿，整个国家继续按部就班向前推进。整个社会动荡极少，争取独立的成本也很小。以前一些被安置在底层办公室的斯里兰卡人，现在则搬到上面去了。新内阁在旧部长会议卸任后立即接管了政府工作，但是选民则"不可避免地要把首届众议院视为国务会议更大和更为重要的翻版"。内阁就等于部长会议，只不过人数有所增加而已。原部长会议中的 4 人（超过了它的半数）在森纳那亚克内阁中担任了关键性的职务。实际上，在国家的宪政制度还未决定改变时，内阁就于 1947 年组成了，因此，它之所以继续具有前部长会议的特质，是可以理解的。这一届政府的显赫人物大都是受过西方教育的精英分子，所以独立以后，他们所实行的政策大都是殖民地时期的政策。与南亚其他国家相比，斯里兰卡政权移交平稳、和平，从 20 世纪 20 年代以来困扰那些政治家以及英国当局的泰米尔人问题，也以温和的方式来处理。

在这一阶段，农村地区主宰着斯里兰卡的政治命运。因为斯里兰卡75% 的人口在农村，另外 10% 左右的人住在种植园，其中绝大多数是没有选举权的印度泰米尔族劳工。较高级别的政治领导权掌握在相对狭小的范畴之内，即地主、自由职业者（多数为律师和医生）和退休官吏，还包括学校教师及一部分工商业者中。在斯里兰卡还有一小部分全力搞政治活动的职业政治家，他们在各个政党中一般居于最上层领导地位。而处于中下层的是大大小小的店主、商人、地方法律界人士，外加少量的传统医生和地方学校教师。这些人构成了地方团体和政治组织的主要成员。

统一国民党在它掌握政权的第一阶段，对于斯里兰卡泰米尔人这个少数民族采取一种试图和解的态度。1947 年大选中，泰米尔国会党在斯里兰卡北部泰米尔人占多数的地区取得了可观的胜利，森纳那亚克为了急于向英国表明自己已经取得泰米尔人的合作，承认 G.G.波兰姆巴兰为斯里兰卡泰米尔人的领袖，并说服其加入内阁。在他 1947 年 9 月组成的内阁中竟有两名没有当选的泰米尔议员。所以尽管斯里兰卡独立后即剥夺斯里兰卡印度泰米尔人的国籍,斯里兰卡泰米尔人上层仍然与僧伽罗上层采取合作的态度。森纳那亚克还采取措施,包容左翼工会的骚动,工会骚动在 1947 年工人大罢工达到了顶峰。政府通过《1947 年公共安全法》(*The Public Security Act of 1947*)和《1948 年工会法修正案》[*The Trade Union (Amendment) Act of 1948*],加强了政府对付工人骚动的力量。

短暂的繁荣之后出现的经济危机激起了民怨,人们又对于权力从英国人手里转移到森纳那亚克及其保守的同党的方式感到不满,左翼政党有了一定的发展。为了对付左翼反对派,整合这个国家,避免像在其他后殖民时代国家里发生的政治制度崩溃的情况,森纳那亚克等相当一部分英国化的精英团结起来。然而他在克服那些运转不良的殖民遗产方面却没有任何积极的解决方案。

那些接受母语教育的知识界人士对讲英语的上层人士持怀疑态度。宪法把政治权力集中到了占人口多数的族群手里,而在一个讲僧伽罗语和泰米尔语的国家里建立一个讲英语的政府,实施过度中央集权的行政管理,注定不能长久。斯里兰卡的人口中有 67% 的人是信仰佛教的僧伽罗人,400 多年的外国殖民统治,对他们的经济、社会和文化问题总是加以忽视与压抑。而那些西方化的知识精英阶层,又对他们的问题极为轻视。统一国民党政府把这些人的要求放在次要地位,佛教运动有被排斥在全国政治领导之外的倾向。1952 年,全锡兰佛教徒大会创建了非官方的佛教调查委员会,它发表了名为《背叛佛教》的报告,控诉统一国民党忽视佛教徒的利益。在已经实行普选制的斯里兰卡,这些人必然会通过手中的选票,选出自己的代言人,维护自己的利益。

所以这一阶段,在这平静的外表下,一股僧伽罗民族主义潮流在不断壮大。受传统僧伽罗教育的知识分子越来越不满自己的无权地位,决心打破受过西方教育的上层分子对政权的垄断。这股势力与佛教复兴运动结合在一起,逐渐左右了斯里兰卡的政局。

1951 年 7 月,班达拉奈克辞去卫生与内务部长职务,走向反对派一边,这时才出现了一个足以与统一国民党抗衡的民主政党的核心人物。在班达拉奈克的领导下,代表广大阶层人们的政见结合在一起,这就是乡村地区中产阶级的政见。持这一政见的阶层包括:佛教僧侣、僧伽罗族学校的教师、传统医生、小店主和僧伽罗族商人。1951 年,班达拉奈克将僧伽罗大会改组为斯里兰卡自由党(Sri Lanka Free Party),这个党的英语名称是与斯里兰卡古梵语名称相结合的,其目的在于着重表明,党的领袖将通过获得的新的自由,坚持为实现本国古老传统的幸福、理想而努力,所以这个党又被称为"农民和资产阶级的政党"。

20世纪50年代初,统一国民党一直在斯里兰卡政治中扮演主要角色。1952年的大选中,统一国民党仍然占据主导地位,但是这一时期开始,斯里兰卡的政局开始发生变化。1952年第二次议会选举中,斯里兰卡自由党首次参加竞选,它以社会改革、社会正义和经济独立为口号,强调经济发展和经济平等。班达拉奈克不断说服选民,特别是农村知识阶层,让他们看到僧伽罗族群众文化与经济复兴的重要性。他强调要给本国语言以应有的地位,保证在当选之后,政府对佛教的发展予以资助,并且强调给传统医学以应有的地位。这一口号虽然在1952年的大选中未发挥作用,但是到1956年大选时,却产生了巨大的作用。因为这一口号已成为僧伽罗民族主义情感的一种重要表现,任何力量都无法与之抗衡。斯里兰卡自由党虽未在这次竞选中获胜,但仍获得了9个席位,成为议会中最大的反对党。

在1952年的议会选举中,统一国民党再次获胜,森纳那亚克之子杜德利·森纳那亚克(Dudley Senanayake)出任总理。这届政府继续奉行上届政府制定的内外政策。但是国家经济状况逐渐恶化。1952年大选时,由于1950—1951年国际橡胶价格一路攀升,国家经济形势还是一片大好。但是1952年大选后,橡胶价格下跌,贸易出现大量逆差,知识分子失业现象越来越严重。1953年,政府宣布削减大米补贴,结果引起全国总罢工,杜德利·森纳那亚克下台。

1956年是斯里兰卡政治发展史上极其重要的一年。这一年的选举不仅在斯里兰卡历史上,而且在后殖民时代的国家历史上都是个里程碑式的事件。原先的政府接受了从殖民统治者那里移交过来的权力,并且在选举中都保住了自己的权力。然而这次民主选举终结了这个政府,并实现了权力和平移交。

这一年,斯里兰卡举行大选。为了迎接大选,斯里兰卡自由党与革命平等党、僧伽罗语阵线组成联合阵线,得到了社会各阶层人士的支持。这3个集团中有两个主张规定僧伽罗语为全岛唯一的官方语言。这个联合阵线取名为人民联合阵线(Mahajana Eksath Peramuna, MEP)。同时斯里兰卡自由党还与锡兰平等社会党、共产党达成在选举中互不竞争的协议。这样在这次选举中,人民联合阵线击败了主要竞争对手统一国民党,获得了 40% 的选票,夺得 95 个议席中的 51 席,统一国民党的选票降低到 27%,议席则减少到 8 个,比兰卡平等党(14 席)和联邦党(10 席)获得的议席还要少。自由党领袖班达拉奈克出任总理,组织政府。

　　人民联合阵线的压倒性胜利造成了一种事实上的两党制,其中斯里兰卡自由党和统一国民党相互竞争争夺僧伽罗选民,这两个党瓜分了僧伽罗人的大多数选票。他们控制着绝大部分的议会席位。这次选举使新的社会力量获得了解放,他们主要是佛教僧侣、农村店主、放债人和小地主、乡村教师以及僧伽罗传统医生。他们都是佛教徒,在殖民地时期他们居住在落后地区或康提山区。他们在殖民时代受到的不公正待遇在独立之后并没有改变。斯里兰卡独立以前,尽管这些"乡村领导人"没有受过英语教育,但是他们都受过高水平的僧伽罗语教育。然而由于受过英语教育的上层分子的垄断,他们社会地位的提高受到了阻碍。他们发现,如果不向英语的优势地位和受英语教育的上层分子提出挑战的话,对他们来说,要得到可靠的报酬、较好的工作或者通过考试谋求公职是相当困难或根本不可能的。统一国民党在这次选举中失败的根本原因就在于其语言和宗教政策的失误。1956—1959 年的班达拉奈克政府,1960—1965 年、1970—1977 年的西丽玛·班达拉奈克夫人(Mrs Sirima Bandaranaike)政府,1965—1970 年的杜德利·森纳那亚克以及以后的各届政府,都不得不较多地响应这些农村和城市地区新阶层人士的意见。政府的各项政策再也不能按照某种预定的道路前进;相反,各项政策大都要按当时当地情况制定,顾及僧伽罗多数人的愿望,从实用效果考虑。

　　在班达拉奈克领导下,受僧伽罗语教育的佛教徒第一次被组织起来投入斯里兰卡自由党的旗帜下。该党是提倡把僧伽罗语当作唯一官方语言并以之取代英语的最大的反对党。在很大程度上,人民联合阵线发起的语言运动所取得的使人震惊的胜利,是僧伽罗底层人士多种积怨爆发

西丽玛·班达拉奈克夫人

的开始。

斯里兰卡独立后的最初几年,僧伽罗人和泰米尔人相互学习对方的语言,他们也尽可能去学习英语,并以之为第二语言。1952年,班达拉奈克也曾支持给予泰米尔语和僧伽罗语同等重要地位。确立僧伽罗语为唯一官方语言政策疏远了泰米尔人,使他们感觉受到了歧视。班达拉奈克担任总理后,曾就此问题同泰米尔人方面达成协议,除承认泰米尔语为北方省和东方省的另一官方语言外,还规定建立地区发展委员会。但由于统一国民党政府的反对和主要来自自由党内的强大压力,最后政府不得不废弃这个协议。1958年,大规模民族冲突爆发,泰米尔上层人士继而提出联邦制的要求。政府为此宣布紧急状态。班达拉奈克本人也因为对泰米尔人妥协被僧伽罗极端民族主义分子暗杀。语言政策成了斯里兰卡独立后持续不断的民族冲突的导火索之一。这是后话。

之所以会出现这种情况,与僧伽罗民族主义崛起有很大关系,而斯里兰卡的议会选举制度从制度上推动了这一进程。在南亚,要数斯里兰卡的选民资格最老。早在1931年,根据《多诺莫尔宪法》,斯里兰卡已经引入了成年人普选制。此后斯里兰卡的每次大选,都是按照宪法程序,井井有条进行的。但是由于选举制划分选区的方式起着作用,政治历程还是遭到一些歪曲。这种选区的划分,很明显有利于乡村地区投票人。城镇投票人处于明显不利地位,一人一票制度并不能发挥作用。如1956年大选时,约有38个选区,选民人数多达4万—6万,而另有25个选区的选民人数却只在5 000—25 000人之间。这样划分选区,主要是为了给落后与人口分散的地区以较大的代表比例。而在乡村地区,僧伽罗传统及民族主义情绪最为强烈。在这样一种选举制度下,各政党在提出候选人时,都会对民族因素、宗教因素,有时候还有种姓因素加以考虑。

从1931年实行普选制开始,斯里兰卡群众关心政治的迹象日益增长,1956年以后更是如此。越来越多的人开始对政治感兴趣,因为他们看到:在这当中可以找到一种方法,解决这个经济极不发达而又宗派林立社会的紧迫问题。大家都热情参加集会,出版了多种类型的报纸,有广大的读者群。这可以从大量选民参加大选中看出来。1947年参加大选的人数占选民总数的61.3%,1952年占74%,1956年占71%,到1960年3月,投票率上升到75.9%,1965年为82.1%,1970年为85.2%。多次选举中,选民推翻了当权者。农村的知识阶层、工会、学生群、包括自由职业者与商人在内的城镇居民,都有兴趣参加到这一能做出决定的行程中来。其结果是:不同的政治领袖的面目变得易于识别了,确定政治责任的任务变得简单起来。议会制度在这里成了有生命力的事物,而且自 1947 年第一次召开议会以来,国会议员的成分有了相当大的变动。新选出的议员越来越多地来自社会较低的阶层,议员亦变得日渐喜爱用僧伽罗语或泰米尔语(而不是用英语)发言,以便保证得到更多的听众。国会被视为解决问题的工具,内阁在做出决定之前总要考虑国会的看法。因此越来越多的选民对国会感兴趣。政府的绝大多数决定,总是要在仔细研究了民众可能会有什么样的政治反应后,才会做出。选民对政治的影响力越来越大。如果说斯里兰卡独立初期统一国民党政府还可以执行民族和解政策的话,1956 年以后的各届政府在这个问题上已不得不迎合僧伽罗广大民众的要求,放弃多民族的政策。这使民族问题成了斯里兰卡现代化道路上一道难以跨越的沟堑,严重影响了斯里兰卡政治经济的发展。

在外交上,D.S.森纳那亚克担心斯里兰卡不能单独抵抗印度的威胁,因而同英国签订了防御协定。这是他备受斯里兰卡政治家诟病的地方。D.S.森纳那亚克亲近西方而且反对共产主义,同时反对殖民主义。斯里兰卡在冷战中不站在任何一边,拒绝加入东南亚条约组织,但是尽管如此,苏联仍然认为斯里兰卡是亲西方国家,否决了斯里兰卡加入联合国的申请。直到 1955 年 12 月 14 日,斯里兰卡才加入联合国。

第三节　独立初期经济的发展

斯里兰卡是个农业国。1948 年 2 月独立时,国内各个经济领域发展极不平衡。一方面存在着发展完善、以资本主义方式经营的茶叶、橡胶和椰子三大种植园经济,其生产率较高,产品专供出口,是外贸收入的主要来源;另一方面还存在着落后的专供内销的农业(水稻)。二者之间没有直接的联系,其中种植园经济在国民经济中占主导地位。当时,斯里兰卡国家主要经济活动依靠进口。第二次世界大战期间,斯里兰卡曾经有一场致力于构建现代经济的运动,政府兴办了 15 家工厂,生产不能进口的商品,包括夹板、纸张、陶瓷制品等。在没有竞争的环境下,这些工厂缺乏提高效率的刺激因素。战争结束后,这些厂家失去了保护,大部分倒闭。到 1948 年独立初期,茶叶、橡胶、椰子三大种植园产业约占国内生产总值的 37%,而制造业产值不到 4%。斯里兰卡国内大部分服务业、商业、金融业、运输业和加工业的活动均与种植园作物有关,国内消费品的 70%—80%靠进口。

独立后的最初几年,也就是 1948—1956 年之间,斯里兰卡继续保持着以种植园经济为主的经济结构,这种经济结构的特点是缺乏独立于三大种植园经济作物以外的工业部门。由于长达一个半世纪的英国殖民统治以及种植园经济的影响,1948 年斯里兰卡独立时,93%的人每月收入不足 100 卢比。国家 95%的出口收入来自三大种植园作物,其中茶叶出口占总出口的 60%。进口物资包括食品(占 52%)、燃料、化肥、纺织品、煤炭等。而国内农业部门则是落后、原始、无组织的,农业占了国家 85%的土地和 75%的人口。整个国家经济严重依赖外贸以及国际市场。

尽管斯里兰卡独立后,逐步消除了殖民主义经济势力,民族经济也有所发展,但单一的种植园型的经济状态并没有得到根本转变,斯里兰卡仍然未摆脱以这三大经济作物为支柱的经济结构。这种情况一直到现在仍没有改变。与其他以种植园经济为主的国家一样,斯里兰卡整个国民经济体系基本上是围绕着种植园建立起来的。服务业,特别是银行、贸易、保险、交通运输以及行政管理等,都与种植园活动密切联系在一起。这种种植园经济导致了单一出口经济结构,国家主要依靠这个部门的外汇收入来维持。而另一方面,粮食生产不足,制造业十分薄弱,要花大量的外汇进口粮食和日用品。这种经济结构的弱点是国民经济的发展主要依赖于国际市场,国际经济环境的波动往往对斯里兰卡国民经济产生重大影响。

独立初期,统一国民党政府采取了一系列鼓励工农业生产的措施,发展多种经营,试图改变殖民地型经济。但是种植园经济在英国殖民统治时期已经在斯里兰卡深深扎下了根,要改变这一经济结构十分困难。因为在斯里兰卡,"种植园作物的出口可以满足斯里兰卡人民,或者大部分人的衣食"。D.S.森纳那亚克政府曾经希望国家能实现大米和食品的自给,并宣称:"本届政府将把增加粮食产量,尤其是国产食品的产量放到最为重要的位置。"但这一主张并未得到很好实施,原因是对本已短缺的国家岁入的低效利用。为达到这一目标,就需要改进农业技术,对现存耕地进行精耕细作,增加施肥;更好地组织农民及其耕地,需要进行土地改革。但是统一国民党政府并不想干涉现存土地所有模式以及传统的特权和地主的权利,却以巨大代价向干旱地区移民。

从 1948 年开始,斯里兰卡统一国民党政府开始推行所谓的"垦殖计划",以提高干旱地区的稻米产量和增加新居留地;并开始制订干旱地区移民计划,这个计划包括开发丛林、对可灌溉的稻田重新移居农民等。直到 1970 年,斯里兰卡的历届政府都实行了这一政策。从 1949 年起,政府开始推行大规模移民计划,计划到 1966 年向干旱地区移民 12 000 户,投资 9.1 亿卢比,几乎和 20 世纪 50 年代政府一年的所有财政收入相等。但是这项计划花费巨大,效果并不显著。1970 年经过评估委员会估算,该计划收益投资比为 0.5,即使这些投资没有任何利息,该计划也难以偿还。该计划推行多年后,斯里兰卡的农业生产仍没有多大提高。但是这个计划在短期内让统一国民党从西南部僧伽罗选民那里获取了政治利益。政客希望僧伽罗农耕者重新进入干燥地区定居下来,他们宣称,垦殖计划具有重要历史意义,因为这"夺回"了作为古代文明的肥沃中心的那些地区。为了推行垦殖计划,政府兴建了灌溉系统,挑选定居者,给予他们土地,并为他们提供生存之道,直到他们的收成能够使其成为自给自足的稻农为止。

在工业方面,统一国民党政府采取了自由开放政策,忽视了本国工业的发展。第二次世界大战期间,政府设立的工厂,在独立之后得到恢复,但最终相继倒闭。总体上来讲,斯里兰卡的工业发展在这一阶段发展缓慢。到 20 世纪 50 年代初期,仅仅开设了几家新的工厂。

这一时期斯里兰卡政府有过实施经济计划的尝试,政府也曾经制订了一个六年发展计划(1947/1948—1953/1954),计划 6 年内投资 12.46 亿卢比用于经济发展(其中 42% 用于农、林、渔业,25% 用于社会服务业)——还有 1951—1955 年和 1959—1960 年之间的 6 年投资计划,但是都因为政治交易而难以推行——严格意义上讲,这并不是一个正常的发展计划。这个 6 年计划仅仅计划了总投资数目,它只是各部的设想和希望的简单结合,并没有采取任何严肃的步骤,建立起一个推行计划的机构,国家大量的外汇结余,约有 12.6 亿卢比,在这种无计划的投资中浪费掉了。

独立之初,殖民政府时期留下了大量外汇结余,1945 年斯里兰卡的外汇储备达到 12.6 亿卢比,独立之后外汇储备有所下降,但是到了 1951 年又达到 11.85 亿卢比。这使得统一国民党政府有能力继续推行大规模的社会福利计划。实际上,当时的统一国民党认为,经济繁荣有赖于和西方的商业联系以及农业的改进和经济多样化,但政府对于经济发展缺乏长远规划。

朝鲜战争对于斯里兰卡独立初期经济的稳定与繁荣起到了很大的促进作用。1950 年朝鲜战争爆发之后,由于战争需要,国际市场的橡胶价格猛涨。1950 年每一磅橡胶的售价是 3 卢比 25 分,达到 1912 年以来的最高点,斯里兰卡的经济发展受到刺激，1949—1951 年间，斯里兰卡的出口商品价格上升了大约 40%，收入增加了 79%，这其中的 65% 是由于出口产品价格上涨。外汇储备和国内货币供应量也增加了，斯里兰卡呈现出暂时的繁荣。但是，政府并没有把更多的资金投资到工业、农业上，而是继续用于维持其巨额的食品补贴计划。1952 年，国际复兴开发银行调查团建议斯里兰卡内阁设立由总理为首的一个计划咨询委员会，但是直到 1953 年，这个委员会仍没有建立。7 月发表的调查团报告中提出：可靠的政策应该是放弃补贴制度，让米价随着劳动工资和成本的变化而升降，应该通过增税，尤其是提高所得税的办法来增加收入，通过取消食品补贴和受补贴服务的项目来减少开支，通过税收激励来提高生产商的生产能力，兴建港口、铁路和公路等基础设施，以及鼓励计划生育。斯里兰卡中央银行一再警告进一步增加消费品的补助会阻碍经济发展计划的实施，但是这些警告并没有得到斯里兰卡政府足够的重视。

因此这种短暂的繁荣很快就结束了。由于政府大规模的社会福利以及向干旱地区移民的计划开支巨大，而本国工业基础薄弱，发展缓慢，经济增长的后劲不足，因此国家外汇储备很快枯竭，国家经济形势逐渐恶化。同时，朝鲜战争结束以后，美国抛出所囤积的橡胶，致使国际橡胶价格下跌，而同期大米的价格却在不断上涨。这对完全依靠出口种植园作物的斯里兰卡的影响很大，使得斯里兰卡经济很快出现困难。为了扭转这一局面，1952 年斯里兰卡同中国签订易货合同。按照合同，斯里兰卡将在 5 年内以高于世界市场的价格供给中国 5 万吨片胶，同时，斯里兰卡也将以略低于世界市场的价格从中国购买 8 万吨大米。关于两种商品的价格每年都要协商一次。但是，即便如此，斯里兰卡不利的贸易条件并没有减弱。为缓解压力，1953 年 7 月，政府决定提高米价，从每蒲式耳 25 分上涨到 75 分。在此之前，政府还提高了糖价，取消了中小学免费午餐，减少了大米的配给量。政府的这些举动受到了全国的反对。1953 年 8 月 12 日，在左派的领导下，斯里兰卡爆发了全国大罢工，全国交通瘫痪，罢工者封锁道路，不让一辆汽车行驶。警察开枪射击，打死了一些人。这场罢工也迫使总理杜德利·森纳那亚克辞职。

尽管这一阶段斯里兰卡经济发展模式没有多大变化，政府在财政上的压力也逐渐增大，但是与南亚其他国家和其他发展中国家相比，这一时期斯里兰卡的经济形势还是相对较好的。1953 年大罢工结束后，茶叶价格开始恢复原价，1954 年，"出现了茶叶史上最兴旺的时期，每磅茶的平均价格从 1952 年的 1 卢比 73 分上升到 1954 年的 2 卢比 56 分"。同时,同中国签订的协定使橡胶价格保持在对生产者有利的水平。1954 年斯里兰卡出口总额为 14.592 亿卢比,进口总额 11.27 亿卢比。政府的财政又出现了盈余。

总的来讲,1948—1956 年期间,斯里兰卡在经济方面与殖民地时期相比,变化不大。尽管经济形势总体上讲还是好的,但是国民经济占主导地位的还是种植园经济,政府没有采取有效的措施来改变殖民地时期形成的单一的种植园经济结构,而实行的是自由主义政策。国家经济的发展严重受国际市场种植园作物价格变化的影响。为维持大规模的社会福利政策,大量的资金用于补贴大米,结果政府在工农业投资方面严重不足。政府在经济发展上缺乏明确的计划,投资乏力,经济发展后劲不足。这是这一阶段斯里兰卡经济发展的主要特点。

作者点评

与南亚其他国家相比,斯里兰卡政权的移交是较为平稳、和平的。英国殖民统治晚期,殖民政府面对的一个问题就是需要选择由谁来接替他们的统治。以 D.S.森纳那亚克为代表的统一国民党内有一大批本地"精英",他们都出生于 19 世纪后期,接受了完整的英语教育,基本上在英国留过学,对英国文化有强烈的归属感,同时在斯里兰卡有强烈的精英意识。由这样一个群体来进行权力交接,自然会更平稳。独立后的斯里兰卡沿袭了殖民地时期的政治制度,连宪法也只是把英国当局制定的《索尔伯里宪法》略作修改,当成斯里兰卡独立后的首部宪法。当时的斯里兰卡已经建立了议会制度,但是左翼的政治派别和民族主义者都不愿意联合起来形成反对派。因而统一国民党在斯里兰卡独立后上台执政几乎没有受到什么阻碍。在独立后最初几年,英国人所建立的结构并没有受到触动,只不过是内部略作调整而已。斯里兰卡的社会经济秩序几乎没有经过什么转折或者停顿,整个国家继续按部就班向前推进。独立以后,政府所实行的大都是殖民地时期的政策,整个社会动荡极少,争取独立的成本也很小。

第五章

寻找新国家的特色（1956—1977 年）

1956 年人民联合阵线取得大选胜利，这是斯里兰卡独立后政局发展的分界线，这次大选被认为是斯里兰卡社会革命的序幕和起点。人民联合阵线政府改变了统一国民党政府所实行的政策，开始寻找新国家的发展特色。从这时候起，人们开始放弃斯里兰卡独立后曾经被普遍接受的那种秩序，开始抛弃殖民地时期的遗产。一位历史学家对此作了这样的论述："截至 1956 年，最有影响的受过英式教育的知识阶层被推翻了，取而代之的是受过僧伽罗教育的知识阶层。"

第一节 政治发展道路的变化

1956 年以后的 21 年时间里，斯里兰卡自由党在政坛占据主导地位。1956 年大选所带来的社会后果是：从此以后，农村群众和僧伽罗传统知识界开始与政治权力的现实有了纠葛。民族和宗教激情得以释放，出现了一种把国家严格地和僧伽罗佛教徒等同起来的倾向。僧伽罗佛教派别开始走上政治舞台，并对斯里兰卡政局产生很大影响。

1956 年 2 月 4 日是斯里兰卡独立纪念日，这一天斯里兰卡成立了两个具有民族色彩的组织，一个是比丘联合阵线（The Eksath Bhikkshu Peramuna），另一个是由僧伽罗学校教师组成的语言阵线（Bhasa Peramuna）。这两个组织以及其他团体都在积极活动，对统一国民党大举进攻。到斯里兰卡自由党获胜时，其领袖便不得不放弃其原来的锡兰语言问题的纲领，并决定它的语言政策是要把僧伽罗语规定为官方正式语言，同时把泰米尔语作为一种适当的语言。新政府上台后的第二天，斯里兰卡议会通过语言法案（*Official*

Language Act No.33 of 1956），规定僧伽罗语为全岛唯一的官方语言。为此，政府建立了一个文化事务部和一个独立的官方语言事务局。斯里兰卡传统的医药学院又重新建立起来，政府还建立了一个管理传统医生的中央机构，以便让传统的医疗体制在全国卫生系统中得到"正确的"安排。两个首要的僧伽罗佛学研究中心被授予大学地位。

1956 年的大选还使某些新的社会力量得到解放，广大中下层群众对政治的影响越来越大，民族主义感情开始大规模释放。1956 年以后的各届政府都不得不较多地响应这些农村和城市地区新阶层人士的意见。政府的各项政策再也不能按照某种预定的定型化道路前进。相反，各项政策大都要按当时当地的情况制定，从实用效果考虑。

人民联合阵线政府上台之后，试图摆脱统一国民党政府所实行的方针政策，寻找新国家的发展特色。当然，这种改变并不是革命性的，被赶出权力中心的统一国民党还拥有一大批追随者，英国人所建造的这栋房屋并未被拆除。由于新政府的拥护者提出了种种要求，旧结构的内部才逐渐实行了改革。

因此，除了其语言政策以外，人民联合阵线政府还在维护国家主权和独立，清除殖民主义残余方面做了大量工作。这些工作主要包括：

（1）收回英军军事基地。独立前夕，英国与斯里兰卡签订了一个《防御协定》（*Defence Agreement*），根据此协议，在斯里兰卡独立后英国将继续在斯里兰卡保持军事基地和驻扎军队。这些协议严重损害了斯里兰卡的独立和主权，遭到斯里兰卡政界和民众的反对。为了废除《防御协定》和收回英军的军事基地，1956 年 6 月起，斯里兰卡政府与英国政府就此问题进行了历时一年之久的谈判。最后，英国同意于 1957 年 10 月 15 日和 11 月 1 日将亭可马里海军基地和卡图纳亚克空军基地移交给斯里兰卡政府。协议签订后，英军遂撤出了这些军事基地。

（2）提高本国语言地位，发展民族文化艺术。文化侵略是殖民统治的重要的一部分。英国在斯里兰卡确立了自己的统治后，大力兴办教会学校，推行英语教育和英国文化，培养了一批能为英国效劳的"精英分子"。英语成为斯里兰卡的官方语言，而斯里兰卡人民使用的僧伽罗语和泰米尔语却降到了次要地位。受过英语教育的上层人士垄断了政府机关和几乎一切"白领"工作，他们待遇高，享有特权。随着斯里兰卡民族独立运动的发展，人们提出了提高本国语言地位的要求。1944 年，斯里兰卡国务会议曾决定以僧伽罗语和泰米尔语代替英语为官方语言，但这一决定没有付诸实施。1956 年 7 月，斯里兰卡议会通过了"僧伽罗语为唯一官方语言"的法案。该法案还包括了使用泰米尔语和英语的规定。迫于僧伽罗民族主义分子的压力，班达拉奈克后来又取消了这些规定。本国语运动的目的在于结束对多数斯里兰卡公民在经济和社会诸方面的歧视。当时全国只有不到 5% 的人讲英语，在所有政府机关、医院和警察局，在乡村法庭，如果没有翻译，一个平民无法表达他们的意见。这一法案得到了僧伽罗族的拥护，但是由于该法案没有确认泰米尔语的地位，引起泰米尔族的强烈反对和抵制。法案实施后，200 人到议会附近的加勒菲斯绿地（Galle Face Green）举行示威，在泰米尔人占多数的地区，则发生了各行各业的联合罢工，并造成民族冲突。僧伽罗暴徒袭击了泰米尔人，最严重的暴行发生在推行垦殖计划的加尔河地区，据估计，僧伽罗暴徒屠杀了 100—150 名泰米尔人。班达拉奈克只好推迟法案的实施，并试图承诺公平对待泰米尔人以争取泰米尔人的适度支持。但是这个法案毕竟打破了英国殖民者强加于斯里兰卡的英语为官方语言的不合理局面。

此外，斯里兰卡政府还没收了罗马天主教和新教教会开办的学校，并采取措施发展民族文化艺术。

（3）采取混合型经济政策，实行国有化。1956 年大选之前统一国民党政府实行自由放任政策，私人资本有很大发展，但是这两届政府与英国殖民者有千丝万缕的联系，代表买办资产阶级的利益，严重脱离本国广大人民群众。20 世纪 50 年代初期，斯里兰卡经济问题开始显露。由于人口急剧增加，40 年代中期开始的广泛的社会福利开支，使国家负担越来越严重，政府的自由化进口政策使国家外汇储备减少，知识分子失业现象越来越严重，1953 年政府宣布削减大米补贴，引起全国总罢工，杜德利·森纳那亚克下台。

1956 年以后，斯里兰卡政府的方针政策发生了巨大变化，开始抛弃原来的近于自由放任的经济原则，沿着一条混合型经济的道路运行，越来越强调国家对商业和生产部门的控制，开始实行国有化。同时，20 世纪 50 年代是整个世界社会主义迅速广泛传播和实践的时代。早在 20 世纪初期，一些斯里兰卡的青年学生就自发地组织学习马克思主义，成立了马克思主义政党——平等社会党。一些斯里兰卡佛教知识分子也认为，佛教与社会主义并不存在对立，究其终极目的和社会现实二者存在着共有的基本点。

社会主义学说的传播对斯里兰卡政府国内经济、社会政策的制定产生了很大影响。人民联合阵线在其竞选纲领中就倡议"将所有关乎国计民生的工业部门,包括外国所属的种植园、运输、银行、保险业收归国有"。1956 年班达拉奈克在竞选时提出了"宗教-民主社会主义"的设想,宣布自己是"民主主义者"和"社会主义者"。班达拉奈克总理曾宣称:"为了推行社会主义政策,我的政府将根据国家最大利益的最迫切的需要,及早采取措施,实行某些主要公共事业例如交通运输等方面的国有化。"

　　班达拉奈克曾经允诺把全部的重要行业实现国有化。从 1958 年开始,人民联合阵线政府接管了许多私营公司,对科伦坡港口、公共汽车运输实行了国有化,接管了这些企业的车辆、仓库和大部分工作人员。1961 年,斯里兰卡议会颁布《锡兰石油公司法》,接收了美、英三家石油公司在斯里兰卡的部分设备,对石油企业实行了国有化。面对美、英两国的巨大压力,斯里兰卡政府进行了必要的斗争。时任斯里兰卡总理班达拉奈克夫人庄严宣布"锡兰不准备为了取得援助而听命于资本主义国家"。斯里兰卡民众也举行了大规模的示威游行,抗议美国损害斯里兰卡独立和主权的帝国主义行径。在国有化方面,班达拉奈克夫人做得更多。她把斯里兰卡最大的商业银行(锡兰银行)、保险公司以及石油产品的进口与销售也国有化了。

　　1961 年,锡兰石油公司成立,1962 年开始营业,并使用了美英石油公司的某些零售加油站。1962 年,斯里兰卡政府把美国几个石油公司收归国有时,没有采取足够的措施予以补偿。随后美国总统肯尼迪根据有关法案,中止了对斯里兰卡的援助。1964 年,锡兰石油公司接管了所有国内石油和石油产品的分配权,使市场上的石油价格低于西方石油公司愿意出售的价格。1961 年,斯里兰卡政府将岛上最大的商业银行——斯里兰卡人开的锡兰银行收归国有,并创办了人民银行,它的分支机构遍及岛上各地,大大扩大了农村的便利。生活必需品的进口和分配则归供销合作社管理。1958 年,班达拉奈克政府颁布了粮食和农业部长菲力普·贡纳瓦德纳(Philp Gunawardane)制定的《谷物土地法案》(The Paddy Land Act),实行土地改革,规定了土地占有最高限额,旨在给耕作的农民使用耕地的保证,以鼓励农民改进耕作方法,让农业经营者取得安全保障。此后,国有化运动在斯里兰卡全国各地迅速展开。

　　需要说明的是,斯里兰卡的"社会主义"并不是科学社会主义学说,而是建立在佛教思想的基础上,将佛教民族主义和社会主义糅合在一起的佛教社会主义。佛教徒站在传统的立场上,将马克思主义和佛教思想进行比较,强调二者的共同之处,把佛教的教义和社会主义的某些原则等同,认为佛陀的教义里已经包含了社会主义的意识，"社会主义对僧侣来讲并不是什么新鲜的东西"，今天强调社会主义只不过是要利用"佛陀教义里社会主义意识来适应当代的潮流"。

社会主义得以在斯里兰卡传播和产生影响，很重要的原因是马克思主义对资本主义制度和资产阶级所作的强烈的批判，引起了遭受几百年殖民统治的国家和人民的共鸣，使这些国家的人民取得了共识。但是，斯里兰卡的佛教社会主义者接受马克思主义学说，或是替自己的传统民族宗教思想寻找共同处，或是顺应历史时代潮流而为，而不是真正接受了马克思主义。尽管他们对地主阶级、资产阶级做过一些限制，但这并不是要推翻资产阶级，建立无产阶级专政。所以他们反对阶级斗争，独立后的历届政府仍然保护国内资产阶级利益，对国内各阶层人民的划分是以宗教的观点，而不是以阶级的方法来进行的。

从 20 世纪 50 年代初期至 70 年代中期，斯里兰卡政府的一系列国有化措施，把交通运输、港口、保险业、种植园等收归国有；大力发展国营企业，把重要的工业和对外贸易都置于国营公司的统管之下，还实行土地改革，规定土地占有的最高限额。这些国有化措施，对于打破外国资本的垄断，发展民族经济有一定的进步意义。但是由于改革步子太快，后续措施又跟不上，也带来了消极后果：国营公司消耗了大量国家收入，但它们的效率很低，这是因为他们的种植水平低下，而且管理不善。这导致全国经济发展缓慢，生产所需的设备和原料短缺，人民生活必需品供不应求，国内失业人口大大增加。据斯里兰卡中央银行统计，1969 年，仅乡村地区的失业人数就达 30 万。其中 19—24 岁的失业者占整个失业人数的 64.8%。1970 年 5 月，斯里兰卡举行了第七届议会选举。自由党与兰卡平等党（Lanka Sama Samaja Party）、共产党签订了"共同纲领"，组成联合阵线。联合起来与统一国民党竞争，结果大获全胜。"联合阵线"以自由党为主体，三党执政，班达拉奈克夫人再次出任总理。

但是新政府解决问题的各种努力奏效甚微，加上政府在国内问题上实行的左倾主义路线，在外交上公开反对西方，从而减少了从西方得到援助的可能性。1971 年 3 月和 4 月，斯里兰卡终于爆发了一场大暴动。这场暴动是以切·格瓦拉为楷模的自称为马克思主义者的"人民解放阵线"发起并指挥的，其目的在于颠覆政府。这次暴动的主力是青年学生，即高中高年级学生和大学生，年龄在 16—25 岁之间。暴动还得到了政府和国营公司的雇员及部分佛教僧侣的同情。僧伽罗年轻人通过这场暴动表达了他们的敌意,泰米尔年轻人开始把建立"伊拉姆"(即在斯里兰卡岛建立一个泰米尔人的国家)作为他们的目标。这次暴动失败的原因是没有得到乡村农民或城市工人的实质性的支持。尽管暴动初期政府军遇到了一些困难,但后来很快得到英国、美国、印度,甚至苏联、南斯拉夫、巴基斯坦等国政府的支持,大暴动很快被政府镇压下去。这次大暴动是斯里兰卡历史上第一次大规模的青年人反对政府的暴乱,大暴动致使1 200人死亡、18 000名暴动分子及其同情者被捕入狱。同时大暴动还给斯里兰卡社会造成了巨大的破坏,斯里兰卡军队被迫扩充,武器装备在未来的几年也进行了更新,这些都加重了政府的负担,延缓了斯里兰卡经济的发展。这年(1971年)3月宣布的紧急法案直到1977年2月才解除。

联合阵线政府上台后推行的第一个重大措施是对斯里兰卡现行的宪法进行修改。

虽然根据1947年11月英国下院通过的《锡兰独立法》,斯里兰卡取得了自治领地位,但斯里兰卡独立后相当长时间里一直沿用英国殖民统治时期制定的宪法,国家元首是英国女王,由总督代表英王行使权利,最高法院的上诉案要由英国枢密院审理,因此斯里兰卡的政治独立还是不完善的、有限度的。

1956年斯里兰卡人民联合阵线政府上台后,班达拉奈克总理便试图修改宪法,使宪法能满足人民的需要。他指出:需要对现行宪法进行修订,以便使议员在立法过程中获得更多的参与权。1957年11月2日,在班达拉奈克的倡议下,议会成立了一个关于宪法改革问题的特别委员会,来筹划新宪法结构的基础。政府也提出了一个关于修改宪法、成立共和国的动议。但是由于政局不稳,这项工作推进缓慢。1965—1970年间,斯里兰卡各个政党认为其宪法应当有较大变化。联合阵线更是认为不应只对《索尔伯里宪法》进行修修补补,在《索尔伯里宪法》之下,斯里兰卡议会没有完全的主权。

因此,1970年人民联合阵线政府再次上台之后,斯里兰卡政府即着手制定新宪法和成立共和国的准备工作,任命了制宪部长,成立了内阁制宪小组委员会,把众议院改为制宪议会,并开始起草宪法。斯里兰卡自由党的社会主义派别是僧伽罗政治势力中最占优势的一派。这个集团大部分成员受过英语教育,所以他们更愿意把西方民主主义思想与佛教的原理结合起来。

1972年,锡兰制宪会议通过了新宪法,决定成立"自由、独立、自主"的共和国,并把国名"锡兰"改为"斯里兰卡",明确提出了国家政策的基本原则,即主张在斯里兰卡建立一个"社会主义政体",消灭"经济和社会特权、收入不均等和剥削现象"。宪法允诺保证所有成年公民充分就业,在公民中均等分配社会产品;发展集体或合作的所有权体制等。在斯里兰卡共和国的成立仪式上,西丽玛·班达拉奈克夫人就任斯里兰卡共和国第一任总理,威廉·高伯拉瓦(William Gopallawa)担任斯里兰卡共和国第一任总统。总统府降下了英国女王的旗帜,升起斯里兰卡总统旗帜。从此结束了 24 年英国自治领地位。

1972 年宪法实现了斯里兰卡人民以一部本土宪法取代殖民者强加的《索尔伯里宪法》的夙愿。这部新宪法调整了一些既成的惯例,废除了一些被认为有害于顺利行使政府职能、顺利推行民意的内容,在其他方面还是保留了前一部宪法的许多特色。虽然一院制的国民大会(NSA)取代了议会,但是议会民主制的框架仍然得到保留。其主要变化在于增加了政府采取行动时不受宪法约束的权力,引进了社会主义条款,而且为僧伽罗语和佛教的优越地位提供了宪法依据。斯里兰卡人认为这是人民所选出的代表努力的结果,因而是本土产品。

新宪法的第二章宣布,"斯里兰卡共和国应当给佛教以最优先的地位,因此保护和促进佛教的发展是国家的责任"。宪法正式规定僧伽罗语为唯一的官方语言,把原来议会通过的泰米尔语(特别规定)法案列为附属立法,并立即取消了前一部宪法中旨在保护少数民族的第 29 条。这样,斯里兰卡自由党自 1956 年便向僧伽罗佛教徒民族主义者做出的承诺得到兑现,这一规定受到了泰米尔人的强烈反对,他们宣布 5 月 22 日为"国丧日"。在此之前,政府在教育政策上采取有利于僧伽罗人的大学招生标准分数线和按地区分配大学入学名额等措施,进一步激化了民族矛盾。1975 年 5 月,泰米尔联合阵线召开大会,通过了建立泰米尔国的决议,同时,改泰米尔联合阵线为泰米尔联合解放阵线。从此以后,斯里兰卡的种族问题便愈演愈烈,一发不可收拾。民族问题成了影响斯里兰卡稳定、发展的一个无法解决的障碍,严重推迟了斯里兰卡现代化的进程。

新宪法废除了原来的总督,规定总统是国家元首,并对总统地位的规定作了修改,总统由总理提名,而非由直接选举或非直接选举产生。其权力要比《索尔伯里宪法》下总督的权力小。新宪法还扩大了内阁的权力。选区划分体制仍然偏向农村和人口分散的地区。两部宪法之间明显的区别是:

1972 年宪法规定议会为一院制,由 196 名议员组成;明确废除了原来或明或暗存在的分权体制,虽然仍规定了行政、立法和司法三大职能的划分,但一切权力都集中于国民议会(National State Assembly),国民议会任期 6 年。新宪法还成立了宪法法院,其职责是作为顾问,参加国民议会的立法,裁决某项立法是否违宪。宪法法院由总统根据总理的提议,任命 5 位法官组成,任期 4 年,且一旦任命,不得罢免。

新宪法取消了公共服务委员会和司法委员会这两个限制政治家任免权的机构。它要求所有的法律要由国民大会通过才能生效或废止,并且不受司法审查,以此来加强立法机关的权威。公务人员的管理工作由国家公务谘议局和国家公务纪律检查局负责。其中重要事项,由内阁各部长掌握控制权。中下层司法人员由司法谘议局和司法纪律检查局负责管理。法官独立审判,宪法有专门条文加以规定。这样公务员和司法系统都处于政治的控制之下。

1972 年宪法的颁布,标志着斯里兰卡人民在清除殖民主义残余、维护民族独立的斗争中取得了具有重要意义的新胜利,也是斯里兰卡寻求自己新的发展道路的一个尝试,具有重大的历史意义。因此,斯里兰卡共和国首任总理班达拉奈克夫人在谈到斯里兰卡共和国成立的重大意义时指出:斯里兰卡人民长期以来具有摆脱外国干涉的愿望,建立一个自由、自主和独立的共和国就是满足人民的这一愿望。但是光满足于成立共和国还不够,斯里兰卡还有种种问题要解决,要发展自己的国家。

新宪法的颁布,虽然对斯里兰卡来说,是其寻求新国家发展特色的一大尝试,是斯里兰卡在政治现代化方面的一大进步。但是,新宪法的实行,使斯里兰卡政府在民族问题上走得更远,这为日后持续不断的民族冲突埋下了隐患。最终,冲突演变成了全面的内战。

在新宪法之外,斯里兰卡政府还在全国建立了复杂的机构网络,以便使民众参加民主管理。如建立部门发展委员会(Divisional Development Councils)、工人委员会(Worker's Councils)、政府机关顾问委员会(Advisory Committees)、各地区建立的人民委员会(People's Committees)等。班达拉奈克夫人建立人民委员会的目的有几个方面:(1)与政府部门合作,以合理的价格有效地分配公共产品;(2)阻止商人的剥削行为;(3)作为民众与政府间的桥梁;(4)与腐败、渎职、违纪、叛国行为斗争;(5)就促进人民福利措施向政府提出建议。这些机构有的令人满意,但有的妨碍行政工作的顺利进行,变成了腐化的工具。

人民联合阵线政府采取的第二个重大措施是"土地改革"。

1971年的大暴动虽然很快被政府镇压,但是这一事件影响深远,它促使政府进一步加速实行国有化政策,更注意实行分配的均等和社会福利政策。为此,政府在1972年颁布《土地改革法》(*Land Reform Law of 1972*),对土地占有规定最高限额,以改善佃、雇农地位,缓和农村阶级矛盾。规定个人占有稻田不得超过25英亩,其他土地不得超过50英亩。法案还规定所有者可以将这些数量置于他的每一位家庭成员的名下。剩余土地由土地改革委员会接管,该委员会有权将土地再次分配。只有一小部分土地分给了无地农民。其中绝大多数土地成为宅基地。1975年斯里兰卡实行《土地改革修正法》,把全部的外国和部分国内私人经济作物种植园收归国有。土地改革委员会控制了41.5万英亩的种植园土地(29.2万英亩茶叶种植园,11万英亩橡胶种植园,1.3万英亩椰子和其他木本作物种植园),很多外国种植园主已经将他们的财产出售给本地投资者,这标志着外国种植园产权的终结。这在斯里兰卡现代化进程中起到了重要作用。

国有化给国家带来了沉重的经济负担。首先,国家补偿收归国有的土地所有者需要一大笔资金;其次,国家要承受由于国有种植园公司高度政治化和管理不善带来的生产下降的损失。1975年以后,随着种植园管理成本上升,国际市场价格下降,种植园作物的生产和出口在斯里兰卡国民经济中所占比重开始下降。同时,种植园国有化还使得很多种植园泰米尔人不得不另谋生路。

国家对工商业也加强了控制,国营经济得到加强和发展。但是由于经济政策失误,国家对经济各部门干预太多,控制过死,进出口贸易限制过严,此后,又由于工商业企业管理不善,加上单一出口经济所固有的一系列问题,致使国民经济发展迟缓,通货膨胀严重,物价大幅上涨,失业问题越来越突出。

人民联合阵线政府也并不稳定,在其执政期间曾经几次发生分裂。1975年5月,兰卡平等社会党在国有化政策等方面同自由党发生分歧,从人民联合阵线分离出去;1977年2月,斯里兰卡共产党退出人民联合阵线;同时,斯里兰卡自由党内部也不断有人辞去部长职务。这直接导致人民联合阵线政府的垮台。1977年7月斯里兰卡举行了第八届议会选举,结果统一国民党在168个议席中获得140席,以压倒性多数取胜,党的主席朱厄厄斯·理查德·贾亚瓦德纳(J. R. Jayawardene)担任总理。自由党仅获得9个议席。斯里兰卡的历史发展进入第三个时期,即调整发展方向阶段。

第二节　经济发展道路的探索

独立以来,斯里兰卡历届政府一直努力发展多种经济,并探索适合本国情况的经济发展道路。1956 年以后,斯里兰卡政府放弃了独立初期那种自由放任的政策,开始对经济发展进行国家调控,实行了国有化政策,努力摆脱殖民地时期经济发展模式的束缚,寻找适合斯里兰卡本身经济发展的道路。

一、进口替代战略

所谓进口替代战略,就是通过建立和发展本国制造业和其他工业,替代过去的制成品进口,以带动经济增长,实现国家的工业化。实施这一战略的直接目的之一,是企图通过进口替代,纠正过去长期存在的对外贸易逆差,解决国际收支不平衡的问题。20 世纪 50 年代,发展中国家实现国家工业化,一般都从实施进口替代战略开始。斯里兰卡同样如此。50—70 年代,斯里兰卡实行了进口替代政策,严格控制进口,实行外汇管制,凭进口许可证配给外汇。

独立初期,外国私人资本仍然控制着斯里兰卡的资本部门,它们通过掌握公司的股票控制斯里兰卡国内生产活动,把剥削来的大部分资金汇往国外,留在当地的资金所剩无几。而斯里兰卡本国私人资本基础比较薄弱,发展和积累缓慢,重商倾向严重,投资主要集中在种植园商业和服务业。

在斯里兰卡独立后的第一个 10 年,斯里兰卡统一国民党政府没有立刻改变殖民主义遗留下来的经济结构,也不愿触动外国资本家的利益,政府中许多要员曾在殖民政府中做过高官,他们都接受过良好的英语教育,不仅与英国殖民者有着千丝万缕的联系,而且从后者身上学习到管理国家的经验,所以这一时期斯里兰卡政府的经济发展战略是维持现状,依靠与西方国家保持良好的关系,稳步地发展国民经济。因此,斯里兰卡政府执行的经济政策基本上是斯里兰卡政治家们在 20 世纪 30 年代和 40 年代就形成的经济政策,与独立前殖民政府时期没有多大不同。

独立后的头几年,斯里兰卡政府采取了鼓励农业生产的措施,发展多种经营。对农业和种植业的投资一般约占全部投资的 40%。在工业方面,采取自由开放政策,忽视本国工业的发展。工业方面的投资只有 5%。1948 年至 1960 年,出口商品价格断断续续地维持了当时虚假的繁荣。这一时期恰逢朝鲜战争爆发,国际市场上初级产品涨价,特别是橡胶的价格飞涨,出口产品增加,给斯里兰卡经济带来了繁荣。这一时期斯里兰卡的经济相对而言还算健康。政府预算和公共开支占国内生产总值的 16%,国家外汇大量结余,当时斯里兰卡外汇储备足够维持国家整整一年的进口。这使得政府有能力继续实行适于殖民政府时期的免费教育、免费医疗和粮食补贴等福利措施,使人民的生活保持在较高水平。就购买力而言,1948 年至 1960 年,斯里兰卡国民收入平均水平仍高于泰国和韩国,位居东南亚诸国第一名。

20 世纪 50 年代初期,斯里兰卡采取自由贸易政策,对进出口商品没有限制。但是到了 50 年代下半期,由于国际市场上初级产品价格经常下跌,发展中国家的贸易条件不断恶化。斯里兰卡也难逃厄运,贸易条件(设 1978 年为 100 作基准)从 1955 年的 203 下降到 1965 年的 142;国际贸易平衡从 1954 年至 1956 年的出超变为 1957 年的入超。

不利的国际经济环境使单一经济体制的斯里兰卡严重依赖国际市场的弊端越来越突出。而随着国内人口不断增长,政府用于粮食补贴的费用日益增加,对粮食和日用品的需求越来越多,严重依靠进口的国内市场把进口推向了难以控制的高峰。1955—1959 年,斯里兰卡出口下降了 6%,进口上升了 32%。

不断扩大的国际贸易逆差使斯里兰卡的外汇储备迅速下降,引起斯里兰卡政府的忧虑。斯里兰卡政府意识到由于忽视发展工业,从食品、布匹到几乎所有的工业品都依靠进口,三大传统出口商品的收入已不够支付进口的账单,国际收支赤字严重。这一局面迫使政府在制定国内经济政策时不得不优先考虑平衡国际收入的对策。从此斯里兰卡步印度和巴基斯坦等国的后尘,实施了进口替代战略,对进口实行限制。

20 世纪 60 年代,日益严重的贸易失衡使政府不得不对进口实行严格的管制,这些措施被称为“进口替代战略”。限制进口的目的在于保护稚嫩的进口替代工业,并减少对非必需品定额消费品如加工过的食品、饮料、卷烟、电器和摩托车的进口,进而促进国内农业和工业的发展。进口替代政策包括工业和农业两个方面。

进口替代方针在当时具有很大的合理性,它是改变斯里兰卡单一种植园经济结构所必需的。从 1959 年至 1968 年斯里兰卡政府的十年投资计划可以看出其发展的重点。政府对工业的投资占其总投资的 24%,农业占 23%,而前一届政府的六年经济计划对工业的投资为 4.4%。由此可以看出,斯里兰卡政府的国内经济发展战略是发展国家资本,建立面向国内市场的替代进口工业,以此带动整个国民经济的发展。

在农业方面,政府集中精力致力于提高小农的稻米产量。

由于长期殖民统治而形成的单一种植园经济,斯里兰卡对主要食品大米的 75% 靠进口,粮食进口是斯里兰卡最大的进口项目。因此发展农业生产是斯里兰卡进口替代方针的内容之一。

斯里兰卡自然条件优越,但是农业生产技术普遍落后,基本上依赖人力和畜力,农机和化肥的使用还不普及,许多地区仍然沿袭古老落后的直播法,即把稻种直接播种在潮湿的土地上;发芽后,再往田里灌水;稻谷成熟后,把水排出,进行收割。这期间既不除草,也不追肥,因此斯里兰卡水稻的单位产量很低。

斯里兰卡的经济之所以长期处于困境,还在于它的人口增长。其增长率与亚洲其他国家相比非常高,而这个国家的资源却难以维持这样的增长。1946—1953 年,斯里兰卡的人口从 670 万上升到 810 万。而到了 1963 年,斯里兰卡人口增长到 1 060 万,1973 年更增长到 1 280 万人。同时,这 1 280 万人口中,有 60% 的人集中在西南部的扇形地区。而全国未开发的耕地 80% 集中在干旱地区。为促进本国农业的发展,从 1948 年起,政府就开始向北方干旱地区移民垦荒。到 1966 年,有 12 000 个家庭移居到了干旱地区,总投资达 9.1 亿卢比。

为促进农业发展,政府还在北方兴修水利工程,扩大灌溉面积。其中最重要的项目就是马哈韦利河(Mahaweli River)水利工程。

马哈韦利河长 300 公里,发源于中部海拔 1 800 米的山区,奔流直下,穿过无数峡谷,蜿蜒向东北方向流去,最后在亭可马里倾入浩瀚的印度洋。每年 4 月,西南季风来临,沿岸山谷中汇集大量雨水注入河中,平静的马哈韦利河立即变得凶猛异常,湍急地流向大海。这时,北部离河岸 40 公里的地方却因缺水,土地干涸。因此,开发马哈韦利河,对于发展斯里兰卡农业意义重大。

独立后,斯里兰卡政府开始考虑开发马哈韦利河,曾先后请美国、加拿大等国以及联合国开发计划署、世界粮农组织等机构派出专家进行考察。1958

年,斯里兰卡政府正式决定开发马哈韦利河,并制订了《马哈韦利河改道计划》,计划灌溉65.4万英亩以前干旱的耕地,进一步改善23.6万英亩可灌溉耕地的灌溉条件,水力发电装机容量50.7万千瓦,发电能力为20.37亿千瓦时。工程总投资高达67亿卢比。为此,斯里兰卡政府专门成立了"马哈韦利发展委员会",于1970年举行了马哈韦利河水利工程开工仪式。1977年一期工程完成,新增灌溉面积9.1万英亩,使13.4万英亩土地改善了灌溉条件,并安置了大批农户。土改计划实行后,新垦土地32.5万英亩。1977年统一国民党政府执政后,斯里兰卡政府又制订了《加速发展马哈韦利工程计划》,统一国民党政府承诺,将会在6年内落实1968年提出的30年整体发展项目,最初计划是提议灌溉65.4万英亩土地,并安置150万人。这一计划几经缩水,直到1988年才完成,它包括建设4座主坝,另有1座大坝用于水力发电,拥有400兆瓦装机容量。

发展农业、增加粮食产量是斯里兰卡历届政府的重要目标。20世纪60年代,为对付全球性的粮食短缺,斯里兰卡政府推广"绿色革命"运动,70年代又发起"粮食生产运动",以期大幅度提高粮食产量。为达到这一目标,斯里兰卡政府制订了《1966—1970年农业发展方案》,该方案目标是将水稻的产量从1964年的5 000万蒲式耳提高到1970年的7 000万蒲式耳,5年内增产40%。

为实现这一目标,斯里兰卡政府采取了一系列措施,主要有:(1)培育高产种子。政府制订的《水稻种子发展方案》,计划将培育优质种子数量从8万蒲式耳提高到20万蒲式耳。并且以低于成本的价格出售给农民,每蒲式耳政府补贴2卢比。(2)增加化肥施用量。政府大力支持增加化肥施用量,计划将化肥施用量从6万吨增加到15万吨,并且对购买化肥的农户给予50%补贴。(3)使用拖拉机和其他农业机械。20世纪60年代中期,斯里兰卡水稻生产技术仍然很落后,主要依靠水牛进行耕种。为此政府决定大幅度增加拖拉机和其他农机的使用。从1966年到1970年,斯里兰卡政府进口了5 847辆四轮拖拉机、3 249辆两轮拖拉机。共耗资7 000万卢比。(4)发放农业信贷,支持农业生产。当价格下跌时,政府的价格保护机制为农户的农产品提供市场。绿色革命的成效是巨大的。在《1966—1970年农业发展方案》实施的过程中,斯里兰卡的稻米产量提高了55%。

1966—1970 年稻米生产的目标与成就　　（单位:百万蒲式耳）

年　份	目　标	成　就
1966—1967	53.35	54.96
1967—1968	61.45	64.59
1968—1969	71.34	65.86
1969—1970	74.97	77.00

　　资料来源:萨奇·庞纳姆巴拉姆《危机中的依附资本主义,斯里兰卡经济——1948—1980》,译德出版社,1981 年,第 66 页。

　　政府还采取措施,努力改变农业结构。1958 年,斯里兰卡政府公布了《稻田法》,以改变传统的租佃关系,减少地租。此项法律对私有土地实行限额,土地占有情况有所改变,在一定程度上解决了无地农民的困难。加上其他鼓励农耕的办法,稻谷生产发展较快,6 年内产量增加了 78%。

斯里兰卡稻田

　　应该说,斯里兰卡农业替代进口方针起到了预期的效果。由于政府的各项政策,大大促进了斯里兰卡农业生产,农业产量大大提高。1950—1982年,斯里兰卡的稻米生产以每年 4.3% 的速度增长,稻米的自给率从 25% 提高到 90%,尽管这期间斯里兰卡的人口以每年 2.2%的速度增长。1977 年,斯里兰卡粮食产量已经达到 8 000 万蒲式耳,1980 年突破 1 亿蒲式耳,1985 年达到 1.85 亿蒲式耳。基本上实现了粮食自给。而且,农业发展方案的实施还提高了农业落后地区的农业生产率,增加了农民的收入,保证了政府战略方针的实施。事实证明,斯里兰卡政府的这些政策在促进进口替代产业化进程中发挥了巨大作用。这也是发展中国家依赖粮食进口养活本国人民时,解决外汇不足的唯一出路。

进口替代方针在工业方面的体现则是努力发展本国的工业,减少进口。政府首先发展一些国有企业,从事建立在国内原料基础上的工业生产。

为发展本国工业,从 1957 年到 1959 年,斯里兰卡政府相续建立了一些工业企业,生产鞋、皮革、氯气、棉纱、食糖、砖瓦、硬纸板等商品。此后,斯里兰卡政府又把钢铁、化肥、制糖、纺织等工业部门列为国家的重要工业,规定它们必须由国家投资、建设和经营,政府还成立了 20 多家国家工业公司经营这些工业。到 1970 年末,斯里兰卡在 40 个制造业部门中建立了大规模的资本密集型企业。私营企业仍在限制之列。政府允许私营企业部门只能从事"半必需品和奢侈消费品",如食品、卷烟、药品、牙刷、手电电池、墨水、鞋袜、缝纫机等商品。斯里兰卡原本缺乏工业基础,私人资本极其微弱,在这样严格的限制下,私营企业只能得到有限的、低水平的发展。这对斯里兰卡经济发展十分不利。

斯里兰卡政府建立这些工业部门的出发点就是要落实进口替代政策。为保护这些工业部门,政府筑起了很高的关税壁垒,因而这些工业部门发展很快。由班达拉奈克任主席的国家计划会议曾经说:"工业化是解决锡兰增加工人就业和国家经济增长问题的办法。"但是其工业部门分布极不平衡,1974 年已建立的工业部门中,有 70%集中在科伦坡附近,其产值占整个工业的 90%。

进口替代战略及其所实行的相应政策,对斯里兰卡建立自己的民族工业,促进国民经济增长,起到了积极作用。

首先,由于有了一个有保护的、有利可图的市场,斯里兰卡本国的工业,特别是制造业得到了迅速增长。

其次,进口替代工业的实施,促进了国家经济结构的改造,过去那种单一的畸形种植园经济结构开始改变。这表现在国内生产总值中,工业特别是制造业的比重上升较快,而农业的比重相对下降。

但是,进口替代政策的实施,是以高成本、低水平发展为代价的。随着形势的发展,这一政策对斯里兰卡经济的阻碍作用越来越明显。

由于以替代进口为目的,斯里兰卡政府对工业的建立和经营都实行了保护政策,制造业受到了关税壁垒、汇率高估、外汇管制等措施的保护。外国资本、外国工业品的进入均遭到严格限制,只有被认为是"最必需的"才允许进口。国营贸易公司拒绝潜在的竞争对手获得进口资格,逐步形成行业垄断。出口受到了抑制,结果使斯里兰卡在茶叶、橡胶和可可等方面的优势严重丧失。20世纪60年代,斯里兰卡外汇紧缺,许多最必需的进口还在继续减少,或被征以高额关税加以抑制,斯里兰卡的工业水平难以提高,更谈不上具有国际竞争力了。

另一方面,斯里兰卡在建立工业时仍需进口资本品、中间品乃至普通零件,因此进口替代的近期目的——缓和国际收支赤字——也实现不了。尽管在那些年代,斯里兰卡先后建立了皮革、棉纺织、制鞋、制糖等消费品工业以及钢铁、水泥、化肥、造纸、石油化工等一些资本品工业和中间品工业,但进口替代的方针不能拓宽经济增长的路子。限制进口节约了外汇,但同时限制了生产所需的机器设备、中间产品和原材料的进口,既影响了工业生产,也影响了市场供应,而国内生产的工业产品质量差、成本高,在国际市场上没有竞争力。以橡胶公司为例,该公司由苏联人援建,除了苏联技术人员、零件和设备的开销外,还有非常多的外汇成本支出,该公司仅仅使用当地产的橡胶。最后该公司用于生产汽车轮胎支出的外汇比使用从新加坡或泰国进口的轮胎还要多。

另外,国家为了促进稻米生产,进行了大规模的基础设施投资,对于稻米的价格进行保护,这都花费了政府大量的资金,分散了投资,不利于经济健康发展。1974年2月,斯里兰卡政府颁布法令,在未获得许可和未对最高数量设限的情况下,禁止从事水稻和大米运输,这防止了农民或商人囤积大米,却推动了水稻供销社的垄断。

二、实行国有化政策

从20世纪60年代起,斯里兰卡政府开始实行国有化政策。1961年,斯里兰卡议会通过《锡兰石油公司法》,1962年5月斯里兰卡接管了美、英三家石油公司在斯里兰卡的部分设备。1970年大选获胜的人民联合阵线政府执行了大规模的国有化政策,私人资本受到限制,外国资本锐减。1972年公布的《土地改革法》,把私人占有土地限制在最多50英亩,使茶叶种植面积的62%归国家所有。政府在限制私人资本的同时,还于70年代初接收了30家大众私营工业企业,这些被国有化的企业加上政府建立的国有企业,在制造业产值中占了 60%,而且又是重要工业,因此,对国民经济起着支配作用。到 1977 年,国营企业在制造业中的产值占 54%,国家资本在批发、零售、外贸、银行和保险方面也占主导地位。

国有化政策对于消除殖民主义残余,维护国家利益和发展民族经济具有积极意义。但由于政策上的失误,如国家对经济部门干预太多、控制过死等,经济增长速度缓慢。同时商品奇缺,物价上涨,产品成本高、质量差,工厂效益低、亏损严重。如 1974 年,斯里兰卡国有企业开工率仅为 60%,其中纺织业最低才 30%。钢铁、制糖、制奶业情况也类似。国有企业赢利低微。如 1975 年,政府对 25 家国家工业公司投资 29.65 亿卢比,获利才 6 900 万卢比,国家牛奶公司、油脂公司、渔业公司等连年都是亏损大户。经济状况的恶化使斯里兰卡的失业问题越来越严重,70 年代中期斯里兰卡的失业率高达 20%。其中很大一部分失业者是城市居民中受过教育的年轻人,仅 1977 年全国失业人口就高达 120 万。这种局面到 1977 年斯里兰卡经济改革后才有所改变。

作者点评

1956 年,以班达拉奈克为首的人民联合阵线取得选举胜利,改变了独立后斯里兰卡政治发展的模式。这次大选被认为是斯里兰卡社会革命的序幕和起点。人民联合阵线政府改变了统一国民党政府所实行的政策,开始寻找新的国家发展特色。从这时候起,人们开始放弃斯里兰卡独立后曾经被普遍接受的那种秩序,抛弃殖民地时期的遗产。在"僧伽罗语是唯一的官方语言"口号下,僧伽罗民众被广泛动员起来,僧伽罗人和泰米尔人两大民族的矛盾一步步加深。新政府上台后,采取了一系列措施,诸如收回英军军事基地、企业国有化等,但是这些措施使斯里兰卡与西方国家关系僵化,使国家经济发展陷入困境。1972 年宪法实现了斯里兰卡人以一部本土宪法取代殖民者强加的《索尔伯里宪法》的夙愿。"斯里兰卡共和国应当给佛教以最优先的地位,因此保护和促进佛教的发展是国家的责任",宪法正式规定僧伽罗语为唯一的官方语言,把原来议会通过的泰米尔语(特别规定)法案列为附属立法,并立即取消了前一部宪法中旨在保护少数民族的条款。新宪法的颁布,虽然对斯里兰卡来说,是其寻求新国家发展特色的一大尝试,是斯里兰卡在政治现代化方面的一大进步,但是,新宪法的实行,使斯里兰卡政府在民族问题上走得更远,这为日后持续不断的民族冲突埋下了隐患。

第六章

调整发展方向（1977 年以后）

斯里兰卡独立以来,其政府一直是按照英国模式来进行管理的:其实权由国会的总理掌握,投票选举制度采取一次投票即通过的制度(简单多数制度)。1977 年 7 月后的统一国民党政府总结了亚洲一些国家和地区经济飞速发展的经验,决定大量引进外资,实施导向型经济发展战略,以此带动整个国民经济的发展。它还宣布对内实行经济改革和对外实行自由开放政策,主要措施有:实行进口贸易自由化,废除外汇购买券制度,实行卢比汇率浮动制;减少福利支出,实行贫民食品券制度以代替不分贫富的食品补贴制度;取消对一些重要商品的价格限制;通过减免税收和优惠贷款鼓励和帮助私人企业发展;整顿亏损的国营企业,扩大企业自主权,使一些国营企业私有化,限制国营企业职工增加工资和严格限制工会活动等。政府实行经济改革和开放政策的目的在于减少政府对经济的干预,利用市场机制,努力促进私人经济的发展,以此创设令西方资本主义国家和金融机构满意的投资环境。

1977 年 7 月,斯里兰卡举行了第八届议会选举,统一国民党为大选作了充分的准备,取得了决定性的胜利,在 168 个议席中获得 140 席。斯里兰卡自由党仅获得 9 席。泰米尔联合解放阵线(TULF)获得 18 席,成为议会中最大的反对党。与 1956 年大选一样,1977 年大选在斯里兰卡历史上也具有划时代意义。

新上台的统一国民党政府开始进行国家政治经济体制的改革,调整了斯里兰卡的发展道路。此次统一国民党执政后,执行了一条完全不同于斯里兰卡自由党的政策,改变了过去奉行的自力更生和收入分配公平的原则,强调引进外资,鼓励经济增长政策。新政府从福利型转到追求发展型的经济路线,使斯里兰卡经济逐渐步入良性发展阶段,斯里兰卡历史开始进入调整发展方向时期。

第一节　政治、社会的改革

1970—1977 年间,斯里兰卡自由党联合政府执政以后,统一国民党秘密地进行了改组。长期以来,被讥讽为"叔侄党"的统一国民党不得不放弃其家族关系以及只代表富有阶级的形象,而以一个可以信赖的"群众党"的姿态出现。斯里兰卡自由党联合政府由于经济政策失败,国内经济发展缓慢,失业人数日益增加,物价上涨,消费品短缺,使民众的不满情绪与日俱增。

经济危机又与民族问题和政党扯皮相联系,导致斯里兰卡局势进一步动荡。如政府将资金、技术、工程等资源大量用于发展僧伽罗地区经济,忽视甚至限制泰米尔地区的发展,并在民族地区间竖立起各种障碍,严重阻碍国内统一市场的形成,造成相当数量的优秀泰米尔人才外流。在议会内,政党竞争十分激烈,相互扯皮,拿不出一个有效的经济发展方案,民众"不仅对政府无力控制官僚精英的腐败怨声载道,而且对自由党领导人提出的新法令唯恐避之不及"。

在严重的政治经济危机面前,1977 年大选如期而至。统一国民党东山再起的时机已经成熟。贾亚瓦德纳领导的统一国民党以绝对优势获胜,在总共有 168 个议会席位中占据了 140 席,自由党仅获得 9 个席位,而泰米尔联合解放阵线历史性地获得了 18 个席位,成为议会中的主要反对党。1977 年大选和 1956 年大选一样,具有里程碑意义,在这次议会大选中,获胜的政党获得超过半数的多数选票(50.9%),这在斯里兰卡历史上还是第一次。

独立以来,贾亚瓦德纳政府在斯里兰卡历史上掌握了最大的权力。贾亚瓦德纳和统一国民党首先提出了一个新的理论,即"一个强有力的行政体制更加适合于一个发展中国家的状况"。这一理论成了他的政府在 1978 年颁布宪法的理论基础。早在 1966 年,贾亚瓦德纳就已经明确表示,要解决斯里兰卡的问题,就要实行一个戴高乐主义式的方案,把拥有实权的总统和议会结合起来。他认为 1972 年宪法赋予议会的权力过大,因而应当进行改革。统一国民党政府重新上台后再次修改斯里兰卡宪法,着手改变政府的体制,实行总统制。

早在 1966 年 10 月,统一国民党领导人贾亚瓦德纳就曾明确表示要建立一个强有力的行政总统职位,以便不再遭受"议会的怪念头和幻想症"。统一国民党把 1972 年宪法视为对民主制度的威胁,因而加以反对。1978 年 2 月,贾亚瓦德纳政府修改了宪法,规定实行总统制(总统任期 6 年),大大加强了总统的权力。

议会还成立了制宪会议,负责新宪法的制定。1978 年 8 月 16 日,制宪议会颁布新宪法,改国名为斯里兰卡民主社会主义共和国(即斯里兰卡第二共和国),废除内阁制,实行总统制,贾亚瓦德纳改任总统,成为斯里兰卡第一任由选举产生的总统。1978 年宪法实际上是对 1972 年宪法的第二次修订,统一国民党的领袖,并没有努力去改变国家体制,变革的要求主要来自其同僚和反对派。

1978 年 9 月,新议会正式废除 1972 年宪法,颁布实施新宪法。与 1972 年宪法相比,新宪法有三个方面的特征:总统制、比例代表制和一系列对个人及少数民族的特殊保护制。

新宪法的第一个特征是加强了总统的权力。它规定以直接选举产生的总统为国家元首,确定实行总统制以保证行使权力的绝对需要。规定总统在其执政期间拥有广泛的权力。他是所有武装力量的总司令,有宣战和媾和的权力,他任命总理及其他各部部长,有权接管任何部长的工作或者免除其职务,有权任命所有最高法院大法官。同时议会有权弹劾总统的各种违法行为,包括叛国罪、贿赂、行为不检点和故意侵犯宪法。尽管弹劾程序有些麻烦。新宪法还加强了对总统及其所在党派的控制。规定如果议员辞职或者被驱逐出党,他的席位也将被剥夺。这项规定大大加强了党对其议会代表的控制。与法国总统不同,斯里兰卡总统不能颁布敕令。与美国总统不同,斯里兰卡总统不能否决法案。一旦总统提前解散议会,一年内,总统不能再次解散议会。斯里兰卡独立以来,一直实行英国式宪法,实权由总理掌握。实行总统制,使斯里兰卡有了一个强大而稳定的政府。行政上由总统负责的这种变化被认为是恰当的。其理由是,这个岛国为了迎接即将到来的政治与经济的变化需要一个强大而又稳定的政府。

新宪法的第二个特征是将选举的多数票原则改为比例代表制。废除过去的小选举区制,实行适当比例代表制。其理由是,旧的原则并不能代表属于不同种族和宗教的各类选民的不同政见。根据适当比例代表制,225 名议员从 22 个选区中选举产生。在以前,议会选举常常发生大幅摆动。这种选举方式使各种政治团体能在议会中获得更合适的比例,以此阻止总统所在的政党在议会占有压倒多数的比例。实行比例选举制，有助于平衡所有选民的代表权，尤其是少数种族的代表权。可以防止每次选举议会各派势力变化频繁，可以保证两大党都在议会中保持适当的席位，同时结束了斯里兰卡历次选举中，从一个政党更换为另一个政党的那种急剧变化。新宪法还改变了议会议员的角色，在此之前，议员们一直忙于服务选民和发展工作，但现在前一项工作受到削弱，因为现在的议员代表的是某个行政区而不是选民，后一项工作也被承担了广泛发展任务的省议会取而代之。这种选举制度也规定了一个最低限额，即全部选票的1/8，用于限制小党派候选人在某一地区当选。这意味着所有小的党派，特别是小的共产主义党派和泰米尔人政治组织可能失去进入政府的机会。而大的政党将可能长期占据斯里兰卡的政治舞台。这种新的选举制度成了泰米尔人分离主义运动迅速发展的一个重要原因。

按照新宪法的规定，宪法的修改，必须取得议会2/3多数同意。但是任何一个政党要想因修改宪法而获得2/3的多数票是绝对不可能的，因为在斯里兰卡，没有一个政党能在任何地方选举中获得将近2/3的选票，甚至统一国民党在1977年的选举中也只获得50.9%的比例。如果执政党不满意宪法，也不能对宪法进行修改。这种体制对确保国家政策的长期稳定，会起到很大作用，因而得到人们的欢迎。

新宪法的第三个特征是关注人民的基本权利以及少数民族的利益。许多基本权力如不受酷刑的自由，思想自由，平等受法律保护的自由，平等进入商店、旅馆、饭店和某些宗教圣地的自由，不被随意逮捕、侦查和惩罚的自由等，都不仅对公民保证，而且对所有人保证；宪法还保证所有在这个国家合法居住公民的言论、出版、结社、组织和加入工会的自由。宪法第17条规定，所有人都可以向最高法院求助，以保护他们的根本利益。为此，1981年政府还任命了一名调查官，汇报公共机构和雇主侵犯人们根本权利的情况。从这个标准来说，1978年宪法比1972年宪法要进步得多。

另外，为适应经济发展的需要，宪法中有外国资本受到保护的条款。依据新宪法的精神，作为经济政策，政府大幅度放宽了前政府所执行的各种限制，实行进口自由化，汇兑管理放宽，恢复自由市场，编制了国家预算，同时，借助各种税收上的优惠手段，力图吸引国外投资。

在语言政策上，虽然宪法规定僧伽罗语为官方语言，但将泰米尔语与僧伽罗语一起列为国语，议员或地方当局在议会履行职责或在地方执行公务时可使用国语中的任何一种，用两种语言接受教育以及在招募公务员考试中使用两种语言的权利也得到了保障,所以泰米尔语在东方省和北方省法庭中也可使用。在宗教问题上,该宪法规定斯里兰卡共和国给予佛教优先地位,同时规定每个人都有思想自由、信仰自由。

应该说,传统居住在僧伽罗人居住区的泰米尔人要求独立的迹象不明显,但是泰米尔人感到在使用本民族语言、接受教育和就业等方面的权利受到歧视。贾亚瓦德纳政府以调和的姿态,将泰米尔语确定为国语,即在主要的泰米尔人聚居区的政府机关和法院里使用的一种正式语言。但是,由于新宪法正式规定僧伽罗语为唯一官方语言,所以泰米尔人的不满情绪更为激烈,政府的这些和缓政策未能奏效。1978 年宪法中对少数民族权利维护的条款,很大程度上是泰米尔联合解放阵线与统一国民党政治谈判的结果。除此之外,政府还同意成立地区发展委员会,下放部分权力去促进少数民族地区的发展。然而,这一谈判最终却被暴力活动所破坏。

经过数年的持续不断的民族冲突之后,斯里兰卡政府在镇压泰米尔人分离活动的同时,采取了软硬兼施的政策,为此从 1983 年开始,斯里兰卡引入了几条重要的宪法修正案,第一次承认了民族多元论和地方分权原则。这就是第十三条修正案提出了地方分权的措施。第十六条修正案使泰米尔语也成为官方语言。同时,宪法第六条修正案禁止分离主义活动。

在进行宪法改革的同时,政府在行政管理体制方面也进行了一些改革。统一国民党政府提出了一项权力下放的计划,这项计划对于斯里兰卡地方政府结构来说是一个根本性的变革。此举给予泰米尔人以真正的区域自治权,根据 1980 年 8 月的开发委员会议案,统一国民党政府在全国 24 个县都设立了开发委员会。各开发委员会拥有在一些重要的地区征税和立法的权力,如对中小型企业、农业和住房征税。这种委员会的职权仅受到总统和国会的限制。

从此开始,斯里兰卡进入政治与经济的大变革时期。统一国民党政府除了修订宪法,改变国家政治体制以外,其政策方针也发生了一些变化。

首先是进行经济改革,推行自由贸易政策,大力吸引外资,促进斯里兰卡经济发展。

1956—1977 年,斯里兰卡社会主义呼声很高,马克思主义政党势力也比较大。对斯里兰卡政局发展有一定影响。斯里兰卡工人运动历史悠久,统一国民党政府上台后制定了一个严厉的法案,禁止国营企业罢工,取缔私营部门带有政治色彩的罢工,这在斯里兰卡是不多见的。政府对此辩解说,这个岛国的经济受不了具有破坏性的罢工。1980 年，当铁路系统的一次罢工发展成为全国性大罢工时，统一国民党政府则把它视为对其统治权力的严重挑衅，政府随即果断地解雇了几千名工人，以此而平息了罢工。这对斯里兰卡工会运动是一个严重的打击。因为以前的政府从未采取过这种手段对付一次罢工，这一行动在群众心目中留下了一个简单粗暴的形象。

1977 年以后，为适应国内政治经济政策的调整，斯里兰卡外交政策也做出调整。20 世纪 60 年代到 70 年代中期，除了大规模的国有化政策以外，在外交上，人民联合阵线政府执行了一条全方位外交路线，积极参与不结盟运动，并于 1976 年在科伦坡举行了第六届世界不结盟运动首脑会议，力图在国际事务中发挥作用。1977 年统一国民党政府上台后，斯里兰卡的外交政策发生了方向性的变化。贾亚瓦德纳政府执行了一条亲西方、亲资本主义并同情美国的外交路线。这种亲西方的立场，自然赢得了西方资本主义国家的支持。统一国民党政府在西方赢得了朋友。

新政府在进行政治经济改革的同时，试图缓解日益激烈的种族冲突。但是这一努力并没有取得多大成效。1977 年统一国民党政府执政后，取消了语言考试的分数标准化，实行以分数为基础，30% 择优录取，55% 按地区分配，另外 15% 照顾教育落后地区的办法。在语言问题上做出了一些让步。但是，在强大的僧伽罗民族主义面前，任何一届政府都不可能做出太大的妥协。1978 年宪法与其说是弥合了两大族群之间的鸿沟，不如说是加深了它们之间的不和。两大族群关系在 1978 年以后急剧恶化，正说明了这一点。民族政策上的失败直接导致了大规模的民族冲突。从 1977 年以后，斯里兰卡的民族冲突日趋激烈，最终走向内战，从而严重影响了斯里兰卡的稳定与发展。

应该说，斯里兰卡在政治现代化方面是有很大成绩的。与南亚其他国家相比，其政局相对稳定，人民可以得到充分的民主权利。但是正是由于这种选举制度，使得两大政党都不敢正确解决其国内存在的严重的民族问题。相反为了获得更多的选票，两大政党不惜迎合僧伽罗人狭隘的民族主义的要求，对泰米尔人进行种种限制，使得国内的民族问题逐渐升级。

第二节　经济发展道路的调整

独立以来，斯里兰卡政府饱受畸形的殖民地时期形成的单一种植园经济体系之苦,单一的种植园经济使得斯里兰卡每年都要进口大量的粮食。在独立以后的50年,为了建立独立自主的民族经济体系,斯里兰卡历届政府一直努力发展多种经济,并探索适合本国国情的经济发展道路。同时,也注意利用原有的种植园经济作物出口的优势,努力创汇,积累建设资金,提高人民生活水平。1977年以后,斯里兰卡政府进行了经济改革,调整了经济发展战略。经过多年努力,斯里兰卡的经济结构逐步发生了变化,农业在国民经济中所占的比重下降幅度较大,而制造业在国民经济中所占的比重不断上升,并且在后来超过了农业。

贾亚瓦德纳政府总结了亚洲一些国家和地区经济飞速发展的经验,试图纠正以前政府的偏差,决定大量引进外资,实施导向型经济发展战略,以此带动整个国民经济的发展。它还宣布对内实行经济改革和对外实行自由开放政策,减少政府对经济的干预,利用市场机制努力促进私人经济的发展。

一、种植园经济的发展及其困境

独立后,斯里兰卡仍然是一个农业国家。50%的劳动力受雇于农、林、渔业,10%的人就业于制造业,10%的人就业于零售业。其中以种植园经济尤为重要,种植园经济在斯里兰卡国民经济中占有举足轻重的地位。以经济改革的1977年为例,斯里兰卡的出口总收入中,茶叶、橡胶和椰子三大种植园经济作物占70%多,其余为工业品、宝石、小农经济作物等。大约有25%的劳动力在种植园里工作。进入20世纪80年代后,由于工业产品出口量有所增加,这三大产品出口收入下降到50%左右。

1984—1988年三大经济作物出口收入　　　（单位:百万卢比）

产品 ＼ 年份	1984	1985	1986	1986	1987
茶叶	15 772	11 916	9 205	10 594	12 269
橡胶	3 301	2 570	2 662	2 930	3 704
椰子	1 581	2 419	1 662	1 492	1 584

资料来源:《斯里兰卡国家统计手册》1989年,转引自赵定成《斯里兰卡的社会经济》,《南亚研究》1991年第1期。

因此独立后,斯里兰卡历届政府都十分重视种植园经济,努力改进种植技术,提高产量,为发展三大经济作物的种植,国家每年拨出相当一部分款项进行补贴。种植园的面积也有所扩大。

茶叶　斯里兰卡是世界上主要红茶生产国之一,有"红茶之国"的称号,产量仅次于印度,占世界第二位,也是世界上最大的红茶出口国之一,世界市场上约有 30% 的红茶来自斯里兰卡,为斯里兰卡贡献了将近 15% 的国内生产总值。独立 70 年以来,茶叶经济在斯里兰卡国民经济中占据着十分重要的地位,茶叶的产量、出口量,特别是国际市场上茶叶的价格行情和变化对斯里兰卡政府各个时期的经济政策具有巨大影响。

茶叶是斯里兰卡三大种植园经济作物中最重要的一项。一般产量的 90% 以上供外销。100 多年来,茶叶的出口始终是斯里兰卡最大的外汇来源,全国从事茶叶栽培、采摘、加工等工作的人数达 68 万,其出口值每年可达 10 亿卢比,大致相当于全国外汇收入的 60%,有关茶叶的税收,如出口税、公司税、所得税等,占政府财政收入的 18%。由此可见,茶叶在斯里兰卡国民经济中所占的地位是独一无二的。

斯里兰卡的茶叶种植园主要集中在该岛的中南部山区西侧的山坡上。由于一年两次的东北和西南季风的影响,这里的气候温暖湿润,非常适合茶叶的生长。茶叶的品种一般随着海拔高度的不同而各异。斯里兰卡的茶叶主要有三个品种:生长在海拔 600 米以下的山地和平原的称为低地茶,这种茶色美味浓,产量占茶叶总产量的 25%,种植面积占茶园面积的 27%;生长在海拔 600—1 200 米之间的称为中地茶,这种茶味道醇美,产量占 35%,种植面积占 41%;生长在 1 200 米以上的称为高地茶,高地茶产量占总产量的 40%,种植面积为 32%,高地茶具有特别的芳香,是茶叶中的珍品,尤其为世人所推崇。斯里兰卡的茶园面积一般比较大,超过 100 英亩的茶园占茶园总面积的 75%,小于 10 英亩的种植园只有 17.4%。面积较大的茶园一般都有自己的加工厂。茶园根据自己加工设备能力组织劳动力分期分批采茶,随采随加工。茶叶加工厂的机械设备较齐全,并且实现了标准化生产。从烘干、磨碎到装箱,形成流水作业,然后直接将茶叶成品运到科伦坡茶叶市场拍卖。

从 1955 年以来,政府采取了一系列措施来增加经济作物的产量。就茶叶而言,从 1955—1962 年,茶叶种植面积增加 4.4%,产量增加了 23%。独立初期,斯里兰卡的茶树树龄都比较大,一般都在 60—70 年以上,茶树衰老致使其产量低而且不稳定。1958 年,政府开始实行庞大的茶业复兴计划,对于翻种茶叶政府给予一定的补贴。规定面积超过 100 英亩的茶园,每亩补助

2 500 卢比,用于翻种那些茶园的土地。面积在 100 英亩以下的茶园,每亩补助 650 卢比。政府原计划到 1960 年翻种茶园 5 万—6 万英亩。到 1962 年,大约有 22 800 英亩的茶园得到了翻种。1963 年,政府增加了对翻种茶园的补贴,从每英亩 2 500 卢比增为 3 750 卢比。由于这些措施的实行,1965 年,斯里兰卡的茶叶产量达到了顶峰,总计达 5.03 亿磅。每英亩茶叶单产也从 1962 年的 790 磅增至 1968 年的 848 磅。1962 年,政府投资 1 200 万卢比实施橡胶园中套种茶树的计划,套种高产茶树达 8 000 英亩。1967 年开始,政府又对 100 英亩以下的小业主进行肥料补贴。政府向茶叶种植者提供减价化肥,茶园化肥施用量因而不断增加。

斯里兰卡茶叶种植面积增长缓慢,1950 年斯里兰卡全国茶园面积为 56 万英亩,到 1987 年止,茶园面积为 60 万英亩,增长率仅为 7.1%。茶园增长缓慢的主要原因是斯里兰卡独立时国内绝大部分适宜种植茶叶的土地已经被利用。1955 年以后,当国际市场茶叶价格偏低时,国际茶叶输出组织为了稳定茶叶价格,作了一系列规定,规定之一就是限制茶叶输出国种植面积。斯里兰卡政府认真执行了这一规定,不许随意扩大国内茶叶种植面积,新栽种的茶树只能在重新翻种的老茶园中进行。茶叶产量有所增长,但是很不稳定。而且几十年来茶园土壤有机肥不断减少,影响茶树生长的病虫害也时有发生。此外,除了一些人为的原因外,气候的变化无常也是严重影响斯里兰卡茶叶产量的重要因素。例如,1970 年的大旱灾使当年的茶叶减产 10%;1978 年风调雨顺,产量增长 10%;1984 年降雨量充足,当年产量又上升,创近 10 年的最高水平。

独立以来,斯里兰卡政府为了改变外资垄断经济命脉的局面,于 1972 年和 1975 年对茶叶种植园进行了两次大的改革。据统计,直到 20 世纪 70 年代初期,75% 的茶园为外国人所有。1972 年和 1975 年,斯里兰卡先后实行两次土地改革,在前一次改革中,斯里兰卡政府从本地人手中收回茶园 14 万英亩,占总茶园面积的 23%。在后一次改革中,政府把所有外国公司所属的茶园收归国有,总计达 23.8 万英亩。通过这两次改革,使政府拥有的茶园占全国茶园总面积的 63%,橡胶园的 32% 以及椰子园的 10%。为此,政府成立了人民地产开发局(Janatha Estate Development Board, JEDB)和斯里兰卡国家种植园公司(Sri Lanka State Plantation Corporation, SLSPC)两个国营企业来接管这些茶园和加工厂等;然而经营业绩并不理想。1977 年以后,由斯里兰卡国家种植园委员会直接管理茶叶的生产和出口。

　　斯里兰卡的茶叶主要供出口，因而严重依赖国际市场。从 20 世纪 50 年代中期开始，国际市场上的茶叶价格下降且价格不稳定。斯里兰卡茶叶出口受到了沉重的打击，导致国内经济衰退。这时尽管斯里兰卡的茶叶出口量增加，但是收入却没有增加。随着国内人口迅速增加，缓慢增长的粮食产量满足不了人们的需要，食品和日用品进口不断增加，外贸出现逆差，并且逐年加剧，外汇储备迅速下降。20 世纪 70 年代，斯里兰卡政府有计划地改变了外资垄断茶叶销售权的状况。1972 年，政府成立了"国家贸易公司"，经营与本国建立双边贸易协定的国家的全部茶叶出口业务。同年又成立了"国家茶叶贸易公司"，控制了每年销售量达 4 000 万磅茶叶的国内市场。

　　1977 年统一国民党政府执政以来，十分重视茶叶的发展，并且公布了一系列鼓励茶叶发展的措施，加强了对老茶园的更新投资。而且由于政府开放的经济政策，深得西方资本主义国家的赞赏，大批外援源源不断流入斯里兰卡，不仅使政府对茶叶生产的投资有了充足的来源，也使斯里兰卡外贸赤字得以缓和。进入 20 世纪 80 年代，国际市场的茶叶价格开始上升，除了 1985 年以外，从 1983 年至 1988 年初，茶叶价格大幅上升，从而激发了斯里兰卡政府和茶园主种茶的积极性。1985 年，斯里兰卡的茶叶产量一度超过印度，成为世界第一大茶叶出口国。

　　出于过于庞大的国有企业治理难等方面的原因，人民地产开发局和斯里兰卡国家种植园公司两大企业经营业绩并不理想。为此，1992 年，斯里兰卡财政部成立了种植业产权改革处（Plantation Restructuring Unit），开始茶场产权制度改革。该项改革可分两个阶段，即 1992 年经营权私有化和 1995 年的资产所有权私有化。在改革之初的 1992 年，根据地区分布特点，成立了22 个国有区域性资产经营公司，将原属于人民地产开发局和斯里兰卡国家种植园公司管理的 502 个茶场（其中 53 个茶场因不适宜生产茶叶而被淘汰）按照 12—29 个茶场不等分别划归这 22 家公司经营。然后，通过招标方式，将这 22 家国有公司租赁给私有公司经营，租赁期为 5 年半（1992 年 6 月至1997 年底）。

　　1995 年，政府实行国有茶叶企业所有权私有化改革。原经营的私有公司可以通过科伦坡证券交易市场购买 51% 的公司股权，10% 无偿分配给职工，19% 由政府继续持有，另外 20% 可由社会公众通过证券交易所购买。国外公司可以受让股权，但规定持股不能超过 49%。对于这项改革，有些公司很快完成，而另一些公司则进展比较缓慢。

斯里兰卡的茶叶在该国经济生活中占据着举足轻重的地位,但是它严重依赖国际市场,要想在短期内改变这种状况是很难的。虽然随着斯里兰卡国民经济各行业的发展,茶叶日渐减弱其原有的重要性,但总的说来,它目前仍不失为国家经济的一大支柱。

橡胶 在斯里兰卡经济中,占第二位的经济作物是橡胶,它是除茶叶以外最重要的出口产品。斯里兰卡橡胶产量居世界前列,仅次于印度尼西亚、马来西亚和泰国等。产量和出口量约占世界总产量的5%。1948年独立时,斯里兰卡橡胶园面积已约达64万英亩,成为全国第二大经济作物和第二大出口商品,1978年,橡胶出口占整个出口的15%,仅次于茶叶。斯里兰卡橡胶种植园面积的一半(约占54%)为不足100英亩的小块田地。1948年独立以前,美国曾经是斯里兰卡橡胶的第一大买主。1952年中国同斯里兰卡签订第一个大米换橡胶协定之后,中国是斯里兰卡橡胶的最大进口国。

斯里兰卡的橡胶园大多分布在海拔650米以下的坡麓地带和沿海平原湿热地带。这里阳光充足,雨水充沛,是橡胶树的理想种植地区。斯里兰卡共有橡胶园工20万人,占全国劳动力的4.22%,此外还有约100万人直接或间接从事与橡胶有关的行业。和茶园一样,斯里兰卡的橡胶园也存在老化的问题,一些低产的橡胶园相继被废弃。由此,1960年,斯里兰卡的橡胶园面积缩小为57万英亩。在一般情况下,每株橡胶树树龄达到30—33年以后,产胶量就大为减少,所以橡胶树的翻种就特别重要。独立后,斯里兰卡的橡胶树大都已经过了黄金产胶期。橡胶树再植计划在第二次世界大战以前就已经提出,1953年起开始实施。按照这个计划,准备翻种低产橡胶地的业主可以得到政府的补助。面积在100英亩以上的橡胶园主每英亩可以得到700卢比的补助,面积在10—100英亩之间的每英亩可以得到900卢比的补助,橡胶种植面积在10英亩以下的小业主每英亩可以得到1 000卢比的补助。到1957年,斯里兰卡已经翻种的橡胶园达90 206英亩。由于这项措施,斯里兰卡橡胶产量从1965年的117 000吨增至1968年的147 000吨,1973年橡胶产量更增至154 700吨。尽管受土地改革的影响,直到1979年,斯里兰卡的橡胶产量仍维持在令人比较满意的水平。

20世纪60年代中期以来,斯里兰卡橡胶种植面积逐渐下降,生产很不稳定,产量波动很大。70年代中期,世界石油价格大幅度上涨,合成橡胶价格也随之提高,天然橡胶销售前景较好。1980年1月签订的《国际天然橡胶协定》也改善了天然橡胶的销售条件。

针对这种情况,斯里兰卡政府采取措施,提高补贴标准,加快翻种速度。1979年11月,斯里兰卡政府宣布把对私人橡胶园翻种补贴标准提高到每公顷1.6万卢比。1981年11月,斯里兰卡政府又宣布把每公斤橡胶出口税由原来的50分增加到75分,用于增加翻种补贴,补贴标准由原来每公顷1.6万卢比增加到1.85万卢比。由此到1981年底,总翻种面积达15.64万余公顷,占总面积的70%。与其他国家相比,斯里兰卡橡胶的出口税比较高,但是这其中相当一部分用于对橡胶种植业的补贴。据粗略估计,政府从橡胶工业所得收入的65%都用于橡胶的翻种方面。另外,政府还加强对橡胶工业的科学研究。经过嫁接的橡胶1英亩最高产量为1 200磅,全国平均每英亩产量在800磅以上。

据1987年统计,斯里兰卡橡胶种植总面积达205 100公顷,其中国营公司种植面积占32%,其余为私人所有。1988年,橡胶总产量为122 393吨,外汇收入37.04亿卢比,占出口总收入的14.1%。和茶叶一样,斯里兰卡的橡胶主要供出口,严重依赖国际市场。目前,斯里兰卡在世界橡胶生产排名表中位置有所下降,产量约占2%,远远落后于橡胶生产大国——泰国、印度尼西亚和马来西亚。

但是长期以来,国际垄断资本采取各种手段控制和操纵天然橡胶的销售价格,用贱买贵卖的方法,恣意压低天然橡胶的价格。使天然橡胶生产国蒙受了巨大损失。为反对不合理的旧国际经济秩序,稳定天然橡胶价格,1970年2月,斯里兰卡与马来西亚、泰国、印度尼西亚、新加坡等国组成天然橡胶生产国协会,以协调斗争步伐,并加强相互之间的技术合作交流。

椰子 在斯里兰卡,椰子树被称为"万用宝树",在人民生活中占有特殊的地位。椰肉不仅是人们的主要食物之一,椰叶、椰棕、椰木还是建造房屋、编织器皿的上好原料。椰子是斯里兰卡人民盘中的主要食物之一,人均年消费125—130个椰子,大约有一半的椰子供国内消费。椰子种植及加工的从业人员有11万人。椰肉、椰油、椰壳纤维等产品的出口所得在出口作物中占第三位。

根据椰子树的生长特点,椰子树种植可以同放牧结合起来,发展多种经营。牧草对椰子树生长影响不大,而牧群的排泄物则是椰子树的好肥料。因此斯里兰卡椰子树种植面积最广,大约有106万英亩,几乎相当于茶叶与橡胶的种植面积之和,约为全国耕地面积的1/4,仅次于水稻种植面积。

椰子种植分布区域广大,但是以小型种植园居多,不足10英亩的小种植园占总面积的 75%。国营种植园所占的比例小,只有 20%,其余均为庄园主和小农所有,与茶园、橡胶园相比,椰子园便于管理、节省劳力。一般一个人可以管理 10 英亩左右。只有大的椰子种植园才需要雇用工人。

斯里兰卡的椰子产区主要分布在库鲁内加拉、科伦坡、普特拉姆、加勒等地区。椰子每年可收获 6 次。斯里兰卡的椰子种植比较密集,每英亩可以产椰果 2 500—3 000 个,这在世界其他地方是比较少见的。斯里兰卡鲜椰产量每年平均为 20 亿个左右,仅次于菲律宾、印度尼西亚和印度,占世界第四位。但是椰子的产量波动很大。如 1972 年斯里兰卡椰子产量达到历史最高纪录,共产椰子 29.63 亿个,1977 年的产量大大下降,只有 18.22 亿个。椰子产量之所以有这么大的波动,主要是天气原因。与其他两大经济作物相比,椰子更容易受天气影响。另外斯里兰卡还是世界上第二大椰子油出口国,可以满足世界 6% 的需求。

与茶叶和橡胶不同,斯里兰卡政府的椰子出口政策是以适当的价格满足国内需要,以高于国内的价格出口,最大限度赚取外汇。为此,斯里兰卡对于椰果、椰子肉和椰子油的出口有严格的限制,征收较高的出口税。斯里兰卡的椰子大约有 45% 用来出口,一般占当年外汇出口收入的 7%—10%。

为振兴椰子产业,政府采取了多项措施。首先是椰子研究所精心培育高产树苗提供给椰农,国家给椰农提供 1/3 的化肥补贴。同时大力翻种废弃的椰园。政府对翻种和新种给予补贴。1981 年底,统一国民党政府再次增加翻种和新种的补贴标准,每翻种 1 公顷椰子补贴从 5 558 卢比增加到 7 410 卢比,新种每公顷补贴从 6 793 卢比增加到 8 654 卢比。当年共翻种和新种椰子 3 555 公顷,比上年增加 30%。

尽管种植园经济在斯里兰卡国民经济中占有极其重要的地位,但是,单一的种植园经济已难有发展前途。

独立后,斯里兰卡政府努力改进作为国民经济支柱的三大经济作物的种植技术,提高它们的产量。除了上述对三大经济作物的翻种进行补贴外,还加强科学研究,将新技术应用于生产。如在茶叶的翻种上采用无性繁殖新技术和高产采摘法,通过用 2 倍的传统施肥量和采用高产采摘技术,每英亩的产量从原来的 750 磅提高到 2 500—3 000 磅。至 1990 年,1/4 的茶叶种植使用了这种新技术。

斯里兰卡通过技术手段提高三大经济作物的产量,从而增加了出口。但是由于世界经济、贸易、技术的发展和变化,以及国际市场价格的变化,斯里兰卡三大经济作物出口的增加并没有带来收益的增加。这种情况在60 年代就开始出现,1964 年斯里兰卡的出口量比 1954—1956 年增加了20％,但是由于出口价格的下降,其出口收入与 1954—1956 年的出口额相等。

实际上,在 1957 年以前,斯里兰卡由卖给英国及其他美元地区的茶叶和橡胶所得的收入,除了弥补与印度、缅甸、日本的贸易逆差外,尚有剩余。1957 年以后,斯里兰卡输出量虽然增加了,但由于国际市场茶叶和橡胶价格不断下降,其出口收入却很少增加。作为斯里兰卡最大的出口产品——茶叶的外部环境逐渐恶化,出现了印度、肯尼亚等强大的竞争对手,国际市场上茶叶的供应量大大增加。70 年代中期土地改革后,大部分茶园收归国有,茶叶产量下降。同时由于国有化政策,斯里兰卡茶叶最大买主英国一度禁止其国内市场上出售斯里兰卡的茶叶,作为对斯里兰卡实行国有化措施的报复。这些都使斯里兰卡的茶业面临不少困难。

在出口条件恶化的同时,进口条件也恶化了。从食品、日常用品到工业品,斯里兰卡都严重依赖于进口,仅食物一项,就占了输入量的 40％。国际贸易中工业品与初级产品之间的价格剪刀差,使斯里兰卡的进口深受其害。

1954—1956 年斯里兰卡出口(1958 = 100)

年　份	1954—1956	1957	1958	1959	1960	1961	1962	1963	1964
出口价格	110	102	100	104	104	95	93	93	93
茶　叶	114	101	100	99	97	95	92	91	91
橡　胶	119	115	100	116	130	105	104	98	91
椰子产品	88	89	100	117	103	80	82	90	93
进口价格	103	94	100	102	102	101	95	105	107
贸易额	106	94	100	102	102	94	98	89	86

资料来源:萨奇·庞纳姆巴拉姆《危机中的依附资本主义,斯里兰卡经济——1948—1980》,第 46 页。

从上表的统计可以看出,以 1958 年的出口价格为 100,1954—1956 年达110,1961 年开始呈下降趋势。1962—1964 年降至 93。同时,进口价格以1958 年为 100,1954—1956 年期间为 103,1958 年后呈波动上升,1964 年达到 107。总的来说,其贸易条件逐年恶化,这个趋势很难从根本上改变。斯里兰卡要想真正实现现代化,使其经济走上良性发展的道路,必须改变单一的种植园经济结构。1977年,斯里兰卡政府进行改革,加紧发展本国的工业,工业在国民经济中的比重逐渐上升,农业在国内生产总值的比重逐渐下降。到20世纪90年代初期,农业已被工业超过。但是种植园经济仍然是国家外汇的主要来源。

二、经济改革及其成就

由于斯里兰卡种植园经济的局限性和进口替代政策的失败,在1948—1977年的30年里,斯里兰卡经济增长缓慢,失业严重,国际收支疲软。1970—1977年情况更加恶化,1970—1977年,斯里兰卡的年均经济增长率不足3%,失业人数占整个就业人数的比重高达20%,商品匮乏,物价上涨。同时由于长期以来实行的高福利政策,使得经济增长与社会福利的矛盾日益严重。

经济危机迫使斯里兰卡政府寻找新的出路,1977年7月,统一国民党在大选中获胜后,为了改变越来越难以维持的低增长、高福利的局面,对经济发展战略作了大幅度调整,实施了一系列自由化经济改革,由单一种植园经济转向多样化经济、由内向型经济转为外向型经济、由追求福利型改为追求增长型。同时这届政府总结了亚洲一些国家和地区经济飞速发展的经验,决定大量引进外资,实施出口导向型经济发展战略,以此带动整个国民经济发展。具体改革措施如下:

一是实行卢比汇率浮动制,取消原来外汇购买券制度,多次宣布卢比贬值,这对于促进出口和减少外汇黑市交易起到积极作用。

二是取消物价管制,取消对一些重要商品的价格限制,根据市场供求关系随时调整价格。

三是实行自由贸易,废除进口许可证制度。开放贸易和外国投资,从机器设备、中间商品到各种消费品都可以自由进口。允许私营企业经营进口业务,放开外汇管制,凡注册享有外贸经营权的企业均可申请外汇。

四是通过减免税收和优惠贷款鼓励和帮助私人企业发展;整顿亏损的国营企业,把亏损企业交给私营企业管理,扩大企业自主权;使一些国营企业私有化,鼓励自由竞争,国营和私营之间也实行竞争;鼓励工人出国就业;大力发展旅游业等。

五是在农业方面,政府鼓励垦荒,提高稻谷收购价和化肥补贴标准,增加茶叶、橡胶和椰子树的翻种补贴,对社会福利进行大幅度的改革,实行食品券法,取消大部分基本食品补贴,以便增加关键部门的投资。

六是降低税率,对个人征收的最高税率从70%降至55%,公司税率从60%降至40%。建立新的关税体制,即从征收5%到征收100%关税的5级关税结构。

在调整经济政策的基础上,斯里兰卡政府采取一系列重大举措以加速经济发展。

实行优惠政策,大力引进外资　1977年新政府执政不久就派出财政部部长游说西方,向世界表明其开放的诚意。财政部部长在英国对新闻界表示:"我们欢迎外国人来斯里兰卡经商、提供援助和进行投资。这是我们政策的基石和基础。我们的目标是最大限度地吸收外国投资,我们将给予外国资本必要的鼓励、刺激和必要的保证及安全。"

斯里兰卡政府为吸引外资,采取了一系列措施,实行了一系列优惠政策。其中最大的举措便是建立自由贸易区。

1978年,斯里兰卡政府根据议会通过的《大科伦坡经济委员会法案》,成立了大科伦坡经济委员会(The Great Colombo Economic Commission),由总统直接领导,全权负责自由贸易区的开发与管理。为外商投资者提供一个比南亚其他国家更为优厚的经济优惠待遇,并且在卡图那亚克地区(Katunayake)建立了一个自由贸易区,在区内实行特殊的政策。为确保开放政策,斯里兰卡政府修改了宪法,增加了保护外资的条款,专门制定了外资保障法,规定对外资不实行国有化。允许外资可以独资或者合资建立企业,一般可享受免税期10年,10年期满后可再享受15年的2%—5%的低所得税率的优惠,在此期间,外商的工资、利润、红利均可享受免税待遇,企业生产所需的原料设备的进口均免关税,进口量也不受限制,斯里兰卡政府还和许多国家签订了避免双重征税的协定,以保护投资公司的利益。

另外还规定外资可持股率达100%。在自由贸易区内投资的主要是美国、欧共体、日本和泰国以及中国香港地区等国家、地区及国际组织。到1982年底,斯里兰卡自由贸易区的出口额达34.4亿卢比,出口产品中有皮革、鞋子、电器、水泵、橡胶制品、金银首饰、船用引擎和渔具等。但是,自由贸易区内的产品除个别情况外必须全部出口,不得销于国内市场。斯里兰卡分别于1979年、1986年、1991年又建立3个自由贸易区。对于政府自由贸易区以外的地方进行投资,政府也持欢迎态度。

统一国民党政府的经济政策受到了西方财团和金融机构的欢迎,政府执政不久,国际货币基金组织便积极同斯里兰卡政府签订了提供资金的协定,使斯里兰卡在实施进口自由化政策时获得了资金保证。从此,源源不断的外国贷款和赠款涌进斯里兰卡。据统计,仅1978年,斯里兰卡政府得到的外国贷款和赠款就高达387.6亿卢比,而1976年为109.7亿卢比。

由于放宽了限制和改善了投资环境,外资迅速流入斯里兰卡。1978—1985年共吸收外资约30亿美元,1986—1989年,由于国内局势不稳,外资流入减少。1991年后,又开始上升,达3.8亿美元;1992年达4.8亿美元;1993年3月斯里兰卡政府进一步取消不利于引资的限制,当年新引进外资达6.4亿美元。据统计,至1993年,仅在自由贸易区投资兴办企业的外国公司就达126家,累计吸引外资20亿美元。

实行贸易自由化,大力发展出口产业　新政府上台后,废除了进口许可证等严格的限制进口制度,除石油、粮食以外,其他所有的商品都可自由进口。政府鼓励私人企业经营外贸业务,并为参加国际博览会的企业提供财政援助。为扩大出口,政府一方面扩大作为主要外汇来源的茶叶、橡胶、椰子的出口数量,并在产品的品种、包装上下功夫;另一方面大力发展工业,尤其是纺织、服装业,提倡出口商品多样化,以改变依赖三大出口商品创汇的格局。

为促进贸易自由化,政府引入了一个新的关税结构,以5%为一个单元,税率从5%到100%不等。对一些必需品进口完全免税。设计这样一个关税体系,其目的是在自由贸易体制下,采取措施保护国内工业,同时通过开放进口竞争,促使其提高效率。

发展纺织和服装生产是斯里兰卡根据本国资源特点及生产力不高、科技力量不强、工业落后的实际情况做出的符合国情的选择。这项措施取得了很大成效。现在纺织品和服装的出口几乎占全国出口的一半。出口多样化是斯里兰卡政府的方针,在发展传统出口商品的同时,大力发展能出口创汇的产业,如鲜花、水果、蔬菜、海产、宝石等。至20世纪80年代初到90年代初,斯里兰卡工业增长保持在6.5%左右,三大传统出口商品在总出口值所占的比重从1978年的79%降至1991年的31.5%,同期制造业产品出口值从占15%上升到39.5%。

提倡自由竞争,鼓励发展私有资本　人民联合阵线政府时期实行了《企业接管法》,不仅将所有的外国所属种植园收归国有,而且将一些中小企业也收归国有。1977年以后,斯里兰卡政府开始实行私有化政策,废除了人民联合阵线政府1971年制定的《企业接管法》,宣布不再搞国有化,并对过去国有化的企业逐一调查,确属违法没收的就归还原主。

工业经济私有化包括两个方面的工作:

一是对国有企业实行非国有化和私有化。政府将管理不善、长期亏损的国营企业交给私人资本家代管,有的甚至交给外国资本家代管,但其所有权不变。同时对国营公司和企业进行股份制改造和承包。政府将51%—60%的股份出售给公司和企业的承包者,10%的股份出售给内部职工,其余30%—39%的股份向公众出售,斯里兰卡政府将这种私有化称为"人民化"而拒绝称为私有化,其理由是这只是经营形式上的改变,企业的所有权仍属政府。

二是鼓励私人资本从事工业生产。为了鼓励私人投资,政府采取了减税措施,大公司的所得税从60%减为40%—50%,中小企业的所得税也不同程度地减少了。企业对生产非传统出口商品部门的投资,可以享受到免缴所得税5年的优待。私人工业企业基本上可以自由进口生产所需的原料、设备等。新政策大大刺激了私人资本投资的积极性,在政策放宽后的短短两三年里,就涌现出了2 000多家私人企业。1984年,斯里兰卡私人工业企业的生产增长26%,出口增长42%。据报道,1981年底,已有60%的工业企业由私人接管。[1]

大力发展农业,努力实现粮食自给　斯里兰卡本是一个传统的以农耕为主的农业国,主要种植水稻,一向有"东方粮仓"的美誉,由于殖民者为了获得更高利益而发展种植园,农民失去土地,损伤了农民利益,使得粮食增长缓慢,因而斯里兰卡不得不大量进口粮食和工业日用品。单一的种植园经济使得粮食进口成为最大的进口项目,斯里兰卡的主食——大米——75%依靠进口,消耗了国家大量的外汇。1977年改革后,斯里兰卡政府继续把争取粮食自给作为自己的目标,其主要措施如下:

一是加快马哈韦利河开发工程,开发水利和电力资源,促进工农业发展。1968年,统一国民党政府曾提出关于马哈韦利河为期30年的水电开发和灌溉项目的总体规划,但因为诸多原因进展缓慢。1970年动工,1977年第一期工程完工,建起了一座40兆瓦的水力发电站,灌溉新开垦的91 000英亩土地,并使原有的134 000英亩旱地变成了水浇地。但是统一国民党政府认为,在粮食不能自给、失业人口多达100多万、外汇极为短缺、国民经济面临严重困难的情况下,用长达30年的时间,耗资数百亿卢比建设如此庞大的工

---

[1]　李秀峰:《斯里兰卡的经济改革》,《世界知识》1982年第3期。

程,是远水解不了近渴。因此政府决定缩小建设规模,通过了《加速发展马哈韦利工程计划》。计划包括修建 5 座大型水库,建立总发电量为 400 兆瓦的水力发电站,引水灌溉 90 万英亩土地,安置就业人口 60 万,并将 114 万人移居到新开垦的区域。计划规定在 6 年内完工,预计总投资为 110 亿卢比。

除了马哈韦利河工程外,政府还主导了其他的水利工程:尼尔瓦拉、吉林迪、印吉尼米迪亚工程。除了投资兴修新的水利工程外,政府还修缮治理旧的水库、湖泊、水利设施,对卡洛亚河左岸进行治理,并修复了总计 4 500 个小型水利设施,另外政府自 1986 年起开始治理伊拉纳马杜水库。

二是提高稻谷收购价格,改进生产技术,以提高粮食产量。为了激发农民种粮的积极性,政府曾多次提高谷物的收购价格。另外政府出资培训相关的农业技术人员,提高农业的科技含量,加强对农业科研项目的资金投入,推广新的优质的水稻品种。

三是增加农业贷款,培训农业技术人员,加强农业科研,推广优良水稻品种。政府为支持农业发展,还为农民提供所需的农机用具,如拖拉机、水泵等;为了提高粮食产量,向农民提供化肥补贴。

政府实行的一系列举措,使斯里兰卡农业生产取得了很大的发展,逐步实现了粮食自给。1977 年稻谷总产量为 8 000 万蒲式耳,1985 年则达到1.26 亿蒲式耳,此后稻谷产量大体维持在这个水平,到了 1993 年 7 月,政府决定不再进口大米。除了大力发展农业实现粮食自给外,政府还积极发展林业、牧业、渔业。据统计,1980 年斯里兰卡的造林面积达 31 200 英亩;政府扶持建立大型养鸡场和奶牛场,并对饲料进行补贴;发展淡水养殖业,出资引进先进的捕鱼设备。另外,豆类、水果、烟草、可可、腰果等农副产品的产量也有了明显增长。

大力发展旅游事业,努力增加劳务输出　斯里兰卡是热带岛国,风光迷人,加上历史悠久,古迹众多,为发展旅游业提供了良好的条件。作为古老的佛教国家,阿努拉德普勒、波隆纳鲁瓦城以及康提城拥有众多的古迹建筑。康提城风景怡人,城中的佛牙寺是斯里兰卡的著名佛教圣地。除了三大古城外,斯里兰卡还有西格里亚城堡遗址、密兴多列山、无畏山寺、凯拉尼亚大佛寺、丹布拉寺、努瓦拉埃利亚峰等旅游胜地。

自 20 世纪 60 年代起,旅游业就成了斯里兰卡政府优先发展的产业,1965 年国家专门成立了旅游局,致力于发展旅游业。但由于 70 年代缺乏投资于饭店及其他设施的资金,旅游业一度停滞不前。1977 年,斯里兰卡政府为了增加外汇收入,大力发展旅游事业,利用外资在首都科伦坡及其他旅游胜地兴建了许多包括星级饭店在内的现代化旅馆。由于自由开放的环境以及政府一系列的政策,本地和外国投资者纷纷在斯里兰卡进行投资,政府主导兴修道路,在各景点修建了很多配套的旅游设施和现代化的饭店、旅馆,培训相关的从业人员,并对旅游市场进行科学调研,以期更好地为旅游业的发展提供指导。除了对旅游业投入资金外,政府还积极开展宣传活动,在英国、法国、瑞典等国的首都开设办事处,采用多种手段向欧洲、北美、亚洲、大洋洲国家进行宣传,出版印刷了含多国文字的导游资料及画报、画册,拍摄并发行介绍文物古迹、风俗习惯、自然风光的宣传影片。

对国际游客来说,斯里兰卡成了新的旅游目的地。外国游客大大增加。1965年斯里兰卡外国游客数不足2万,1982年达到47万,创汇30亿卢比;1977—1982年,来斯里兰卡的游客年均增长率为24%,这样的增长速度在南亚地区是最高的。到斯里兰卡观光旅游的游客以欧洲人居多,约占游客总人数的60%,主要来自德国、法国、英国、瑞士、意大利及荷兰等国。以后由于持续不断的种族冲突,斯里兰卡的旅游业受到严重的影响,但是国内局势稳定后,游客又马上增加。1992年外国游客达到42.5万人,旅游业曾在斯里兰卡外汇收入中居第三位。

1992年,政府又制订了进一步发展旅游事业的六年计划,其要点是:修复被战争破坏的公路、铁路、饭店等设施;扩建科伦坡国际机场,将东部一军用机场辟为民用机场;耗资1.2亿美元建设25个旅游设施,其中包括新建星级饭店客房2 350套。2002年的停火将斯里兰卡的旅游业带到了更高的水平。

劳务输出是斯里兰卡赚取外汇的又一个重要途径。为了平衡国际收支,偿还外债,增加外汇储备和减少失业人口,统一国民党政府十分重视劳务输出,并为此成立了"国外就业部",大力宣传外出谋职的好处,并且负责培训和输出国外所需的工作人员。斯里兰卡劳务输出的对象国主要是沙特阿拉伯、阿拉伯联合酋长国、伊拉克、阿曼、科威特和巴林等。从1977年起,斯里兰卡平均每年有1万人拥向上述国家,到1982年底,斯里兰卡在国外就业者达6万多人。由此,斯里兰卡的劳务出口收入明显增加,斯里兰卡出国就业者的汇款从1977年占外汇收入的2%增加到1982年的17%,从而成为斯里兰卡增加外汇收入新的重要途径。20世纪90年代,加上移民海外者,大约有80万斯里兰卡人在海外工作,其中90%在中东。每年他们向家里汇回

10亿美元,约等于出口收入的1/5。斯里兰卡外出谋生从事的职业主要是家庭佣人,其次是司机、工匠、泥瓦匠等,并未形成大量高端人才外流。

劳务出口收入明显增加,对国民经济的发展,特别是对平衡国际收支起到了一定作用,外出务工者带回的外国货物也弥补了国内市场的不足,节省了一部分进口消费品的外汇。劳务输出对斯里兰卡经济发展起到了一定的积极作用。

减少社会福利方面的开支　减少社会福利支出也是斯里兰卡政府改革的主要措施之一。斯里兰卡的社会福利制度已实行数十年。其社会福利补贴牵涉面很广。对一般平民提供大米、面粉、食糖、奶粉和煤油,还提供交通补贴和实行免费教育、免费医疗。社会福利补贴不仅耗用了国家大量的资金和建设投资,而且由于用于补贴的款项进口了外国农产品,本国农业的发展也受到阻碍。因此统一国民党政府此次执政后对社会福利制度进行了改革,削减了各项福利补贴。政府将全民享受的食品补贴制度改为向低收入者提供补贴的办法,即向月收入300卢比以下的家庭发放食品券,凭券免费供应食品。这就使享受补贴的人数约减少了一半,也就减少了财政支出。使政府的负担有所减轻,食品补贴在政府开支中所占的份额从1970年的23%降到1978年的19%,1984年又进一步降到4%。但是这项支出仍然很大。关于斯里兰卡社会福利制度,后文还有专门论述。

应该说,这一时期斯里兰卡的经济改革政策是成功的。这些政策措施取得了一定的成效。

首先,经济改革结束了斯里兰卡经济长期发展缓慢的局面,经济增长速度加快。改革开放后,斯里兰卡国内生产总值有了明显增长,1970—1977年即改革开放前,国内生产总值年均增长率只有2.1%。1978年国内生产总值年均增长率一下子提高到8.2%,增长速度是近10年来最高的一年,工业生产增长11%,稻谷产量达到189万吨,比1977年增长了13%。经济的较快发展还扩大了就业面,到国外工作的人大大增加。1981年,斯里兰卡务工者从外国汇回的款项达44亿卢比,仅次于茶叶收入,占国家外汇收入的第二位。1980—1989年国内生产总值年增长率为4%,1990—1994年为5.3%,1994年为5.6%,1997年为6.3%。因此,实施改革政策后,无论是经济增长速度还是绝对值都比改革前有很大提高。人均国内生产总值1977年只有150美元,1991年增至460美元,1992年为494美元,1993年达到510美元。这样的增长率在发展中国家里并不多见,甚至超过了一些西方发达资本主义国家。在南亚国家中仅次于马尔代夫而居第二位。

其次,经济结构更趋合理。经过改革,斯里兰卡原来的以种植园经济为主的单一经济结构发生了变化,经济结构在调整后更加合理,农业在国民经济中的比重降低,工业尤其是制造业在国民经济中的比重上升,经济多样化使原为国家经济支柱的三大出口作物退居次要地位。1991 年它们在国内生产总值中仅占 4.4%,在农业中也只占 16.5%,而工业尤其是制造业及第三产业的地位迅速上升。

斯里兰卡国内生产总值各行业所占百分比 （单位:%）

年 份	1978	1988	1997	1998
1.农业、林业、渔业	30.4	26.3	21.7	21.3
2.采矿业	2.3	2.7	2.0	1.8
3.制造业	18.5	15.4	16.6	16.5
4.建筑业	4.8	7.3	16.6	16.5
5.第三产业	43.9	48.2	52.8	53.0

资料来源:Central Bank of Sri Lanka, *Central Bank of Sri Lanka Annual Report-1998*, Table 1.3。

经济结构的变化,也使斯里兰卡出口商品结构发生了变化。三大出口商品茶叶、橡胶和椰子在总出口中所占的比重已明显下降,从 1977 年的 74% 下降到 1985 年的 47.4%,而工业产品则从 14% 上升至 38.5%,后又上升至 70%—80%,纺织品和服装生产是发展最快的部门,其他出口贸易亦占有重要地位。1992 年纺织品、服装出口已占总出口的 47%,其他工业产品的出口比重也达 14%。1993 年工业产品出口比 1992 年增长 16%,出口收入为 19.56 亿美元,约占出口总收入 27.85 亿美元的 70%,而农产品(包括三大出口产品)出口为 6.35 亿美元,约占 23%。

最后,国际收支有望走出困境。自 20 世纪 80 年代中期起,工业品出口增长迅速。大部分年份出口增长速度超过了进口增长速度,对国际收支产生积极作用。其外贸赤字虽然还未明显下降,但从出口增长的势头看,前景较好。

尽管斯里兰卡的改革政策取得了巨大成绩,其目的、愿望和所取得的成就都值得赞赏,但是由于忽视了按国力去进行建设投资,制订过于庞大的发展计划,发展资金来源依靠向国内外借债与获取外援上,国家经济发展仍存在一些隐患。1977 年统一国民党政府执政初期,斯里兰卡外债总额为 105.9 亿卢比,1981 年为 291.7 亿卢比,1982 年为 346 亿卢比,1983 年达到 460.3 亿卢比,相当于 1976 年斯里兰卡外债总额的 9.3 倍。加上开放经济政策带来的一系列意想不到的副作用,国内民族矛盾日益激化,在野党也纷纷出来反对一系列经济政策。斯里兰卡在经济上面临一系列困难,主要有:(1)财政失控,赤字过大;(2)政府的军费开支连年增加;(3)通货膨胀居高不下,贸易逆差长期存在。

1987 年以后,斯里兰卡政府采取了新一轮的结构性调整措施。主要包括:(1)调整公共管理体系;(2)推进覆盖国有企业的私有化方案;(3)进一步改革关税及税收体制;(4)改革金融银行部门;(5)削减现存的小麦、面粉、化肥补贴;(6)减少财政赤字,分阶段削减国内借贷数目;(7)进一步贬值卢比,更多地靠市场来调节汇率的管理体制。1989 年,斯里兰卡政府与国际货币基金组织谈判签署了《加强结构调整设施贷款协议》,此协议保证如果斯里兰卡实现经济自由化的目标,便能获得大量贷款。此后斯里兰卡开始了第二次经济自由化浪潮。1990 年,普雷马达萨总统开始了对 46 个国有企业的私有化进程。通过向雇员免费提供 10% 的股份,他瓦解了工会对私有化的抵制,他将之称为财富"人民化"的过程。但事实上,他只出售了 7 家企业。推动这场私有化变革的部分原因是国营企业的持续亏损。

所以尽管斯里兰卡经济变革有利于斯里兰卡经济顺利发展和经济形态朝着现代化方向转变,但是斯里兰卡的经济仍然不能说是现代经济。斯里兰卡经济结构仍谈不上合理,国民素质还有待于进一步提高,思想观念也有待于进一步改变。这无疑是一个长期而又复杂的过程。

作者点评

斯里兰卡独立以来,其政府一直是按照英国模式来进行管理的:实权由总理掌握,投票选举制度采取一次投票即通过的制度。1977 年,贾亚瓦德纳领导的统一国民党政府上台,这是斯里兰卡历史上的一件重大事件。这届政府首先修改宪法,1978 年 9 月,新议会正式废除 1972 年宪法,颁布实施新宪法。新宪法废除内阁制,实行总统制,同时还实行比例代表制和一系列对个人及少数民族的特殊保护制度。这届政府总结了亚洲一些国家和地区经济飞速发展的经验,决定大量引进外资,实施出口导向型经济发展战略,以此带动整个国民经济的发展。它还宣布对内实行经济改革和对外实行自由开放政策,从福利型转到追求发展型的经济路线。这使斯里兰卡经济逐渐步入良性发展阶段。斯里兰卡历史开始进入调整发展时期。

第七章
社会福利制度的形成与发展

　　1948 年斯里兰卡独立以后，便开始在全国实行大规模的社会福利制度。政府向全体国民不论贫富都提供食品、教育、医疗三大福利。这些社会福利措施极大地提高了斯里兰卡人民的生活水平、健康水平，提高了斯里兰卡的国民素质，对斯里兰卡社会经济的稳定与发展起了很大作用。政府的很大一部分资源用于社会福利事业成了斯里兰卡现代历史一个显著的特征之一。斯里兰卡的社会福利建设成绩斐然，在一定程度上促进了社会稳定和经济发展，为南亚及其他发展中国家提供了值得借鉴的经验，也为第三世界国家的社会福利政策提供了一个范例，具有深远的历史意义和现实意义。但限于经济发展水平和政府财力，其在社会福利的供给方面也存在某些不足。

第一节　斯里兰卡社会福利制度的起源与措施

　　作为一个第三世界国家，斯里兰卡至今仍然是一个不发达国家。但是这样一个不发达国家，却为全体国民提供类似于西欧福利国家的全面的社会福利，斯里兰卡独立以后的历届政府都将满足全体国民最基本的需求作为其主要职责，作为其战略目标，政府用于社会福利方面的开支也逐年增加。这些社会福利措施极大地提高了斯里兰卡人民的素质，对斯里兰卡社会的稳定与发展起了很大作用，但也存在一定的不足。

　　斯里兰卡政府实行的全面社会福利制度，是与斯里兰卡独特的历史与政治背景分不开的。

1960—1981 年政府在社会福利方面的开支   （1959 年不变价格）

年份 \ 类别	总开支（百万卢比）				人均开支（卢比）			
	教育	医疗卫生	住房	食物补贴	教育	医疗卫生	住房	食物补贴
1960	299	151	n.a	209	30.2	15.3	n.a.	21.1
1961	299	152	26	249	29.3	14.9	2.5	24.4
1962	302	151	37	239	29.0	14.5	3.6	22.9
1963	314	155	28	253	29.6	14.6	2.6	23.8
1964	332	156	21	281	30.5	14.3	1.9	25.8
1965	339	162	18	255	30.3	14.5	1.5	22.8
1966	338	170	19	258	29.6	14.9	1.7	22.6
1967	351	184	26	257	30.0	15.7	2.2	22.0
1968	377	205	30	215	31.4	17.1	2.5	18.0
1969	396	219	32	228	32.2	17.8	2.6	18.6
1970	420	224	25	265	33.6	17.9	2.0	20.5
1971	451	226	15	331	35.5	17.8	1.3	26.1
1972	470	231	23	282	36.2	17.8	1.8	21.8
1973	485	240	36	271	37.0	18.3	2.7	20.7
1974	456	241	23	196	34.3	18.1	1.7	14.8
1975	472	274	30	203	35.0	20.1	2.2	15.0
1976	588	322	33	220	42.9	23.5	2.4	16.0
1977	643	328	31	320	45.9	23.4	2.2	22.9
1978	670	385	66	304	38.9	28.1	4.1	21.2
1979	731	459	130	281	49.8	31.8	8.9	19.4
1980	780	467	190	n.a.	58.7	33.0	11.6	n.a.
1981	801	493	199	n.a.	66.2	36.7	13.3	n.a.

资料来源：De Silva, K. M., *Sri Lanka*：*Problems of Governance*, New Delhi：Konark Publishers Pvt Ltd., 1993, p.193。

从历史上看,斯里兰卡推行社会福利政策与英国殖民统治有很大联系。美国革命以后,随着英国工业革命的发展,自由贸易理论逐渐在英国占了上风,相应地,英国殖民政策也作了很大调整,由原来的赤裸裸的殖民掠夺,转变为开始关心殖民地人民的生活及教育。

斯里兰卡现代社会福利政策起源于英国殖民统治时期。从19世纪30年代起,英国基督教传教士开始在斯里兰卡进行英语教育工作。由于传教士努力的结果,国家资助教育变成了斯里兰卡学校教育的一个特点。虽然当时斯里兰卡受教育的人数很少,但是其影响却很大,它为斯里兰卡独立后实行免费教育做了铺垫。从20世纪初开始,斯里兰卡的官办学校大幅增加,1920年,官办学校有919所,1930年增加到1 490所,到1947年总共有2 800所官办学校,占学校总数的57.8%。政府在教育方面的开支占政府总开支的百分比从1925年/1926年度的7.1%升至1947/1948年度的18.9%。

从政治上看,斯里兰卡从殖民地时期就开始实行的代议制,对社会福利制度的推行有很大作用。通过1927年的多诺莫尔改革,英国准许斯里兰卡建立责任制政府,并且在斯里兰卡实行了成年人普选制。广大民众拥有选举权之后可以利用手中的选票对当局施加压力,使社会福利方面的诉求上升为国家意志并付诸实践。对1934—1935年疟疾和大旱所致灾害的救济计划可以被视为普通选民对斯里兰卡主要立法和行政会议施加压力的第一个信号。当时的国务会议果断而迅速地批准了实施救济所需要的资金。而后,政党要在选举中获胜从而取得政权,必须赢得选民的支持,社会福利方面的承诺和承诺的执行情况就成为极其重要的影响因素。政府官员和政客们甚至会因为害怕不良的政治反响而勉强地实施一些有助于改善民众生活质量的举措,而不是真正把它们当成一种社会福利。

此时为斯里兰卡设计宪法结构的英国立法者深受英国国内关于社会福利和民主政府思想的影响,他们认为选举权的扩大是迫切需要的,这将增加民众影响政府的机会,创造出地方精英分子对绝大多数人的基本需求负责的条件。在很大程度上,这些愿望都得到了实现。

20世纪30年代斯里兰卡的这种竞争的政治体制,要求立法会议的各位代表能清楚地表达选民最紧迫的要求,当选的代表把他们自己看成国家与其选区的中间人,他们的声望和政绩是靠他们所能为选民保证的国家公共事业来衡量的。这种不成文的选举制度,使得独立后的历届政府都实行广泛的社会福利政策。满足民众最基本的需求成了斯里兰卡独立以后历届政府的主要责任,使得政府在食品、医疗健康、教育事业上的开支不断扩大。1942年,为保证战时食品供应,斯里兰卡开始实行食物定量补贴配给分配制度。1945年,政府通过《义务教育法》,决定为民众提供从小学到大学全面的免费教育,也为日益增多的公立学校提供奖学金,官办学校大大增加。

斯里兰卡佛教为社会福利政策推行产生了重要作用。斯里兰卡是南传佛教的主要根据地之一,流传了2 000多年的佛教对斯里兰卡的政治、经济、社会产生着深远影响。在南传佛教的经典中有很多对于统治阶层应该坚持社会公正、均匀贫富、保证民众的基本物质生活的思想主张,如《长部》中的《转轮圣王狮子吼经》认为,一个社会当中,如果财产分配不公,贫富差距就会引起犯罪的欲念和行为,社会也就陷入暴力冲突,国王有义务为社会当中的各个人群提供谋生手段。斯里兰卡独立之后,佛教重返世俗世界,一度成为斯里兰卡压倒性的政治力量,至今仍有重要的影响力。

斯里兰卡现代社会福利制度从20世纪30年代开始演进、发展。1948年斯里兰卡完全独立时,其社会福利的关键部分已初具规模。因此独立后执政的统一国民党政府不可能放弃这些义务,而是在公众愿望的驱使下,进一步扩大社会福利的范围。这些社会福利措施代价高昂。

在制订新的社会福利计划之前,斯里兰卡新政府就宣布了这一计划。当时的财政部部长J.R.贾亚瓦德纳宣布:"政府不打算停止任何诸如免费教育、儿童免费喂养牛奶和肉食、对一些必需品实行补贴等进步的社会经济发展计划……在坚持这些原则的同时,我们应当进一步采取措施,消除绝大多数劳动群众与少数特权阶层之间生活水平的差别。"在这种原则指导下,财政部长划拨1.4亿卢比用于免费教育,9 600万卢比用于医疗,7 800万卢比用于食物补贴。J.R.贾亚瓦德纳在下一个预算中说:"随着我们的国民收入不断增加,更多的部分将用于扩大社会福利机构……我们目前大约40%的总开支用在社会福利方面。自由锡兰现在可以自豪地说我们是社会福利国家。"

此后,历届斯里兰卡政府都承诺继续为所有人民提供广泛的福利事业,这些社会福利措施包括国家免费医疗、免费教育和食物补贴,以及对交通(低廉的公共汽车和火车)、住房进行补贴。政府用于社会福利方面的开支也急剧增加,政府在医疗、教育食物补助方面的开支1956年占国内生产总值的6%及政府总预算的26%,1960年增加到国内生产总值的10%及政府总预算的32%,1973年又增至国内生产总值的13%及政府总预算的36%。1960/1961年度政府用于社会福利方面的开支是政府日常开支的132%,到

1963/1964 年,这个数字上升到 171%。这些数据直到 1978 年政府进行经济改革以后才有所下降。

一、食物补贴

食物补贴计划源于第二次世界大战期间政府为保证公平地分配食物而实行的定量配给制。第二次世界大战期间,大约有 83 000 名斯里兰卡人受雇于英军基地。而且巨额的军费开支导致了严重的通货膨胀。1942—1945 年间,斯里兰卡生活费用上涨了 69%。因此斯里兰卡政府开始关注通货膨胀对民众生活的影响。从 1942 年开始,斯里兰卡政府实行在生活费用指数的基础上发放补助津贴的办法,并开始在全国建立一个分配食物和织物的体制。1943 年,政府开始对食物进行价格补贴,还接管了一些紧要食品(如大米、面粉、食糖)的进口和分配。政府对食物的控制阻止了战争时期饥荒的发生。战争期间定量配给的食物是通过一个消费者合作商店网络来分配的,这个体制运行得很好。

第二次世界大战结束后,尽管斯里兰卡食物短缺局面在 1949 年已经结束,但是这种食品补贴制度保留了下来,成了新政府最重要的福利措施之一,并且被各个政党当成寻求民众支持、夺取政权的主要政治武器。这种制度在斯里兰卡独立后的前 30 年没有多大变化。在 20 世纪 50—60 年代,一些政党坚决反对对食品补贴作任何改革,因而赢得了工会和其他工人阶级组织的支持。

食物补贴的支出是斯里兰卡社会福利最大的支出。斯里兰卡食物补贴主要是向全体国民提供便宜的大米,而不论他们的收入如何。1965—1971 年,90% 的食物补贴是用于大米补贴。20 世纪 70 年代,对大米的补贴占全部补贴的 60%—70%。另外,对面粉、奶粉、食糖也实行价格补贴。大米补贴最初每人每周 4 磅,按市价的 40%—70% 配售,70 年代中期改为每人每周 3 磅,其中 1 磅免费,2 磅给予 30% 左右的补贴。大米是斯里兰卡人的主食,有了这些补贴,穷人的基本生活就有了保障。

这种食物补贴实际上是一种双重津贴:一方面,国内大米生产者能得到远远高于国际市场的售价;另一方面,政府又免费供应每人每周 1 磅大米(自 1974 年起)。20 世纪 50 年代初期,国际市场的米价比较便宜,政府外汇储备尚能支付这笔费用。50 年代中期以后,由于国际市场米价上涨,而斯里兰卡的三大种植园作物出口价格不断下跌,再加上国内人口的增长,政府的负担越来越重。从斯里兰卡独立直到 1978 年改革政策之前这 30 年间,政府用于补贴大米的费用大大增加。1955—1967 年,平均每年用于大米的补贴开支达 2.5 亿卢比,1974 年增至 7.763 亿卢比,占政府总开支的 19.4%、整个社会福利开支的 47.2%。对食品的补贴成了最大的社会福利,也成了政府沉重的包袱。

1964—1978 年公共开支中的食物补贴

年份 ＼ 补贴类别	食物总补贴（百万卢比）	人均食物补贴（卢比）	补贴占日常开支的百分比（%）
1964/1965	456	24	25.7
1965/1966	490	24	26.2
1966/1967	465	15	24.0
1967/1968	578	25	26.8
1968/1969	625	27	25.7
1969/1970	574	26	20.0
1970/1971	614	43	19.9
1971/1972	719	51	20.9
1973	703	52	17.9
1974	956	72	21.9
1975	1 230	91	23.5
1976	938	68	16.0
1977	1 424	102	21.6
1978	2 132	150	17.4

资料来源:马什赫·拉赫曼《斯里兰卡收入分配的政治经济》,斯特林出版社,1988 年,第116 页。

二、免费教育

斯里兰卡一向十分重视教育。传统上,寺庙为村民提供免费教育课程,政府也鼓励这种教育。自 1949 颁布《免费教育法案》(*Free Education Act*)以来,公立学校一直实行免费教育,是世界上少数几个从小学到大学实行全民免费教育的国家之一。目前还向学生免费提供校服和教材。此外,为了提高适龄学童就学率,还向学生提供免费午餐。

斯里兰卡免费教育制度起源于殖民地时期。1900年斯里兰卡有1 812所已注册的学校，其中484所是完全官办，其余的也接受政府的资助，总的入学人数已经达到218 000人，占总人数的6.1%，但许多学龄儿童仍不能入学。英国殖民政府在斯里兰卡推行教育不但受到政治方面的压力，而且也受到来自基督教福音教派和佛教、印度教、伊斯兰教的压力。他们都把教育作为获取其教派优势的一种手段。

随着有关教育的法规不断颁布，斯里兰卡的在校学生人数也在不断增加。1926年在校学生为494 000人（占总人数的10%），1930年为579 000人（占总人数的11%），1947年为1 036 134人（占总人数的15%）。斯里兰卡独立以前就已开始实行全民免费教育。临近独立，国务会议开会期间，普及免费教育成了一个热点议题。森纳那亚克对此表示反对，并为该议题设置障碍，国务会议趁他出国期间通过了这一议题。1945年，国务会议通过了《义务教育法》，免除了英语学校的费用，也为日益增多的公立学校提供奖学金。收费的学校需要做出选择，要么不再收费并接收津贴，要么继续收费，但得不到公共开支的资助。1947年颁布的第20号条例规定，除了"教会学校"之外，其余所有学校都不再收费，取消了公立学校和政府资助学校的所有学费。1948年斯里兰卡独立时，用本地语言（僧伽罗语和泰米尔语）进行教育的小学已经普及。总入学人数超100万人。当时斯里兰卡的教育是一个金字塔形结构。在校大学生只有1 000人。1950年，大学教育也实现了免费，为满足未来的需求，高等教育也发展起来。这给斯里兰卡农村青年人接受高质量的教育提供了机会。

1951年斯里兰卡政府颁布法令，扩大了政府对于未受政府资助的私人学校的管理权力（这些学校仍在免费教育体制之外）。免费教育方面，政府采取的最重要措施是1960年和1961年政府颁布立法，将所有学校收归国有（除极少数财政上完全自收自支的学校外），并将所有教师培训学院收归教育部长管理。这些改革使得斯里兰卡公立学校的数量大大增加，同时使私立学校在斯里兰卡教育中的地位几乎可以忽略。免费教育的推行，使绝大多数乡村居民第一次走进了学校。1960年以后，大多数进入大学的学生是来自农村地区的学生。1958—1960年大学入学人数从2 950人增至4 723人。1950—1970年这20年内，斯里兰卡大学在校生人数增长了6倍，由2 036人增加到12 674人。仅锡兰大学（University of Ceylon）入学人数就从1950年的2 000人上升到1960年的3 000人。

1950—1980 年公立和私立学校数量和占比

学　　校	1950 年		1960 年		1970 年		1980 年	
	数量（所）	占比（％）	数量（所）	占比（％）	数量（所）	占比（％）	数量（所）	占比（％）
公立学校	3 188	51	4 394	56	8 748	99	9 072	99
私立学校	3 058	49	3 466	44	93	1	46	1
学校总数	6 246	100	7 860	100	8 841	100	9 118	100

资料来源:De Silva, K. M., *Sri Lanka*: *Problems of Governance*, New Delhi: Konark Publishers Pvt Ltd., 1993, p.198。

　　全民免费教育的实施,使斯里兰卡入学人数明显增加,从而大大提高了斯里兰卡的国民素质。1977—1983 年,斯里兰卡小学总数由 9 701 所增至 9 947 所,在校学生总数由 2 566 381 人增至 3 533 027 人;1997 年,斯里兰卡成人识字率高达 90%,小学和中学在册人数比例分别为 99% 和 74%。在这方面,斯里兰卡在发展中国家中名列前茅。斯里兰卡高等教育发展很快,1984 年斯里兰卡有 17 所高等院校。1984 年,政府高等教育开支为 6.72 亿卢比,占政府总开支的 1.4%。

　　免费教育是斯里兰卡政府的第二大开支项目。斯里兰卡独立后历届政府都保持着相当高水平的教育开支,其教育开支平均占政府总开支的 15%。1977 年改革以后,教育经费有所降低。但是到 1981 年,政府用于免费教育方面的开支仍占国内生产总值的 3%,占政府总开支的 10%。

　　政府用于教育方面的费用逐年增加。1964—1974 年 10 年间,政府的教育开支将近翻了一番,即由 3.06 亿卢比增至 5.79 亿卢比。1984 年增至 23.37 亿卢比。如此高的教育投资在亚洲属于前列。1966 年联合国观察人员就斯里兰卡教育问题所提出的报告中说:"从其金字塔形的教育体制来判断,日本之后,在亚洲,锡兰的教育体系发展得最好。……而且,锡兰在所有教育层次上都提供免费教育,所以对其在教育方面的投资占国内生产总值的 5% 这一亚洲最高比例,也就不足为怪。"

　　免费教育政策的实施,取得了巨大的成就。由于较高的教育投入和较高的入学率,斯里兰卡成年人识字率由 1946 年的 58% 上升为 1971 年的 78% 和 1981 年的 86%,20—24 岁年龄段有 71% 的男性和 64% 女性除 4 年小学教育之外,还受过其他教育。到 1997 年,斯里兰卡成人识字率高达

90%,这在发展中国家中是最高的。其小学和中学入学率分别是 99% 和 74%。免费教育有助于社会流动,削弱了传统的政治经济精英的势力,在某种程度上,直接或间接地促进了各个经济领域生产率的提高。乡村地区及生活贫困的人也拥有了一些知识、技能,他们可以在全国各个地方找到工作。

但是,斯里兰卡的免费教育质量并不高。据统计,到 20 世纪 80 年代中期,在乡村,将近有 10% 的学校只有 2 名教师。20% 的教师没有大学毕业或者没有受过教师职业培训,大多数学校没有实验室或者实验器材,全国只有 8% 的学校被官方定为一级学校。

根据斯里兰卡教育部统计显示,2010 年该国共有公立学校 9 685 所,其中教育部直管学校 340 所,地方管理学校 9 345 所,在校生约 394 万名;私立学校 98 所,其中免费学校 38 所,在校生约 11.7 万名;佛教学校 719 所,在校生约 6.2 万名。斯里兰卡的高校分为公立和私立两大类,但具有学位授予权的综合大学和大部分具有学位授予权的单科或专科院校都是公立或有政府资金资助的。

三、免费医疗

斯里兰卡的医疗保障体系在英国殖民统治时期已经开始运作。19 世纪初期,英国人占领了沿海地区以后,就用西方的医疗技术,在斯里兰卡建立了一个医院和诊所网络。1859 年,英国殖民政府成立了国民医务部,这个部门在全国主要城市建立了一套医院网络和室外医疗所。从 1931 年到 1947 年,政府用于医疗卫生方面的开支增加了 4 倍。20 世纪中期英国殖民统治结束时,医疗卫生已经成为政府工作的一个主要的领域,全国建立了 260 所医院、800 所诊所,还有几个涉及疾病预防和治疗的公共卫生项目。这些医院和诊所尽管接受政府的资助,但大都在私人手里。1952 年《卫生服务法案》(*The Health Services Act*)第 12 条将卫生管理权限下放给各个地区,在每个地区建立了卫生防治体系。

斯里兰卡全民免费医疗政策从 20 世纪 40 年代末开始实行,是世界上较早实行免费医疗的国家之一。独立以后的历届政府都承诺向全民提供基本的医疗保险。从 1950 年以后政府就未再向医疗机构征收任何税费,其免费医疗政策也没有大的改变。在政府整个社会福利开支中,用于免费医疗的费用是最低的。尽管如此,历届政府在这方面都维持着相当高水平的开支,都将为国民提供免费医疗作为自己的责任。20 世纪 50 年代到 60 年代初期，政府用于免费医疗方面的开支占政府总开支的 8%。70 年代以前，大体平均保持在政府总开支的 5%。1982 年，政府用在健康卫生方面的费用约为国内生产总值的 1.3%，为政府总开支的 3.2%。政府用于医疗服务的开支从 1949/1950 年的 5 020 万卢比上升到 1956/1957 年的 1.04 亿卢比。到 1968/1969 年，又升为 2.1 亿卢比。1974 年医疗服务总开支为 2.889 亿卢比，1984 年更上升为 17.51 亿卢比。医疗服务开支从 1974 年到 1984 年 10 年里增长了 5 倍。

从社会保障的角度说，免费医疗制度满足了人们的最基本需要，从总体上说，斯里兰卡的卫生保健制度尤其侧重于初级卫生保健和家庭健康服务。斯里兰卡的初级卫生保健工作有较长的历史，从 1926 年前后就开始提倡为边远地区民众提供初级卫生保健服务。当然，由于受惠人数较少，这些开支算不上是经常性的开支。

斯里兰卡免费医疗政策是通过覆盖全国的医院和诊所网络来实施的。为有效管理免费医疗机构，在国家一级成立了医疗卫生咨询委员会，在地方成立了地区医院理事会。

全民免费医疗政策的实施，取得了显著成绩。斯里兰卡人民的健康条件大大改善，人均寿命大大提高，男性公民预期寿命 1946 年为 43.9 岁，1953 年上升为 61.9 岁，1977 年为 66.9 岁，1984 年为 67.4 岁。女性预期寿命比男性略高，1984 年，女性预期寿命为 71 岁。同时，斯里兰卡婴儿的死亡率从 1935 年的 235‰下降到 1950 年的 140‰；1973 年，斯里兰卡婴儿死亡率又下降到 46‰，1984 年降为 33‰。免费医疗政策的实施，使得全体国民的死亡率大大降低，由 1950 年的 12.6‰降至 1984 年的 6.5‰。

为使免费医疗服务顺利进行，政府还持续发展医药学校，并保持在一个较高的水平，以满足国内医学教育研究需要。斯里兰卡每千人拥有 1 名医生，这个比例在发展中国家是相当高的。

四、其他福利

除了上述社会福利，斯里兰卡政府还对国民住房进行补贴。独立之前，英国殖民政府在住房方面主要关心的是控制核心城市地区的居民住宅问题。斯里兰卡独立之后，住房的扩张远远满足不了快速增长的人口需要。但是独立之初，斯里兰卡政府在住房不足方面反应迟缓，主要原因是政府在教育、医疗、食品补助等社会福利方面负担沉重。为了应对日益恶化的住房条件,斯里兰卡政府于 1953 年成立了住房部,并于 1954 年颁布了《国民住房法》(*National Housing Act*)。《国民住房法》规定对私人建造房屋予以帮助,强化原来涉及公共卫生的房屋的法令。到 1970 年,斯里兰卡政府修建了 4 000 套房屋。除此之外,住房部还通过提供低息贷款、降低税收等手段,积极推动私人住宅修建。1972 年,又通过了《租房法》(*Rent Act*)等法案,控制房租的上涨,协调房东和租客的关系。贾亚瓦德纳总统的第一个任期中,住房和城市发展项目约为马哈韦利河加速工程花费的 1/3 左右。其中最成功的是自助乡村住宅工程,村民在政府的资助下完成了绝大部分的建设项目,政府提供掘井、修建公共建筑,甚至是建造钟楼(政府借此鼓励人们守时)等公共服务。

在发展中国家中,斯里兰卡是死亡率最低的国家之一,而人口出生率的下降却相对较慢,从而使斯里兰卡的人口增长较快;同时,斯里兰卡的人口素质也比较高。在公民的入学率、识字率等方面都远远走在了南亚国家的前列。但是,大规模社会福利制度的推行,使得政府用于社会福利事业方面的费用急剧增加,而出于种种原因,国家经济发展的水平并不高。社会福利政策成了斯里兰卡政府的一个沉重包袱,政府有限的资金大部分用于食物补贴、免费教育、免费医疗等社会福利事业上,而用于经济建设方面的投资相对较少,这使得斯里兰卡独立后长期投资不足,工业基础薄弱,严重阻碍了斯里兰卡经济的发展。

第二节　社会福利制度的改革

长期以来社会福利政策是斯里兰卡政府的一项基本国策,是缓冲社会矛盾的重要手段。总体而言,斯里兰卡的社会福利出色地发挥了两大基本功能:一是提供的普惠性的社会救济和针对特定人群如老年人、残疾人的特定福利,降低了民众的生存风险,为经济发展提供了稳定的社会环境;二是提供的免费教育和卫生保健提高了民众的文化素质和身体素质,为经济发展提供了素质相对较高的人力资源。可以说,福利主义在斯里兰卡是深入人心的,历届政府都不能不考虑这一重要因素。正因为如此,历届政府在社会福利这个问题上都小心翼翼,许多政党都把社会福利当成政治斗争的武器,因而政府用于社会福利的开支持续上升,严重阻碍了斯里兰卡的经济发展。

1949—1974 年各项福利事业总开支　（单位：百万卢比，%）

年份＼类别	大米补贴	教育经费	卫生健康经费	社会福利总开支	总开支	福利开支占总开支百分比
1949/1950	39.0	85.0	50.2	174.2	537.2	32.4
1955/1956	71.9	155.4	97.8	325.1	891.8	36.45
1960/1961	246.0	264.2	141.0	651.2	1 458.5	43.48
1966/1967	195.6	338.1	168.4	702.1	2 129.2	32.97
1974	776.3	579.3	288.9	1 641.5	3 990.3	41.21

资料来源：H.N.S.卡拉纳蒂雷克《斯里兰卡经济》，斯里兰卡人口与社会经济研究中心，1987 年，第 191 页。

社会福利政策给人们带来的实惠是不言而喻的，但其副作用却不易被人们承认。

首先，斯里兰卡的社会福利制度给政府造成了沉重的经济负担，阻碍了经济的健康稳定发展。

斯里兰卡政府用于社会福利方面的开支逐年上升。20 世纪 50 年代政府用于社会福利方面的费用占政府总预算的 32%（占国内生产总值的 7.5%）。60 年代社会福利方面的费用增加到政府总预算的 35%（占国内生产总值的 10%）。随着人口的增长，这笔开支也加大了，而经济增长又滞后，政府财政负担越来越重。以社会福利政策的最大部分——食物补贴为例，20 世纪 60 年代以前，政府每年补贴平均为 1 亿卢比，到 60 年代后期每年都超过 3 亿卢比；从 60 年代末期到 70 年代中期，这个数字又翻了一番，从 3.05 亿卢比增加到 7.769 亿卢比。1975 年更多达 10.69 亿卢比。由于政府在社会福利上负担沉重，加上在 1977 年以前斯里兰卡经济结构不合理，政府忽视发展工业，仍沿袭殖民地时期的单一的种植园经济，使斯里兰卡在 1948—1977 年的 30 年中经济不振，1977 年斯里兰卡国内生产总值增长率从以前的 4.4% 降为 2.9%，失业率高达 20%。斯里兰卡经济犹如走进了一条死胡同。

社会福利补贴不仅耗费了国家大量的资金和建设投资，而且由于用于补贴款项进口外国农产品，也阻碍了本国农业的发展；建设投资的减少使国家经济增长乏力，经济发展缓慢。1970—1977 年期间，斯里兰卡年经济增长率仅为 2.9%，人均生活改善程度不到 1%，这就使得斯里兰卡的社会福利制度只能维持在一个较低的水平上。

其次,社会福利制度还与政治斗争纠缠在一起,影响到了国内政治的稳定。

斯里兰卡社会福利开支不断扩大,与政治斗争有很大关系。各个政党为了在竞选中获胜,纷纷向选民承诺扩大社会福利,社会福利实现与否成了竞选的一大筹码。1948 年,统一国民党组阁的第一届政府规定 1 蒲式耳大米的配给价格是 70 分。到了 1951 年,政府财政因朝鲜战争爆发导致橡胶出口价格猛涨而获得了较大的改善,遂将 1 蒲式耳大米配给价格降至 25 分。1952 年统一国民党在竞选时就提出:"只要这个政府存在,1 蒲式耳的大米只售 25 分。"最要命的是政府用于社会福利方面的款项只能增加不能减少,否则便会引发政治危机。1952 年 7 月,国际复兴开发银行调查团的报告就已经提出:"可靠的政策应该是放弃补贴制度,让米价随劳动工资和生产成本的变化而升降。因此同意中央银行的意见,米价补贴现应减少。"

其实在 1953 年、1963 年、1966 年和 1973 年政府曾 4 次试图削减补贴,但都以失败告终。1953 年锡兰中央银行建议减少米价补贴。1953 年 7 月 20 日,统一国民党政府基于财政方面的考虑,采纳了国际复兴银行和锡兰中央银行的建议,将米价从 1 蒲式耳 25 分提高到 70 分。但政府这一举动立即遭到全国强烈反对,8 月 12 日,全国举行了罢工罢市,罢工者不让一辆汽车行驶,交通随之瘫痪。虽然政府出动了军队,宣布了紧急状态,警察开枪打死了不少人,但是仍未能挽回局面。同年 10 月,杜德利·森纳那亚克内阁被迫辞职。新政府上台后,很快就部分地恢复了粮食补贴。1963 年,斯里兰卡粮食部部长再次提出削减补贴,遭到强烈反对,也被迫辞职。杜德利·森纳那亚克的"国民政府"就因为 1966 年 12 月决定减少大米的定量供应(由每人每周 4 磅,每磅售价半卢比,减至免费供应 2 磅),而在 1970 年 5 月的选举中遭到惨重失败。1973 年的提价亦未实现。从此政府再也不敢轻易触动社会福利制度。

然而,斯里兰卡这种缺乏经济增长基础的福利制度正如西方经济学家约翰·鲁宾逊早就概括的"锡兰在栽树前先食果"。后来,斯里兰卡国内舆论也指出了这一危害,1980 年斯里兰卡《论坛》杂志载文评道:"斯里兰卡被公认是亚洲拥有最广泛的福利制度的国家,这一福利制度由于停滞不前的经济和 1 400 万人口中有近 100 万的失业者的重压而面临崩溃。"

鉴于经济增长缓慢、失业人口飙升、国家负担沉重这一局面,1977 年以后,斯里兰卡政府开始进行一系列的政治、经济、社会改革,其中包括对社会福利制度的改革。新政府认为过去30年间的价格补贴相当程度上是以牺牲经济增长为代价的。因此政府开始谋求把资金从福利、消费转向增加投资，由追求福利型转向追求发展型经济。斯里兰卡财政部部长在1981年预算报告中说："现政府的政策从根本上说，是谋求把财力从消费转变到投资方面。"政府预算中用于发展项目的投资，特别是在农业方面的投资有所增加。

在减少福利开支方面，斯里兰卡政府采取的第一个重大步骤是改革食品补贴制度。贾亚瓦德那总统认为："我们过去是免费供应粮食，而粮食价格约为5角至7角5分一个度量单位，现在，国际市场上一个度量单位的粮食却达到6卢比，谁能够花6卢比购买一个单位的粮食，而后来又免费供应出去呢？不论它具有什么长远的经济远见，这种做法决不能继续下去。"1977年11月公布的政府预算削减了粮食补贴，政府取消了原来的普遍食物补贴制，改为向低收入者发放食品券进行补贴的新办法，规定所有的食品以市场价格出售，对于月收入低于300卢比的贫困家庭，政府发放一定的食品券，凭食品券免费获得食品。实际上，每个领到食品券的人每月补贴是25卢比，这并不会造成新的通货膨胀。斯里兰卡只有约一半的人口享受这种补贴，从而结束了食品补贴人人有份的历史。而且补贴开支使用更为合理，这就减少了政府的财政开支，食品补贴在政府开支中所占的份额从1970年的23%降到1978年的19%，1984年又进一步降到4%。1978年以来，政府还减少了对大米、面粉等收购价格的补贴。到1979年则改为发放食物券。但通货膨胀吞噬着食物券的价值，人均食物补贴（1959年不变价格）从1978年的54卢比降为1982年的21卢比，支出总额占国内生产总值的比重从5.3%降到1.8%。

当然，在福利主义深入人心的斯里兰卡，许多补贴项目仍旧维持，在改革社会福利制度方面，虽然政府大幅度削减食品补贴，但是并没有过多削减免费教育和卫生保健的供给。医疗保健服务仍然全部免费，并对孕妇和营养不良的儿童提供营养品。1978年以后政府为减少教育开支，只是将小学入学年龄从5岁提高到6岁。从小学到大学仍实行免费教育，统一国民党政府还增加了向小学和中学学生免费提供教科书和午餐的福利措施。从20世纪60年代到80年代早期，以不变价格计算，斯里兰卡人均教育开支增加了40%，医疗开支增加了一倍。另外，政府对住房、公共汽车票和火车票仍维持一定的补贴。任何一届政府都不敢轻言取消社会福利制度。

尽管经过了这些改革，斯里兰卡社会福利开支占政府总开支的比例仍然很高。其中包括政府用于医疗保健和教育的两项费用，以及扶贫计划、食品补贴、儿童午餐供应等,二者相加比例仍不低。20 世纪 90 年代初,所有的社会福利和服务费用约占政府开支的 1/3,如 1992 年政府开支 887.25 亿卢比,福利服务开支为 290.02 亿卢比,1993 年相应数为 974.38 亿卢比和 348.09 亿卢比。可见政府对于福利和补贴的削减是慎重的。

政府在削减社会福利开支的同时,还致力于消灭贫困。为了减少城乡贫困户,1989 年斯里兰卡政府开始实施为城乡人民提供更多就业和增加收入的“减少贫困计划”(Programme of “poverty alleviation”,又称“贾纳萨维亚计划”),即向超过半数的斯里兰卡人直接发放现金。月收入不到 700 卢比的最贫困家庭有资格参加。参加者家庭两年内每月提供 24 个劳动日,从事道路、灌溉渠、建筑物等的修建和修缮,同时接受职业技术培训,每月可得到 2 500卢比,连续 24 个月。在这 2 500 卢比中,1 459 卢比供参加者家庭消费之用,余下的 1 041 卢比被保存在国家储蓄银行,记在他们的账户上。两年期满后可向银行申请提取此款,用于自谋职业,包括从事农业、加工业以及服务行业等。在该计划实施的 3 年时间,参加的贫困家庭储蓄了上亿卢比,有 12.5 万户提取了资金,从事他们自谋的职业。理论上,这项计划能够在一定程度上刺激经济发展,但是它增加了大量的经常性支出,其剩余部分资金也直接进入了消费领域。这笔钱如果用来投资,对经济的刺激效果会更好。经过几年的实施,这项政策已经收到一定成效,一些贫困家庭已不需要政府补贴了。

同时经过这些改革,政府用于社会福利方面的开支减少,政府的财政负担大大减轻,而人民的社会福利水平并未降低。由于国家减轻了福利开支,又鼓励私人投资,因而投资率有较大提高。1977 年前,国内投资率(即国内投资额占国内生产总值的比例)为 16%,1993 年已达到 23.5%。

另外,政府从 1978 年起,实行了三次住房计划,帮助穷人改善住房条件,1978 年实施的“10 万户住房计划”,历时 5 年,主要由国家出资,为农民建造砖瓦房,代替旧式的茅草房。1983 年实施的“100 万户住房计划”,由国家提供土地、技术和部分贷款,资金主要由民众自筹,鼓励需要住房者参加。1981年,政府用于住房方面的开支也达 1.99 亿卢比,取得了巨大成绩。斯里兰卡在住房建设方面取得的成就与经验引起了国际社会的关注,1986 年 9 月,亚洲及太平洋经济和社会委员会组织 19 个亚太国家建筑专家到斯里兰卡参观学习。斯里兰卡的住房建设被誉为第三世界发展住房的典范。

斯里兰卡社会福利制度实施几十年来,取得了巨大成就。虽然说这种政策在早期曾经使斯里兰卡政府背上沉重的包袱,使斯里兰卡经济增长乏力,成了斯里兰卡现代化建设的阻力,但是这种政策满足了人们的基本需求,使斯里兰卡绝大多数民众摆脱了贫困,基本的生活、教育、医疗卫生条件得到保障。这对于维护国家稳定,提高人口素质,促进经济发展都起了一定作用。

粮食分配计划确保了大多数人在大多数时间里有足够的食物,它们在减轻收入分配不平等方面起了重要作用。据估计,低收入群体"从大米配给计划中获得了他们实际收入的16%"。充足的营养,加上适当的预防、治疗等保健措施,使得斯里兰卡人在一些健康指标上有了明显的提高,人口素质大大提高。所以说,斯里兰卡社会福利政策所取得的成就是巨大的。

特别是1977年经济改革以后,斯里兰卡经济走上了良性发展的道路,经济发展速度加快,人民生活也有较大改善。与其南亚近邻相比,成绩比较突出。1995年,斯里兰卡人均国内生产总值达到700美元,而印度为340美元、巴基斯坦为460美元、孟加拉国为240美元、尼泊尔为200美元。斯里兰卡人口预期寿命达73岁(1997年),而印度、巴基斯坦、孟加拉国、尼泊尔分别为59.7、64、58、57岁。斯里兰卡成人识字率为86.7%(1991年),而印度、巴基斯坦、孟加拉国、尼泊尔分别为52%、35%、34.8%、37.7%。斯里兰卡婴儿死亡率(1997年)仅为15‰,而印度、巴基斯坦、孟加拉国、尼泊尔则分别高达71.1‰、75‰、79‰、75‰。1981—1995年间,每人每天生活不足1美元的人,在斯里兰卡仅有4%,在印度为52.5%,在巴基斯坦为11.6%。

特别需要指出的是,斯里兰卡的社会福利政策不但满足了斯里兰卡民众最基本的生活、医疗、教育的需求,而且由于免费教育的实施,斯里兰卡人口素质大大提高,这又为斯里兰卡经济建设输送了大量较高素质的劳动力,同时使斯里兰卡生育率下降,1995年,斯里兰卡人口增长率为1.5%(南亚平均为2.3%)。虽然斯里兰卡仍是一个低收入国家,1998年斯里兰卡人均国内生产总值只有837美元,在世界100多个国家和地区人均国内生产总值排名中,位于九十几位,但是,在人的素质发展指数①排名中,却在50位左右,这表明斯里兰卡的人口素质发展指数大大超前于经济发展的程度。

同时,免费教育为所有人提供了机会均等的教育机会,不管他们收入水平和社会地位如何。这使大量来自农村及没有特权的青年获得了受教育机会,并可以在全国范围内找到合适的工作。免费教育还使一个家庭中至少有

---

① 联合国把经济实际增长和预期寿命、识字、入学等情况综合后制定人的素质发展指数(human development index),斯里兰卡为0.663。

人可以找到一份稳定的工作。加上食品补贴和免费医疗等福利措施,斯里兰卡民众的基本生活得到了保证,这对于促进社会稳定,促进经济发展都有很大益处。

值得注意的是,斯里兰卡社会福利政策的实施,使斯里兰卡民众平均生活、教育、医疗水平都大大高于南亚其他国家。但是,长期以来,斯里兰卡在经济增长与人口素质发展指数之间存在严重不平衡。人口素质发展指数很高,而国内生产总值增长不快,许多人面临收入下降和失业的危险。长期的种族冲突,也给斯里兰卡造成巨大的生命和财产损失,外国投资减少,旅游人数锐减,同时政府用于军事上的费用大大增加,从 1985 年占国内生产总值的2.7%增至 1994 年的 4.7%(世界平均为 3%),人均军费开支 29 美元。斯里兰卡人口少、面积小、地区经济差别不太悬殊,民众整体素质、文化水平较高,如果解决好国内的民族冲突的问题,使国内有一个安全的社会环境,吸引更多的外资,斯里兰卡的经济将会以前所未有的速度发展。

作者点评

作为一个不发达的第三世界国家,能不能建立一套社会福利制度,斯里兰卡给出了一个很好的答案。受英国人的影响,斯里兰卡独立后便建立了一套社会福利制度,国家实行了免费教育、免费医疗制度,对食品、住房给予补贴。斯里兰卡社会福利政策的实施,极大地提高了斯里兰卡人民的生活水平。健康水平,提高了斯里兰卡的国民素质,使斯里兰卡人民平均生活水平,期望寿命,教育、医疗水平都大大高于南亚其他国家,人口素质也居于世界前列。这些社会福利措施对斯里兰卡社会经济的稳定与发展起了很大作用。但是,这种社会福利政策只是一种低水平的福利,究其原因还在于经济发展的滞后性。长期以来,斯里兰卡在经济增长与人口素质发展指数之间存在严重不平衡。人口素质发展指数很高,而国内生产总值增长不快,许多人面临着收入下降和失业的危险。

第八章

民族冲突问题的形成

南亚国家独立后民族问题非常突出,民族矛盾和教族冲突时起时伏,有时表现得极为激烈和尖锐,对国家的政治、经济及人民日常生活有着深刻的影响,有时还影响到国家之间的关系。在南亚国家中,斯里兰卡的民族冲突与暴力分裂主义持续时间最长,冲突的烈度最强,造成的危害也最为严重。

斯里兰卡独立以后,国内两个主要民族僧伽罗族和泰米尔族之间的矛盾逐渐突出,民族冲突不断发生。尤其1983年7月发生全国性的大规模民族骚乱以来,两族之间矛盾日益激化,冲突越演越烈,不仅两族之间的相互残杀事件层出不穷,而且泰米尔武装分子同政府武装部队之间的战斗也日益激烈与频繁,最后导致印度向斯里兰卡派驻维和部队。直到2009年,这场民族冲突才结束。1973年以来,国内民族问题和印斯关系一直是斯里兰卡政府国内外目光的焦点。斯里兰卡民族问题向何处发展,已为全世界所瞩目。

第一节 民族问题的历史根源

斯里兰卡是一个多民族国家,除僧伽罗人和泰米尔人之外,还有摩尔人、伯格人、欧亚混血人等。但是,众所周知,斯里兰卡的民族问题主要是占全国人口74%的僧伽罗人和占全国人口15.3%的泰米尔人之间的问题。

僧伽罗人和泰米尔人都不是斯里兰卡岛上的原始居民,而是从印度来的移民。但是谁先谁后到达斯里兰卡岛是两大民族的政治家和学者争论不休的问题。史学界的一般看法是:僧伽罗人先于泰米尔人,他们在公元前5世纪前后从印度北部移居斯里兰卡岛,建立僧伽罗王国,创造了先进的水利文明。公元前3世纪,佛教从印度传入该岛,得到僧伽罗王室的崇信,并一直处于国教的地位。

　　僧伽罗人一直自认为是斯里兰卡的最早居民和当然的主人。由佛教僧侣撰写的历史书籍还为这种观点加上宗教色彩,认为斯里兰卡岛和僧伽罗人是由佛选出来保护佛教的。13 世纪以前,他们一直居住在北部山区和东南部的干燥地带,后来僧伽罗人文明中心逐渐向南迁移,而把干燥地带让给了泰米尔人。至于迁移的原因,有人认为是自然因素和社会因素的综合作用,但是大多数僧伽罗人则认为是泰米尔人的入侵。他们把泰米尔人看作侵略者。

　　由于地理和文化的差别,僧伽罗人又分为"低地僧伽罗人"和"山地僧伽罗人"。在西方殖民统治的几个世纪里,由于基督教和欧洲文化对沿海地区的大量渗透,主要居住在南部和西部沿海地区的低地僧伽罗人中,已经有很大一部分在葡萄牙统治时期由佛教徒改宗为天主教徒。在接受西方文化影响的同时,他们利用了一切可以得到的有限的西方教育和商业机会。与此形成鲜明对照的是,山地僧伽罗人居住在内地山区和北部中央干旱地带。他们当中绝大多数仍然是佛教徒,斯里兰卡全国佛教徒的 99.5% 操僧伽罗语。他们生活在基本上按照传统的种姓制度和封建关系组成的高原村庄里,以种植水稻和其他谷物为主要职业。这些从事农业的山地僧伽罗人在英国殖民统治之前已经形成了自己特有的政治和文化。

　　泰米尔人是来自印度次大陆的民族之一。大约在 1 000 年前泰米尔人从印度南部移居到斯里兰卡,大规模移居斯里兰卡是在公元 7 世纪。最古老的泰米尔人社区在印度南部和斯里兰卡北部。世界上还分散着一些泰米尔人移民社区,如马来西亚、新加坡、斐济、毛里求斯和南非等国。泰米尔人属于达罗毗荼人种,操泰米尔语。泰米尔人力图证明,当僧伽罗人到达斯里兰卡时,他们的祖先达罗毗荼人已经在那里定居。因此他们不是侵略者,而是斯里兰卡的最早居民。此外,更为重要的是,自 13 世纪起,泰米尔人在斯里兰卡北方建立了独立的贾夫纳王国,这一历史成就常被泰米尔人用来证明北部地区是他们的传统家园。

　　泰米尔人主要从印度南部迁移过来,与印度次大陆的泰米尔族同宗同源,主要信奉印度教。他们与印度南部泰米尔人同气连枝,遥相呼应。事实上,在历史进程中,斯里兰卡北部泰米尔人多次为印度入侵者提供帮助,由此强化了僧伽罗人对整个泰米尔族的防范和仇视心理。此外,入侵者在北部的统治,通常会压制佛教,劫掠寺庙。他们居住在北方,特别是在贾夫纳半岛周围和东北部沿海地区。在殖民地时期，基督教传教士创建了当地大多数学校，并集中精力在贾夫纳地区进行工作。因此，与斯里兰卡的其他民族相比，这里的泰米尔人在接受英式教育方面处于得天独厚的优势地位。由于贾夫纳地区的人口增长和土地的极端贫瘠，斯里兰卡的泰米尔人"在19世纪以后开始南移到科伦坡和其他地区谋生"。因此，遍布全国大部分地区的泰米尔人在行政机构、教育界等各个专业领域占有突出位置。据1971年的人口普查，在城市地区的族群中，斯里兰卡泰米尔人所占的比例高于低地僧伽罗人。2012年，斯里兰卡泰米尔人为311万，约占总人口的15.3%。

泰米尔人又分为"兰卡泰米尔人"和"印度泰米尔人"两部分。印度泰米尔人是18世纪英国为了开辟茶叶种植园，掠夺斯里兰卡的资源，从印度南部招募来的契约工人，主要居住在种植园经济较为发达的中部山区。独立后，斯里兰卡曾两次通过立法剥夺了印度泰米尔人的公民权，使其成为"无国籍印度人"。20世纪60—70年代，印度和斯里兰卡签订协议，部分泰米尔人被遣返，部分泰米尔人获得公民权，泰米尔人的国籍问题逐步得到解决，但进展缓慢。2012年，斯里兰卡还生活着84万印度泰米尔人，占总人口的4.1%。

其他少数民族中，摩尔人是人口比较多的一个，约有100万人。摩尔人与僧伽罗人和泰米尔人之间都有矛盾。1915年，摩尔人曾经同僧伽罗人之间发生过一次大规模的种族冲突。这也是斯里兰卡历史上第一次大规模的种族骚乱。独立之前，摩尔人的领袖人物倾向于同泰米尔人及其他少数民族结盟，以便从英国殖民当局那里争取对少数民族更大限度的让步。但是自20世纪40年代以来，摩尔人转而同僧伽罗人联合。由于摩尔人居住分散，加上总体与僧伽罗人关系较好，所以他们没有对斯里兰卡政局产生重大影响。

斯里兰卡民族问题主要是僧伽罗人和泰米尔人之间的问题。它主要表现在语言、宗教、教育、移民和就业等方面。

僧伽罗人和泰米尔人两大民族之间的纷争，早在他们刚来岛上定居时就产生了。在漫长的历史岁月中，两大民族的封建统治者为了争夺对全岛的统治权经常发动战争，两族人民被迫卷入这些战争，两大民族之间的矛盾有时表现得比较尖锐。但绝大多数时期，僧伽罗人和泰米尔人两大民族都能和睦相处。而且那时的民族冲突与现代的民族冲突不同，它没有现代意义的民族主义内涵。

追溯到西方殖民统治以前的时期，我们会发现，那时僧伽罗人和泰米尔人之间的冲突并不具有严重的性质或带有政治色彩。在一个孤立的小岛长期共处的过程中,这两个民族集团是相互体谅的。斯里兰卡的佛教徒和印度教徒相互适应、和睦相处。僧伽罗佛教反映出印度教的种姓制度这一点就是证明。在西方殖民者入侵之前,岛上僧伽罗人的科特王国、康提王国和泰米尔人的贾夫纳王国形成了一个"三足鼎立"的格局。

传统的斯里兰卡有一个典型的特点,即文化和宗教的兴衰与它的政治经济,尤其与殖民地化的程度有密切的关系。同其他殖民地国家的情形一样(在那些国家,民族和宗教冲突是西方对东方文明所产生的直接影响或间接影响的结果),当代的僧伽罗—泰米尔人冲突的起因也可以追溯到殖民地时期。在那时,这两个民族集团以互不相容的方式分别同殖民主义统治者建立起不同的文化经济关系。在某些场合,西方文化持续的渗透和种植园的大规模开发对于随后发生的僧伽罗人—泰米尔人之间的民族冲突的性质、方式和表现具有重要影响。

在葡萄牙殖民统治时期,葡萄牙人只是垄断了斯里兰卡的肉桂贸易,并没有改变斯里兰卡的社会结构,没有打破三足鼎立的局面,他们也没有煽动民族摩擦。恰好相反,葡萄牙人利用斯里兰卡种姓制度作为使人改变宗教信仰的一种手段,从而模糊了民族界限。

僧伽罗人和泰米尔人之间的民族冲突起源于殖民地时期,确切地说起源于英国殖民统治时期。斯里兰卡全部剧烈而广泛的社会、经济和政治变化始于英国统治的 19 世纪。在这些变化中,英语教育和种植园经济的发展是后来民族冲突的最具有决定性的因素。由于这两个因素,在斯里兰卡的北部地区和西南部地区分别以不同的方式产生了两个上层集团——泰米尔上层集团和僧伽罗上层集团。

1796 年英国从荷兰手中夺取了斯里兰卡沿海地区,1815 年,吞并了康提王国及其腹地,将斯里兰卡纳入一个统一的政治体系之下,从而使斯里兰卡的民族问题开始显现。

一、统一的中央政府和僧伽罗人与泰米尔人关系的发展

英国殖民者征服斯里兰卡全境后,在斯里兰卡建立了统一的中央政府。19 世纪 30 年代,根据科尔布鲁克改革,英国在斯里兰卡全岛建立了一套统一的行政体系,并把全岛由原来的 16 个省改为 5 个省。统一的中央政府的建立,对于僧伽罗人和泰米尔人的关系具有双重影响。

　　一方面，它促进了双方的交往，为泰米尔人移居其他地区创造了条件，客观上有利于国家统一和民族融合。全岛统一的行政制度加强了低地僧伽罗人、山地僧伽罗人和泰米尔人的民族整体意识，有利于国家的统一发展。英国占领斯里兰卡最初动机是其在印度洋具有战略地位，但是很快它就成了关系到英国商业利益的重要地区。英国在斯里兰卡引入了独立的资本主义企业，特别是咖啡及茶叶种植园。为了运输兵力，同时使种植园的产品运往沿海港口，英国在斯里兰卡修建了道路交通系统，统一的国内市场随之形成。种植园经济的发展，使一部分参与经营种植园的僧伽罗人和泰米尔人迅速致富，他们及其子女受过良好的英语教育，进入了英国殖民统治机构，在斯里兰卡的北部地区和西南部地区分别以不同的方式产生了两个上层集团——泰米尔上层集团和僧伽罗上层集团，同时其民族意识也逐渐觉醒。

　　另一方面，种植园经济的发展也使僧伽罗人和泰米尔人两族关系在土地纷争之外，又增加了新的矛盾。由于英国殖民当局采取"分而治之"的原则，有意承认各个民族，在不同时期利用不同民族，从而加深了各民族间的隔阂。

　　英国殖民者进入斯里兰卡之后，他们面对的是说不同语言、穿不同服装、具有不同宗教和风俗的民族。殖民政府在特定的形势下严格区分这些不同的风俗习惯。到 19 世纪末，许多"截然不同的民族"被英国殖民当局分别承认。除僧伽罗人和泰米尔人被分为"低地""山地"僧伽罗人，"锡兰""印度"泰米尔人外，摩尔人也被分为"锡兰"和"沿海"摩尔人，伯格人被分为"葡萄牙"和"荷兰"伯格人。尽管如此，只有少数人成为政治显要。这种做法的重要意义在于英国正式将这种差别引入立法和政治制度。每个集团都从家庭法的层面上得到承认。一开始，英国殖民者故意提拔泰米尔人，不让僧伽罗人在殖民政府中占据太多席位，而让泰米尔人等少数民族在政治、文化、教育等方面得到比僧伽罗人更优惠的待遇。英国人这样做，主要是因为僧伽罗人是反抗英国殖民统治的主力，而且高地僧伽罗人被征服的时间较晚，英语水平较低。这样泰米尔人在殖民政府机关、自由职业和大学中的比例超过了其在全国总人口的比例，这使得僧伽罗人感到不满和不安。到 1947 年，占全国人口不足 20% 的泰米尔人却占据了政府官员的近一半。这当然引起占全国人口70% 多的僧伽罗人的强烈不满，成为斯里兰卡独立后民族矛盾激化的直接诱因之一。到斯里兰卡独立时，英国殖民者却把国家政权完全交给僧伽罗人，如此，双方矛盾进一步加剧。

　　英国在民族基础上组织政治代表意义更为深远。1833 年,英国在斯里兰卡建立了一个统一的政治管理机构——立法会议。立法会议的 3 个非官方代表由总督任命,当时总督任命了 1 名低地僧伽罗人、1 名泰米尔人、1 名伯格人。1889 年,又增加了 1 名僧伽罗人和 1 名摩尔人。这样从一开始,斯里兰卡的组织机构就是由英国在民族的基础上挑选政治代表的。

　　到 19 世纪末,斯里兰卡政治中存在这样一个悖论:一方面,英国人在此推行现代政治制度,宣称所有人都是平等的;这个岛国在同一套统治机构和同一个总督统治之下,斯里兰卡的所有公民都被"平等"对待。另一方面,英国殖民当局实质上在制造文化差异,并将这种差别作为其统治的基础。

　　此后几十年间,斯里兰卡的立法会议组成有几次变化,但是教族代表制原则都保留下来。1910 年,立法会议中又增加了 4 名非官方代表,其中 2 名为欧洲人,1 名为伯格人,1 名为"受过教育"的斯里兰卡人。英国殖民当局在教族基础上任命了 6 名非官方代表:2 名泰米尔人、2 名低地僧伽罗人、1 名康提人、1 名摩尔人。1923 年,英国殖民当局又引入了地区代表制,37 名非官方代表中,23 名是按地域选区选出,11 名是按照教族原则选出,3 名则由总督任命。1910 年的立法会议第一次为斯里兰卡知识界设置了一个席位,但在选举时却引起了教族仇恨。第一次选举斯里兰卡知识界代表的斗争中,一名高种姓的泰米尔人,在高种姓的僧伽罗人投票支持下当选。这说明当时种姓偏见较之民族偏见更为强烈。种姓偏见掩盖了选举所引起的民族偏见。

　　但是在改革方案需要对两个教族的席位分配做出规定时,英国殖民当局在分配席位问题上玩弄的权术又一次激起了教族之间的敌对情绪。由于每一个席位都是按照僧伽罗族、泰米尔族的人数来分配的,所以在这场奇怪的竞争中,泰米尔人大为惶惑不安,十分强烈地感到他们的利益将要遭到损失,将会因此而降到少数地位。国民大会党对于在西方省为泰米尔人保留一个特殊席位所持的态度,引起了泰米尔人的不满,这造成了该党的分裂。一大批泰米尔人脱离锡兰国民大会党,在贾夫纳成立了泰米尔人民大会党,旨在为泰米尔教族争取足够的代表名额。

　　第一次世界大战是斯里兰卡历史上的一个转折点。斯里兰卡在英国的推动下,参加了第一次世界大战,为英国提供了重要的经济支持。斯里兰卡充满民族主义、爱国主义的地下独立运动在这一时期开始萌芽。他们不再满足于在行政机构中任职,而是提出要加入英国人把持的立法机构——立法会议。

直到 1931 年《多诺莫尔宪法》生效之前,僧伽罗和泰米尔两大民族的矛盾并没有爆发。为了对付共同的敌人,僧伽罗和泰米尔两大民族抛弃成见,共同携手,举起民族独立的大旗。1912 年成立的"锡兰国民大会党",主席由泰米尔人阿鲁那恰兰姆担任,就说明了这一点。

《多诺莫尔宪法》授予斯里兰卡成年人普选权,这使斯里兰卡在政治现代化方面向前迈进了一大步。但是其在立法会议再次取消了教族席位,完全实行区域选举制。尽管多诺莫尔委员会建议要保护少数民族的利益,但是这些建议却被殖民当局忽视。这实际上是在平等的口号下,忽视少数民族的权利。这使僧伽罗和泰米尔两大民族的矛盾更加明显,为日后斯里兰卡旷日持久的民族冲突埋下了祸根。从此,斯里兰卡政治局势发展的天平明显倾向于僧伽罗人。

到了第二次世界大战之后,随着英国人的撤离已成大势所趋,为了争夺胜利果实,两个民族间又开始你争我斗。这时英国人也插手其中。原来英国一直笼络泰米尔人,现在又转而与僧伽罗人修好。因为印度也即将独立,而泰米尔人又与印度有着密切联系,英国担心斯里兰卡如果由泰米尔人掌权,会与印度联成一体。因而英国人在撤离前巧妙地进行了许多有利于僧伽罗人的权力安排,使得斯里兰卡在独立前的过渡时期基本上由僧伽罗人在政府中担任要职。而僧伽罗人为了在英国人撤离之后东山再起,完全确立自己的统治地位,开始排斥泰米尔人,突出表现在两个方面:第一,在立法委员会的选举上,排斥泰米尔人所主张的民族代表制,而采取有利于自己的区域代表制,使得泰米尔人在立法委员会中的席位急剧减少;第二,开始向北部和东部大量移居僧伽罗人,名为开发落后地区,实际上是渗透到泰米尔人聚居区中。英国殖民者"分而治之"策略为斯里兰卡长期的民族冲突埋下了祸根。

二、英语教育的推广与两大民族间矛盾的加深

从葡萄牙统治的 17 世纪上半叶起,天主教传教士就在贾夫纳半岛建立了许多教会学校,在使民众转信基督教方面把其他地区甚至科特地区远远抛在后边。在英国统治下,英国殖民当局对基督教会开办的学校提供保护,促进了斯里兰卡的欧洲化和基督教化。

在西方殖民统治时期,许多传教士拥入斯里兰卡北部地区,他们一方面进行传教活动,另一方面大举兴办教会学校。由于斯里兰卡殖民当局财政收

入颇丰,因而实行义务教育法。贫民子弟入学是为了将来谋取好职业,在经济作物出口贸易中富裕起来的人抱着望子成龙的希望送子入学。所以教育事业在斯里兰卡北部迅速发展起来。由于英语教会学校起初集中在贾夫纳地区,泰米尔人受英语教育的程度比较高,他们也因此而受益匪浅。他们中的佼佼者则与基督徒一起成为英国殖民统治的附庸。1870 年以后,教会学校体制得到了发展,因为英国国内进行的教育改革提供了更完善的教育设施。到 1879 年,政府设立的学校和私立学校的总数与 1870 年相比已增加了3 倍,学生入学人数也大大增长了。

虽然学校教育在这一时期得到普及,但是这种普及在地域上并不均衡。不同的社会集团所受的英语教育是不平衡的,贾夫纳地区及西南沿海地区发展较快,山地僧伽罗地区发展较慢。这必然在成人识字率和就业这两个方面明显反映出来。1911 年,斯里兰卡泰米尔人、低地僧伽罗人和山地僧伽罗人中男性识字率分别为 4.9%、3.5% 和 0.7%。1921 年从事各种专门职业(医生、律师、工程师、土地调查人员和鉴定员)的男性公民的统计资料表明,在成年男性总数中泰米尔人占 13.3%,从事上述专门职业的占 31.9%,而僧伽罗人占 76%,从事上述专门职业的仅占 46%,伯格人在成年男性总数中占0.7%,从事上述专门职业的占 17.7%。这种不平衡到了英国统治的末期才得以改善。

贾夫纳地区虽然在经济发展所需的物质方面比较匮乏,但是教育却成为它的主要资源。由于贾夫纳地区较早建立了教会学校,许多泰米尔人能说英语,并有较高的文化水平。北方受教育的泰米尔人中涌现出了许多医生、律师,甚至还有不少著名政治活动家。19 世纪交通运输业迅速发展,为更大的地区间流动提供了可能,北部的许多泰米尔人移居到南部僧伽罗语区去寻求职业,由于他们受到过良好的英语教育,因而有更多的机会在殖民政府中任职或从事专门职业。泰米尔族青年不仅成功进入了专业知识分子的行列,而且还成功地进入了政界,许多人成为地方行政机构的各级官员。对此,泰米尔人认为这是公平竞争的结果,而僧伽罗人则认为是由于英国殖民统治给了泰米尔人过多的特权。泰米尔人的迁移和其特殊的社会地位加剧了斯里兰卡对立社会集团之间紧张和不协调的气氛。

三、印度泰米尔人移民问题与两大民族间矛盾的加深

从 19 世纪 20 年代起,英国人大力发展斯里兰卡种植园经济,建立了许

多咖啡、茶叶、橡胶、椰子种植园。为解决劳动力问题,种植园主从印度南部招募了大批泰米尔人到斯里兰卡种植园充当劳动力。这样,在拥有土地并种植水稻的僧伽罗农民身边,出现了一大批收入极低的"工资奴隶",即印度泰米尔工人。这些人完全被隔绝于本地农人及其生活之外,只能在庄园的范围内过着十分艰苦的生活。在这两部分劳动人民之间,逐渐产生了猜疑和敌视。这批移民在1837年有近万人,19世纪80年代,斯里兰卡咖啡遭到毁坏,人们纷纷经营茶园取而代之,泰米尔移民不断增加,到1941年有603 000人,到1949年达758 264人。

印度泰米尔人的大量移入,令优越感很强的僧伽罗人强烈感受到一种潜在的威胁。一方面,原有的斯里兰卡泰米尔人正以岛的东、北两部分为阵地,与僧伽罗人相对峙;另一方面后来的印度泰米尔人又逐渐渗入岛的中部、西部沿海地区这些僧伽罗人的地盘。对僧伽罗人来说,泰米尔人是历史上对他们造成最大威胁的敌人,泰米尔人的大量拥入是再度抢占僧伽罗人的家园,因而他们对泰米尔人产生了强烈的敌对情绪。更令僧伽罗人担忧的是,斯里兰卡泰米尔人还把印度泰米尔人看成自己民族的一个组成部分,煽动印度泰米尔人与僧伽罗人为敌。20世纪20—30年代,斯里兰卡发生经济危机导致大量失业。一部分僧伽罗人就认为应通过驱逐泰米尔闯入者来解决这个问题。1927年科伦坡僧伽罗工联主义者曾要求驱逐印度泰米尔人。从20年代以后,两个民族之间的对立逐渐加剧。

独立前夕,僧伽罗和泰米尔两大民族的上层人士在国务会议上产生严重分歧,导致泰米尔族领导人对选举采取了抵制态度,从而产生了全部由僧伽罗人组成的内阁。这种局面本身潜藏着民族矛盾进一步激化的严重危险。

由此可见,斯里兰卡持续不断的民族冲突,有其特定的历史原因,而英国殖民统治的遗患是造成这一冲突的重要原因。英国在所谓的"自由"情感的误导之下,在所有公民一律平等的幌子下,取消了原来保护少数民族的教族代表制,实行成年人普选制,这是造成斯里兰卡民族冲突的关键因素。所以有人说僧伽罗—泰米尔冲突是现代政治的产物。

尽管僧伽罗人和泰米尔人两大民族之间的冲突有它的历史根源,但是在英国势力的平衡之下,这种冲突没有发展成暴力行为。已经英国化的两大民族上层社会集团普遍带有保守倾向,他们忠于殖民当局,并且在价值观、态度和社会风俗方面与殖民者十分相似。英国殖民统治时期这两个主要社会集团之间始终没有发生冲突,其原因之一就在于此。甚至在独立后,这两个上层社会集团之间也将和平共处的政治局面维持了将近10年。

第二节 佛教革命与一元政治结构的形成

在僧伽罗人和泰米尔人民族冲突的发展过程中,有两方面因素起了重要作用:一是宗教,二是教育。僧伽罗族民族主义主要就是围绕着这两个问题发展的。在宗教方面,僧伽罗人要振兴佛教,使其恢复到历史上鼎盛时期的地位;在教育方面,他们要普及佛教教育,使它尽可能具有最广泛的群众基础。

到19世纪中期,长期殖民统治对斯里兰卡传统社会的深远影响已经越来越明显。一方面是传统社会结构被破坏,新的社会经济体制逐渐形成,出现了新的阶级和新的社会集团;另一方面则是广大斯里兰卡民众对殖民统治的强烈不满导致民族意识的觉醒和民族解放思想的萌生。在佛教界人士、僧伽罗知识阶层和一些中产阶层人士中,逐渐形成了社会启蒙思想的潮流,这种潮流带有强烈的宗教性质,后来发展成佛教复兴运动。

西方殖民者入侵以来,佛教作为被征服者的宗教,受到外来宗教的歧视、排挤与迫害。19世纪初期,佛教在斯里兰卡已经衰落,沿海地区的佛教僧侣为了躲避殖民当局的迫害,纷纷逃到中部的康提山区,最后一个僧伽罗国家——康提王国为他们提供了保护,这使康提王国逐渐成了斯里兰卡佛教文化中心。

在这种情况下,康提王国统治者把佛教作为对付西方侵略的精神武器,对佛教采取了保护政策。直到英国占领康提王国,佛教寺庙在康提王国一直保持着政治上特殊的尊荣和经济上的优越地位,康提统治者耗费巨资修复佛教寺院,复兴佛教仪式,振兴佛教传统,并在佛教僧团败落、僧人不足的情况下,把暹罗僧人请到岛上来替僧伽罗人主持入教仪式,以壮大僧伽罗佛教的队伍,使斯里兰卡佛教重新走上复兴之路。在1815年英国完全征服斯里兰卡时,佛教的发展处于低谷。导致佛教衰落的原因有两个:一是持有不同信仰的外来者入侵,尤其是西方殖民者的入侵;二是英语教育的作用。19世纪俄国著名东方学者米纳耶夫到斯里

康提时代的佛像

兰卡考察后写道:"在英国办的学校里,教授的是欧洲历史和地理,根本不学习本国的历史和地理,当然也就无从正确地评价他们自己的国家。"

占领康提王国后,英国殖民当局为了顺利实施自己的统治政策,暂时对佛教采取怀柔和干预政策,曾保证尊重佛教的特权和地位。但是到了1853年,在基督教传教使团的压力之下,他们改变了态度,佛教在斯里兰卡开始丧失了原有的地位。

然而佛教毕竟是千百年历史发展中主宰僧伽罗人思想意识的宗教,僧伽罗人的文化传统、社会习俗都是在佛教观念的基础上形成的,尽管它处于衰落的状态,尽管西方殖民统治在斯里兰卡持续了几个世纪,西方宗教的大力灌输却仍然不能为僧伽罗人所完全接受。这是一种仍然有着巨大生命力的传统思想观念对外来思想的本能抵制。佛教在宗教界人士、封建贵族和广大农民阶层中仍然有着深厚的基础,无论是天主教还是基督教都不能彻底摧毁这个基础,不能完全肃清佛教在僧伽罗人中的影响而取而代之。一旦西方殖民统治者对僧伽罗人的宗教压迫稍有缓解,佛教的复兴就是不可避免的,而且这场运动还必然会带有最广泛的群众性。

为了抵制基督教思想的侵蚀,斯里兰卡掀起了一场佛教复兴运动。这场运动从性质上来说,把保卫佛教、复兴民族文化与抵制基督教的传教活动、反对殖民统治的斗争联系在一起,因此具有强烈的反对殖民主义的色彩,是具有进步意义的。这场运动对于振兴僧伽罗人的民族宗教和文化传统起到了巨大作用。

同时,由佛教徒管理的学校也进入了中等学校教育的领域,当时其影响所及,远远超过了实际上在这些学校学习者的范围,通过学校培养了学生的民族主义情绪。一批旨在"提高文化"的学会纷纷成立,佛教社团迅速发展。

这些佛教学校及佛教社团的建立成为政治启蒙的开始,激发了斯里兰卡人民对传统文化的自豪感。佛教复兴运动对于唤起僧伽罗人抵制西方文化和宗教的影响,进一步反抗英国的殖民统治,有着积极作用,成了20世纪初民族主义运动的先导。当时的僧伽罗人斗争的目标不是指向泰米尔人的,但是,由于这场运动所振兴的是僧伽罗人的民族宗教和民族文化,它又具有相当大的局限性和偏激性。这次运动又不可避免地带来了消极作用,这就是在佛教和传统文化复兴的同时,也重新燃起了僧伽罗人在历史上形成的宗教和民族自豪感。受到这一运动的影响,这一时期出现的僧伽罗政党都带有强烈的民族主义情绪,它们不仅把反帝、反殖的口号写入自己的政治纲领,而且把民族主义口号也列入了自己的斗争纲领,并主张首先复兴佛教和传统文化以达到僧伽罗人的自身团结,然后在这个基础上,争取国内各民族的共处。实际上,到英国殖民统治的后期,随着僧伽罗人和泰米尔人矛盾越来越尖锐,佛教复兴运动所激发出来的民族精神就开始转向针对泰米尔人的民族主义。僧伽罗人历史上的"民族、宗教和国家统一"的观念也重新抬头。

1948年2月,斯里兰卡人民获得独立。长达数百年的西方殖民枷锁终于被砸碎,斯里兰卡人民赢得彻底解放,这为恢复和发展传统的宗教文化提供了契机和保证,佛教民族主义思想大规模发展。而此时,国内民族矛盾上升为主要矛盾,僧伽罗人和泰米尔人逐渐发展到严重的敌对状态。这个时候,佛教复兴原来所具有的反对西方殖民统治、反对基督教、争取民族独立的成分减少了,而佛教复兴所激发的民族情绪却逐渐成为突出的社会问题。佛教复兴在重新唤起僧伽罗民众对佛教和传统文化的兴趣的同时,还起到了凝聚人心的作用,即用佛教精神巩固维系僧伽罗人的民族感情。因此,独立以后佛教复兴运动表现出企图推行大僧伽罗主义,在斯里兰卡确立佛教统治地位的因素增加了。斯里兰卡的民间与政府、僧界与俗界都对佛教在现代世界复兴倾注了热情,特别是民间在致力于佛教复兴运动方面,起了先锋的作用。

为了加强佛教机构及佛教在斯里兰卡生活中的地位,一些比丘及信徒认为佛教徒必须发挥其政治影响,对部长及议员施加压力,使他们更多地关注佛教徒的需要,较少关注组织良好的基督徒及紧密联结的泰米尔少数派。他们利用自己对民众的影响力,对政府施加压力,使得原本就有一定民族主义倾向的政府,执行了一系列不利于民族团结的政策。1951年4月,佛教大会主席向政府提出书面要求,要求政府承担佛法的道义,行使护持佛教和佛教制度的责任,但是政府对这个要求"怠慢"了。7月,佛教徒再次上书面陈总理,言及殖民地时代佛教所受的压迫,独立以后,它应当恢复"正当地位"。要求政府成立一个"佛教现状调查委员会"(Buddhist Committee of Inquiry)调查独立后国内佛教状况。统一国民党政府拒绝了这些要求,他们预测到这种调查会引起宗教间的不和。1954年,佛教大会决定组织佛教现状调查委员会,在全国巡回取证,搜集材料。短短几年,佛教界的活动和舆论,为即将到来的民族情绪高涨奠定了基础。

1956年是斯里兰卡历史转折的一年。这一年是佛陀诞生2500年的大庆日子,佛教徒早就做了一系列的宣传和庆祝准备工作。佛教大会主席也预言佛教在斯里兰卡将再次升到顶峰和开花结果。这时,佛教现状调查委员会

斯里兰卡传统剧团(1870年)

也拿出了自己的调查报告——《寺庙的反叛》(*The Revolt in the Temple*)。该报告回顾了斯里兰卡古代佛教的繁荣和沦为殖民地后佛教的衰落,鞭挞基督教势力进入斯里兰卡后给斯里兰卡佛教及其文化造成的恶果及影响,指出基督教仍然占优势,而斯里兰卡获得独立后的佛教徒仍然处于劣势,这种情况没有得到根本改变。

　　为此他们向政府提出自己的要求:(1)中止对基督教各种形式的支持,补偿这些年来佛教的损失;(2)建立一个佛陀教法议会,设立一个宗教事务大臣,恢复在殖民统治下受到痛苦摧残的宗教地位;(3)要求国家接管所有受政府资助的学校,向学生讲授传统宗教;(4)中止基督教修女在政府兴办的医院工作。报告支持青年人出家和修持戒行,号召佛教徒参加"坦诚的生活运动",坚持穿着传统民族服装,放弃穿着西服。他们相信通过这场纯洁、坦诚的生活运动,不仅会带来精神上的影响,还将带来经济上的收益,产生类似"清教徒在英国的影响"。

　　可以看出,这个调查报告充满僧伽罗民族主义激情,反映了已经获得独立的人民要求彻底清算殖民主义残余的愿望。为了能够恢复已经丧失的僧伽罗佛教徒的传统宗教和文化,斯里兰卡的佛教僧侣积极涉足政治,广造舆论和参加斗争,因此,有些比丘被称为"政治比丘"或"政治和尚"。他们保持着高昂的民族主义激情和强烈的宗教感情,热心于政治活动,试图左右政府或向政府施加压力,力图把殖民影响完全消除或减少到最低限度。所以这个报告不但为国内日益高涨的民族主义提供了某种理论依据,而且也对今后一段时期内国内政治产生了重大影响。

佛教僧团介入政治,加剧了斯里兰卡政治局势的不稳定性。由于佛教复兴运动在僧伽罗人中所唤起的是一种历史上形成的民族情绪和宗教感情,所以这种感情既根深蒂固,又十分强烈。在斯里兰卡独立以后,佛教复兴原来所具有的反基督教性质已经似乎不那么重要,在基督教的威胁已经几乎不存在的情况下,僧伽罗人民族情绪就是针对国内其他少数民族,而且首先就是针对自己的宿敌——泰米尔人的。由于佛教对僧伽罗人的影响是巨大的,所以佛教徒涉足政治,必然会对斯里兰卡的政治产生巨大影响,甚至改变斯里兰卡历史发展的方向。所有这一切不能不引起泰米尔人的强烈不满。

1956年是斯里兰卡大选年,比丘作为僧伽罗政坛一个有影响力的角色开始崭露头角。在这之前,统一国民党一直是执政党,该党代表了大资产阶级的利益,沿袭了殖民政府的做法,在宗教上希望实行政教分离的政策。他们的民族观是:领土内的民族主义,即一个国家、一个民族的观点。斯里兰卡独立初期,持这种观点的政界人士掌握了政权,也注意到佛教在民众生活中的重要作用,同意从财政上给予资助。为了避免各个民族之间,尤其是僧伽罗人和泰米尔人之间的关系紧张化,当时执政的政府曾努力制止佛教界人士介入国家政治,不同意把佛教放到国教的特殊地位,因此一直受到激进的政治比丘的谴责和反对。而且在1956年大选之前,统治斯里兰卡的仍然是那些受英语教育的上层精英,这个精英阶层在经济上和社会上完全是英国殖民主义的产物,它是英国化的松散的群体,又分为不同的民族、宗教、种姓,来自民众的政治压力,使他们表面上团结在一起。

这种状况引起了受僧伽罗语教育的佛教徒的强烈不满。一些比丘从20世纪40年代末就站出来反对统一国民党,一直是政治活跃分子,在他们的带动下,一批年轻的比丘、乡村教师以及那些受过僧伽罗教育的年轻人,都更加激进地投身于政治鼓动工作。因而受过教育的上层精英和广大民众之间的矛盾便转化为操泰米尔语的少数派和操僧伽罗语的多数派之间的斗争,并使这个岛国上两个主要民族集团之间产生了深深的裂痕。直到1953年,佛教界人士都没能在国家的政治生活中产生重大影响。1953 年以后,宗教势力在政治舞台上的影响加强,僧伽罗民族主义情绪开始在国家政治中产生影响。他们首先发起了"只要僧伽罗语"运动。

表面上,语言问题是民族或教派冲突的核心,实际上,僧伽罗人和泰米尔人之间的冲突并不是简单的语言问题,而是殖民主义造成的恶果。这里包括一个平等主义的立场:操僧伽罗语的普通民众在参与政治活动中应该得到更多的机会和更充分的权利。这就是民众积极参与 1956 年由班达拉奈克领导、发动的僧伽罗佛教革命的基本动力和本质。

1956 年 2 月 4 日是斯里兰卡独立纪念日,这一天佛教僧侣成立了比丘联合阵线,同时成立了一个由僧伽罗学校教师组成的语言阵线。僧伽罗民族主义的发展形成了一个新的高潮。各政党为了在这次竞选中获胜,注意到佛教对选举的重要利用价值,纷纷表示尊重佛教徒的感情,满足僧伽罗群众的愿望。

1951 年,S.W.R.D.班达拉奈克辞去其卫生与内务部部长的职务,组织成立斯里兰卡自由党。斯里兰卡自由党成立后发展迅速,在他的努力下,代表着斯里兰卡广大阶层人士的政见迅速结合到一起。这个阶层包括比丘、僧伽罗学校教师、传统医生,还有小店主和僧伽罗族商人。他们都是佛教徒,在殖民统治时期曾居住在落后地区或康提地区。在独立之前,尽管这些人没有受过英语教育,但他们都受过良好的僧伽罗语教育。他们的政见一直为统一国民党和左翼政党所忽视。斯里兰卡自由党的党纲宣称支持民族文化的复兴和重建,重视僧伽罗语和佛教徒的利益。在 1956 年大选中,以自由党为首的人民联合阵线取得了决定性的胜利。自由党在这次选举前提出了"佛教是国教的主张将引导宗教—民主社会主义的一个新纪元"他们还迎合当时佛教徒提出的"只要僧伽罗语"的口号,许诺执政以后将考虑把僧伽罗语作为唯一官方语言。他们所强调的口号"宗教、语言、民族"在广大僧伽罗人聚居的农村地区激起了强烈的共鸣。由于这个纲领,人民联合阵线受到了僧伽罗大会比丘的支持。比丘们走村串户地拉选票,号召选民支持人民联合阵线。1956 年 3 月 3 日,3 000 名比丘在科伦坡集会,提出贯彻佛教现状调查委员会的报告、发展民族艺术和传统医学、实行宗教信仰完全自由,并给予佛教这个绝大多数人的宗教应有的地位等包含政治和经济内容的十大纲领。所有这些,最终促使人民联合阵线在大选中取得胜利,自由党领袖班达拉奈克出任政府总理。这成为现代斯里兰卡历史上第一个"依据民族文化的传统"而建立的新政府。

1956 年班达拉奈克政府的上台,标志着斯里兰卡为主体民族服务,而忽视其他民族利益的斯里兰卡式一元政治结构(本书简称"一元政治结构")的正式建立。

由于这届政府是在僧伽罗民族主义高涨的大背景下建立的,所以新政府上台后,对佛教采取了非常热情的态度。大选结束,新内阁即往大寺礼佛,接受僧侣的祝福。在内阁宣誓就职仪式上,内阁成员一律着僧伽罗民族服装,用传统的僧伽罗音乐取代西方的吹奏乐。班达拉奈克总理表示尽可能遵循代表进步比丘思想的一系列建议,认真考虑"僧伽罗语是锡兰的民族语言,佛教是我们民族的宗教"的要求;严格遵守佛教僧侣们制定的十条戒律。这十条戒律成了佛教徒用来检验政治候选人的准绳。其中最突出的是:私人生活上献身于佛教的价值观,承诺要将僧伽罗语作为唯一的官方语言,接受佛教调查委员会的报告等。新政府上台的第二天,议会就通过了《官方语言法案》(*Official Language Act*),规定"僧伽罗语为唯一官方语言"。1957 年又成立了佛陀教法议会的佛教组织。政府还破天荒地成立了文化事务部,1958 年将两所著名的佛学院分别升格为智增大学和智升大学。佛教民族主义的活动达到了顶峰。

1956 年的大选对于斯里兰卡政治发展的消极影响也是十分明显的,这就是民族矛盾被急剧推到政治前台,并迅速激化。对狭隘民族主义的煽动掩盖了民族内部的种姓矛盾、阶级矛盾,斯里兰卡自由党通过扮演僧伽罗民族代言人的角色,以牺牲泰米尔人的利益为代价,成功地掌握了政权。于是任何政党想要执政,就必须取悦僧伽罗人,就必须利用民族问题做文章,其核心内容是进一步加强一元的政治体制,这在斯里兰卡的政治发展史上开创了一个很不好的先例。此后民族问题由于成为政党斗争的政治筹码而日益复杂化。

在强化一元政治体制的过程中,1970 年是一个转折点,以班达拉奈克夫人为首的自由党和左翼联盟上台执政,1972 年新政府宣布制定"共和国宪法"。新宪法确认佛教为国教,"给予佛教以最优先的地位,保护和促进佛教发展是国家的责任"。从此,泰米尔人信仰的印度教不再受到国家的重视,泰米尔人也被视为地位低下的人。新的规定使泰米尔人担心政府的资金和权力会被用于促使泰米尔人皈依佛教。宪法再次重申僧伽罗语在公共生活中的重要地位,正式规定僧伽罗语为唯一的官方语言,值得注意的是,新宪法废除了原来的宪法中保护少数民族权利的条款,同时,在高等教育和政府雇机会上限制泰米尔人。这部新宪法对斯里兰卡民族问题产生了极其消极的影响,受到了泰米尔人的强烈反对。激进的泰米尔青年一方面对政府不满,另一方面又对泰米尔人在议会中的软弱感到失望。他们意识到非暴力是无效的,于是开始倾向于暴力斗争的方式。

过分渲染佛教民族主义的做法必然会产生负面效应,会引起其他少数民族尤其是泰米尔族民众的不满,给斯里兰卡国内的政治和经济带来不稳定因素,酿成种族和宗教的矛盾。斯里兰卡进入殖民地时代以后,国内的政治、宗教、文化格局已经开始起变化。由原来的"三足鼎立",变成了统一的国家,在这个统一的国家之内,先后形成了佛教徒、印度教徒、基督徒等多个宗教群体,呈现出一个多元宗教文化的现象。

在一个多元文化的国度,强行建立一元政治文化结构,必然会使这种结构变得不稳定。这种一元结构表现在:(1)将主体民族的语言僧伽罗语定为唯一的官方语言;(2)将其宗教凌驾于其他宗教之上;(3)在教育、就业诸方面明显向僧伽罗人倾斜。将主体民族的宗教、语言、文化凌驾于其他民族之上,这必然引起其他民族的不满,伤害了各民族和不同信仰者之间的团结、平等、合作的关系,引发出一系列的民族和宗教冲突。

许多僧伽罗人还完全不顾历史形成的多民族共存的事实,把斯里兰卡看成只有僧伽罗人一个民族的国家,用僧伽罗人的民族利益代替整个国家利益。这些当然会引起泰米尔人的强烈不满。

应该指出的是,在斯里兰卡独立后,泰米尔人的民族情绪与僧伽罗人的民族情绪一样,也在不断发展。他们在斯里兰卡虽然是少数民族,但是他们把印度南部的5 000万泰米尔人视为自己的后盾。由于与僧伽罗人在宗教、文化、语言等民族特征上的固有差异以及泰米尔人对本民族的高度认同,它对僧伽罗人抱有天生的警惕心态。再加上在殖民地时期他们一直处于优越的地位,因此他们虽然居于少数地位,却有着较强的民族沙文主义态度。在把自身认同为地区所有泰米尔人一员的情况下,泰米尔人又产生了自己为大民族的心态,自认为本民族的实力、文化都要比僧伽罗人强大和先进。这种少数民族地位与大民族主义心理混合的结果,一是泰米尔人对民族问题的高度敏感,二是泰米尔族上层分子在民族问题上不肯向僧伽罗人做出丝毫让步。双方不愿妥协的姿态相互影响、相互激化。两大民族的矛盾越来越尖锐,成了历届政府都难于解决的棘手问题。

1956年议会通过僧伽罗语为唯一官方语言的当日,泰米尔人就和僧伽罗人发生了冲突。1958 年,因为语言问题,僧伽罗人与泰米尔人的民族矛盾演变成了武力冲突,在这场冲突中数百人被打死,万余人无家可归。政府受到反对党的批判,不得不补充"合理使用泰米尔语"的立法,实施紧急状态。但是这一切并没有切实效果,各方都对政府表示不满。1959 年 9 月 25 日,班达拉奈克总理死于曾经拥戴他上台的政治比丘的枪口之下。

持温和民族主义观点的政界领导人,出于种种政治上的考虑,在制定自己的政策时,也不能完全排除民众的民族情绪,有时为了取得民众的支持,得到更多的选票,他们不得不迁就民众的情绪。在他们执政的时候,他们往往会采取一些措施缓和民族间的紧张关系,但是僧伽罗民族主义分子的压力,常常使他们对泰米尔人的种种许诺化为泡影。而他们的政党处于在野党地位时,他们又不惜利用民众的民族情绪,给执政党制造难题。这也是斯里兰卡民族问题久拖不决的原因之一。

在这种一元结构下,泰米尔人担心会受到压制不是没有理由的,以后政治局势的发展证明了这一点。1956 年政府宣布僧伽罗语为唯一的官方语言,1960 年起在技术教育和高等教育方面对僧伽罗、泰米尔两族青年入学采取不同录取分数线的制度,还有中央政府制订的移民计划等,无一不在政治上或经济上影响到泰米尔人的利益。

第三节 政策方针的变化与民族冲突的发展

斯里兰卡独立以前,两大民族之间的矛盾只限于两族上层人物的权力之争,而两大民族广大民众没有卷入矛盾的旋涡。斯里兰卡民族冲突的发展是随着 1956 年人民联合阵线政府上台后,政府在语言、宗教、教育、民族问题上政策方针的变化而不断发展、加剧,直至发展到内战的。

1948—1956 年,统一国民党在其掌权的第一阶段,对于斯里兰卡泰米尔人采取的是和解的政策。泰米尔人在阿鲁那恰兰姆为首的泰米尔国会党的领导下,为争取代表权的平衡(即议会里一半席位分给少数民族各社团)而不懈斗争。D.S.森纳那亚克为了向英国表明他自己已经取得了泰米尔人的合作,在 1947 年组阁时,竟吸收了 2 名没有当选的泰米尔族议员入阁。统一国民党政府 1948 年颁布的第 18 号公民权法案对斯里兰卡国民的身份作了限制,规定只有那些按照某些条件注册的人,才能享有斯里兰卡国民的身份,这实际上剥夺了印度泰米尔人的公民权,大批种植园泰米尔工人成了"无国籍人"。这个法案遭到泰米尔左派的反对,但是双方的矛盾冲突并没有爆发。泰米尔领导人契尔文那亚甘姆讲道:"今天是否认印度泰米尔人的公民权,将来有一天斯里兰卡泰米尔人将面临同样待遇。"而且直到20世纪50年代初,泰米尔人的民族主义还缺乏凝聚力。政府在民族问题上的一系列政策措施,一步步把斯里兰卡泰米尔人推向了对立面。

独立后斯里兰卡的民族问题变得如此突出,有如下几个原因:

一、语言政策

语言问题是斯里兰卡民族问题的首要问题。政府从20世纪50年代中期开始推行的语言政策是僧伽罗、泰米尔两大民族冲突的首要原因。

斯里兰卡居民主要使用两种语言:僧伽罗语和泰米尔语。在英国殖民统治时期,殖民者把自己的语言强加给斯里兰卡人民,使英语成为殖民政府的官方语言,英语成为就业、经商、高等教育甚至政治领域的通用语言。这意味着精通英语就可以享有一定的社会特权和更多的就业机会。僧伽罗人、泰米尔人和其他民族的语言文化,处于同等的受排挤和摧残的地位,无高低主次之分。在这种情况下,英语水平更高一些的泰米尔人在殖民地时期享有了更多的特权和机会。这自然为僧伽罗人所不满。

在独立前,斯里兰卡人民就有恢复和发展本国文化、用当地语言代替英语的要求。1943年6月,J.R.贾亚瓦德纳提出了一个以僧伽罗语为官方语言的议案,允许学生使用自己的母语,并且在讲泰米尔语地区把泰米尔语也作为官方语言,但有人反对给泰米尔语官方语言地位,D.S.森纳那亚克曾说,如果泰米尔语在锡兰能够与僧伽罗语并驾齐驱,那么僧伽罗语就只有死路一条了。斯里兰卡独立后的最初几年,多数政党和上层人士仍主张给予泰米尔语适当地位。到了1955年,情况发生了变化,僧伽罗人向政府施加压力,要求将僧伽罗语定为国语,并发起了全国范围的运动。一些别有用心的政客则借机煽风点火,利用民族感情把运动引向歧途。1956年6月5日,确定僧伽罗语为唯一官方语言的议案在议会通过,同时对泰米尔语的使用也做了详细的规定,如受英语教育和泰米尔语教育的人可以通过语言考试而受录用,地方机构可以决定自己的办公语言,个人可以用自己的语言同政府打交道等。

这一法案影响十分深远。几乎所有的学者都认为,1956年是斯里兰卡民族关系史上的重要转折点。该法案伤害了泰米尔人的感情,使他们面临社会生活的种种困难,从而成为两族冲突的最主要的也是最持久的原因。该法案还煽起了僧伽罗民族主义的烈火,为此后的任何妥协和让步设置了难以逾越的障碍。对此,有学者做了深刻分析:"透视民族与国家的建设,1956 年大选是斯里兰卡政治的里程碑。在南部,种族的认定等于占多数的民族出于巩固政治地位的目的夺取了国家……在北方,它代表开始对国家一元制地位进行挑战。"从此,本来就十分脆弱的斯里兰卡民族主义逐渐趋于消亡,而僧伽罗民族主义和泰米尔民族主义则日益走向狂热。两族矛盾完全暴露,语言问题成了左右各个政党、使政府束手无策的中心问题。

斯里兰卡实施该法案后,僧伽罗人大有"解放"之感,而泰米尔人则感到民族自尊心受到了伤害,斯里兰卡独立后

19 世纪泰米尔少女

的第一次大规模民族冲突爆发了。事实上,该法案对泰米尔人就业产生了诸多消极影响。1956 年后,由于政府在教育部门和全国大部分地区行政机构中推广僧伽罗语,越来越多受过英语教育的泰米尔青年难以得到雇用,这样对泰米尔人来说又出现了经济问题,许多青年不得不回乡务农,而在人口稠密的贾夫纳半岛,土地的压力也随之增大。

此后,历届政府都在语言问题上大伤脑筋,1957 年、1958 年、1966 年、1972 年、1978 年政府对泰米尔语的使用做了重大修改和补充,以求双方达成谅解。但是,泰米尔人领袖并不满意,原因之一就是这些协定都未实现。如1957 年签订的《班达拉奈克-契尔文那亚甘姆协定》(*The settlement of Bandaranaike-Chelvanayakam*)同意泰米尔语为北方省和东方省的官方语言。但是由于僧伽罗人中的激进分子的反对,这一协议最后被迫废止。班达拉奈克也因为向泰米尔人妥协,于 1959 年被刺杀。1978 年宪法除规定僧伽罗语为官方语言外,还规定僧伽罗语、泰米尔语同为国语,广泛使用英语。但由于积怨颇深,这些让步不但没有得到僧伽罗人的理解,也没能使斯里兰卡泰米尔人满意。泰米尔解放阵线根本就不承认这部宪法。而泰米尔人中的一些极端

分子又按捺不住对政府未能满足其要求的愤怒和不满情绪。因此,这些书面协议作用甚小。

在讨论斯里兰卡民族问题时,必须注意到语言问题的特点及僧伽罗人的心理。

语言是人类最重要的交际工具,也是民族的主要特征之一。语言问题牵涉到民族的每个成员,处理不好,就会伤害一个民族的自尊心。在许多国家,包括南亚国家,少数民族常常起来反对居统治地位的大民族践踏或剥夺本民族的语言文化权利及其他权利。而在斯里兰卡,恰恰是大民族僧伽罗人害怕自己的语言文化被少数民族泰米尔人的语言文化侵蚀而掀起了一场保卫本民族语言的宣传运动,并迫使政府规定僧伽罗语为唯一官方语言。僧伽罗人事实上在斯里兰卡占多数,但行事却像少数民族。这主要有以下几方面原因:

一是泰米尔人的存在常常使僧伽罗人联想到印度南部泰米尔人的入侵。历史上来自印度南部的泰米尔人多次侵扰僧伽罗人,并多次控制全岛,使得僧伽罗文明遭受重创。僧伽罗人认为,正是泰米尔人的入侵,古都阿努拉德普勒和波隆纳鲁瓦光辉灿烂的建筑及僧伽罗文明才遭到破坏。

二是1956年以前,斯里兰卡政府是根据应聘者的英语水平来录用其工作人员的。由于泰米尔人在教育方面一直处于优势地位,所以他们能够以同等或更优越的条件同僧伽罗人竞争。

三是僧伽罗人是斯里兰卡的大民族。僧伽罗神话和历史纪事相混淆的编年史,加之与佛教的紧密联系,使得部分僧伽罗人在内心形成了斯里兰卡为"僧伽罗人岛"的观念。基于历史和宗教的原因,僧伽罗民族主义有着强烈的排外性、封闭性,有着反对泰米尔人的倾向。在斯里兰卡,泰米尔人是少数;但在世界上,僧伽罗人是少数,泰米尔人是多数,仅在印度南部的纳杜邦就有6 000万泰米尔人,这是斯里兰卡泰米尔人的后盾。第二次世界大战后,与斯里兰卡泰米尔人保持着紧密联系的印度南部泰米尔人又不时发出建立独立的泰米尔国家的呼声,这引起了僧伽罗人的极度警惕。这种局面使僧伽罗人感到深深不安。在这种心理支配下,向泰米尔人做任何一点让步都会被认为是投降或自取灭亡。结果就是僧伽罗大民族主义倾向的不断强化。出于对泰米尔人的警惕和本民族的自豪感,其很难以相互平等的心态对待民族问题,更多的是千方百计地强化本民族在国内的优势地位,反对政府对泰米尔人的让步。

二、泰米尔人的教育问题

泰米尔人聚居的北部地区土地贫瘠,干旱少雨,发展农业的潜力不大,许多人不得不另寻出路,许多泰米尔人只好把读书升学视为唯一的出路。为此,泰米尔人提出了"教育就是出路"的口号。从殖民地时代起,泰米尔人就重视教育,众多的教会学校为泰米尔人教育的发展提供了条件。独立以前,泰米尔人的大学入学率一直很高,独立后一段时间,由于英语仍为考试语言,泰米尔人在高等教育方面仍占有相当优势。1948年独立时,占全国人口10%的兰卡泰米尔人在大学生中的比例高达31%。

佛教徒反对基督教会学校由来已久。从20世纪30年代起,佛教徒和印度教徒日益反对教育的不均等。独立之初,"一个基督教徒孩子进入大学的机会大概是200比1,一个印度教徒孩子的机会是500比1,一个佛教徒孩子的机会是1 000比1。佛教徒以此为事实依据攻击这种教育制度是殖民主义的残余,是破坏本国文化的制度。他们认为,国家将主要从佛教徒那里征收的税收,用于资助那些由基督教把持并宣传他们信仰的学校是不公正的。直到1959年,735所基督教学校仍得到2 800万卢比的资助,即平均每个学生118卢比,而1 257所佛教学校仅得到2 000万卢比的资助,平均每个学生64卢比。在这种背景下,一系列建立本国教育制度的措施便一一实施。

从20世纪60年代开始,斯里兰卡开始实行教育国有化政策,政府接管了所有的学校,1960年12月,2 623所私立学校(几乎相当于斯里兰卡全部私立学校)被政府接管。1961年,政府通过立法打破了基督教在教育方面的优势。教育国有化使斯里兰卡教育特权从基督教上层手里转移到了广大佛教徒手中。大批佛教徒子女进入大学学习,1960—1965年,佛教徒大学生所占的比例从55.9%上升到了71%。

进入20世纪70年代,随着政府接管教会学校和用本民族语言进行教学和考试,泰米尔人在校大学生人数逐渐减少。据统计,1970年泰米尔人大学生人数的比例已从1948年的31%降为15.7%。但在山地地区,僧伽罗人仍被排斥在技术教育和行政机构之外,因为这些关键性的领域内,泰米尔人依然处于优势地位。僧伽罗人认为兰卡泰米尔人的升学率还是太高,因为在理工科方面,其入学率仍占39%。于是从1971年起,政府采取限制泰米尔人升学的政策。首先政府为僧伽罗语考生和泰米尔语考生规定不同的录取分数线,降低理工类泰米尔学生的入学率。在理工科,泰米尔语考生入学分数远高于僧伽罗语考生,如佩拉德尼亚理工大学,泰米尔语考生录取分数线为250分,而僧伽罗语考生为227分。其结果就是僧伽罗语考生在理工科的入学比例从1970年的55.9%上升为1971年的62.4%。

对此僧伽罗人仍有不满,认为泰米尔人的大学生入学比例还是高于其人口比例。要求政府进一步采取措施,以限制泰米尔学生进入高等学校。1972年,政府决定改革大学招生制度,实行"标准分制",规定泰米尔考生的录取分数要高于僧伽罗考生,以照顾教育水平相对落后的僧伽罗人,结果遭到泰米尔人强烈反对。1973—1978年,政府连续5次改变高考录取方法。首先实行按学科和考试语言的分数标准化考试,使各种考试语言录取比例等于用该语言进行考试的考生比例,这就造成泰米尔学生的录取分数远高于僧伽罗学生。1974年以后,又在标准化考试的基础上实施按地区名额分配法,这种分配制是根据各地区居住人口在人口数中所占的比例将各大学的名额分配给各地区。这就造成大量优秀泰米尔学生被拒之于校门外。1975年,实行全部按地区名额分配和分数标准化办法。1976年,改为在分数标准化基础上,70%按分数录取,30%按地区分配。改动的结果就是泰米尔考生受到限制。斯里兰卡佛教大会甚至要求行政机构和军队根据各宗教集团的人数比例从各宗教集团录用人员。1978年,政府宣布取消按考试语言分别规定录取分数线的做法,改为以分数为基础,30%在全国择优录取,55%按地区人口比例分配,15%照顾12个教育落后的地区。这个办法虽然比以前公正,但此时僧伽罗人和泰米尔人在教育方面的矛盾已发展到极为尖锐的地步。斯里兰卡泰米尔人希求的是恢复失去的优势,而僧伽罗人则丝毫不肯放弃已取得的利益,为此,僧伽罗与泰米尔学生之间的冲突也层出不穷,罢课事件时有发生。

"定额分配"制度,尤其是按地区分配名额的制度对泰米尔人伤害巨大,而对僧伽罗佛教徒是有利的。因为大多数泰米尔族学生居住在贾夫纳地区,按人口统计,这个地区所分配的大学生名额仅能占5.54%。而且地区"定额分配"制度极大地限制了泰米尔人的入学人数。招生制度改来改去,使泰米尔人的教育优势丧失殆尽。许多分数较高的泰米尔学生被剥夺了入学的机会。从1970年到1975年,泰米尔大学生在理工类的入学率从近40%降为13.2%,在医药方面则从37%降为20%。在农业类的入学率下降更大。而僧伽罗大学生入学率则超出了他们的人口比例。大部分大学用泰米尔语授课的专业一片萧条,以致后来无法继续维持下去而被迫取消。教育方面的不公正政策使泰米尔人觉得受到了歧视,引起了泰米尔人的极大愤慨,部分青年因此走上了反政府的道路。许多学者认为，正是大学入学问题迫使许多受过教育的泰米尔失业青年提出了建立独立国家的要求。

在中小学教育方面，英国殖民统治时期，学校用英语教学，僧伽罗和泰米尔两大民族的儿童同在一个学校，用同一种语言接受教育。但随着政府在语言和教育方面政策的变化，僧伽罗和泰米尔儿童开始分开学习，各自用本民族的语言接受教育，讲不同的语言，接受不同传统与文化的熏陶。这种封闭的环境在客观上有助于民族主义的培养，却不利于国家的统一。而且改革后，僧伽罗人学校的师资力量和教学设备要比泰米尔人学校好得多。泰米尔族儿童必须进入泰米尔语学校，而且那里不教授僧伽罗语，其结果必然使泰米尔人的就业机会减少。

语言问题和教育问题引起的必然结果是就业问题。将僧伽罗语列为唯一官方语言的法案使泰米尔人在担任公职方面遇到许多困难，高等教育机会的减少进一步限制了泰米尔人的就业门路。法案颁布后，许多担任公职的泰米尔人不得不提前退休，保留公职者也很难得到提升。据统计，到1975年，政府官员中泰米尔人所占比例由1956年的约30%下降到约6%。1973年进入政府机关的100人中只有4人是泰米尔人。1971年到1974年，政府共录用23 000名教师，其中泰米尔人只占1 867人，而同期退休的泰米尔教师却达3 500人。在进入军队及警察方面，泰米尔人受到的歧视更大。军警中泰米尔人所占的比例由20世纪50年代末的40%下降到1970年的2%—3%。1977—1980年，国家招募了1万名军人，其中泰米尔人只占220人。1956—1970年，国有企业录用的18.9万名员工中，99%是僧伽罗人。1980年，国家公职人员中僧伽罗人占84%，泰米尔人只占12%；1983年，这个数字又分别变为85%和11%。显然僧伽罗人所占比例大大高于其人口比例（约74%），而泰米尔人所占比例则低于其人口比例（约12.6%）。这使许多泰米尔人为失业所困扰。1983年，通过普通教育证书高级测试的泰米尔男性失业率为41%，而同年同等水平的僧伽罗男性的失业率为29%。这样，对泰米尔人来说就出现了一个经济问题。在贾夫纳半岛上人口稠密的乡村里，土地的压力不断增长，因为许多泰米尔族青年不得不返回乡村务农。由于他们接受高等教育和受雇于政府机关的道路都被使用僧伽罗语的新的考试制度所堵死，所以他们主张分治的要求也就最为强烈。失业迫使许多泰米尔青年走上了反抗的道路。从某种程度上讲，泰米尔伊拉姆"猛虎"组织的形成和发展，与泰米尔青年知识分子大批失学、失业有关。正是在这些青年中，民族主义情绪最激烈,反抗意识最坚决。而原来的泰米尔青年中并没有这种极端的想法。

三、政府向泰米尔人居住区移民

早在 20 世纪 30 年代,殖民政府就开始修复东方省的灌溉工程,并向该省迁移僧伽罗人。斯里兰卡独立初期,人口分布很不平衡。随着人口增长,斯里兰卡经济发达地区最先感受到人口压力。为了缓解人口矛盾、开发和发展落后地区,政府决定向人烟稀少的地区移民。

由于受地理环境的影响,斯里兰卡南部属于热带雨林气候,降雨量大,空气湿润,土地肥沃,经济发达,因而人口稠密;北部地区属于热带草原气候,降雨量小,空气干燥,土地贫瘠,人口稀少。巧合的是:两族分布的格局正好与这种地理差异大体吻合,南部湿润地区主要为僧伽罗人聚居区,北部干燥地区主要为泰米尔人聚居区。这样,向北部人口稀少地区移民就成了加剧两大民族矛盾、激起泰米尔人强烈不满的一个重要因素。

1948 年,政府开始从湿润地区向干旱地区移民。此后历届政府一直推行这项政策,拨出专门资金,在北部地区安排一些土地开发工程。到 20 世纪 60 年代末,政府在垦殖工程上一共让 67 122 人获得了 304 355 英亩土地。对此,官方声称:"从西南人口密集地区向北部荒凉地区移民,既可以缓解南方的土地矛盾,又可以开发和利用北方荒凉土地;既可以提供就业机会,又可以增加粮食生产,以减少粮食进口,节约外汇开支。同时还可以增加僧伽罗人和泰米尔人的接触和交往,对国家整体利益来说,完全是合情合理、无可厚非的。"但实际上垦殖计划虽然使稻米产量增加,财政收益并不高,垦殖者人均获得的土地较少,只能维持较低的生活水平。

垦殖计划并没有在泰米尔人占多数的地区和僧伽罗人占多数的地区之间实现整合,而是使他们更加疏远。独立以前,两大民族关系比较缓和,这种移民没有引起多少麻烦。但是,1956 年以后,随着两大民族关系日趋紧张,移民问题就成了两大民族关系的尖锐问题。对于政府的移民政策,僧伽罗人认为,历史上斯里兰卡的土地曾经全部都是属于僧伽罗人的,只是后来由于泰米尔人的频繁入侵和步步紧逼,僧伽罗人被迫放弃北方逐渐南迁。现在向北方移民是恢复他们祖先被侵占的土地。而泰米尔人则认为这是僧伽罗人对他们传统家园的入侵。他们担心大批僧伽罗人的拥入,会改变当地的民族构成,使他们在自己占多数的地区变成少数,最终受僧伽罗人的钳制和同化。

不断地向北方地区移民使泰米尔人感到他们不只是丧失了传统的就业领域，连传统家园也保不住了。

本来两大民族在移民问题上看法不同，各自都有一定的道理。但政府却明显偏袒僧伽罗人一方，僧伽罗人的一些高级领导毫不隐讳政府向北方大规模移民的目的之一，就是"加速融合""在具有战略意义的地区破坏泰米尔人的地位"。所以，泰米尔人的担心不是没有根据的。

实施移民计划确实改变了移民区的民族人口比例。以东方省为例，1921年，泰米尔人在东方省的比例为52%，1946年降为46.5%，1958年降为40%。僧伽罗人在东方省的比例从1946年的7.8%，升至1958年的11.6%，1981年又进一步升至24.94%。在东方省的亭可马里地区，1921年僧伽罗人的比例仅为4.8%，1981年增长为33.6%，而1827年，亭可马里行政区的泰米尔人占该地区总人口的81.8%。

独立后的30年间，政府共向北方省和东方省迁徙了16.5万僧伽罗人，从而使那里的僧伽罗人总数从1953年的4.65万人增加为1981年的24.3万人，增长幅度高达424%。而同期泰米尔人和摩尔人人口只增长了145%和136%。这实际上改变了东方省的民族结构。为加快实施这一计划，1985年斯里兰卡总统又宣布要把30万僧伽罗人从南方移居北方，分配给一定的土地和安家费。为安全起见，每个居民点配备有25挺机枪和2 000支步枪自卫。迁居到北部的僧伽罗人逐渐建立佛教寺庙，开办僧伽罗语学校，传播僧伽罗文化，泰米尔人对此极为反感，认为政府此举不但使自己在僧伽罗人居住区成为少数，在泰米尔人居住区也因为僧伽罗文化的侵蚀而失去特色。1983年骚乱后，政府又将大批兰卡泰米尔难民遣返北方。这一做法不但使两大民族关系更加疏远，而且为冲突提供了人力和物力，人为地造就了一个事实上的兰卡泰米尔人的家园。

政府的移民措施改变了两省的民族构成，其政治后果是泰米尔人日益丧失对该地区的控制权。政府还经常改变选区，以使选举有利于僧伽罗人。1946年由选举产生的95名议会议员中，泰米尔人有20人，占总数的21%，高于当时他们占总人口的比例（17.3%）。到1977年，168名由选举产生的议会议员中，泰米尔人有20名，占总数的12.5%，大大低于那时其所占的人口比例（19%）。而同期僧伽罗人占议会议员的比例由71%增至81.5%，高于其所占人口比例（73.3%）。

到1966年，有12 000个家庭移居到了干旱地区，总投资达9.1亿卢比。

1972 年,班达拉奈克夫人政府将种植园国有化,并将多余的土地分给无地的僧伽罗人。这导致每 4 名泰米尔种植园工人中有 1 人失去工作。

1977 年大选后,联合阵线遭到惨败,统一国民党以压倒性多数获胜。斯里兰卡现代史开始了另一个明显的政治转折。1978 年,斯里兰卡议会通过了新宪法,在多方面改变了斯里兰卡的政治结构,从而加剧了僧伽罗人和泰米尔人之间的冲突。

新宪法规定僧伽罗语为唯一官方语言,改变了斯里兰卡的选举制,将多数票原则改为比例代表制。选举制的改革有助于平衡所有选民的代表权,尤其有利于少数民族集团。但另一方面,比例代表制也规定了一个最低限额(全部选票的 1/8),用以限制小党派的候选人在某一地区当选。而且由于原有的选举制已经被新的以地区为基础的选举制代替,在本地区有强大影响的地方党派便成了比例代表制的主要受益者。在泰米尔人占优势的地区,这显然是一个危险的举动。所以说 1978 年宪法与其说弥合了僧伽罗人和泰米尔人两大民族的鸿沟,不如说是加深了他们之间的不和,使他们的关系更加恶化。

直到 20 世纪 50 年代,泰米尔人的民族主义还缺乏凝聚力,尽管他们大谈要在语言、宗教和文化等方面同僧伽罗人一刀两断,但是在 20 世纪 70 年代以前没有任何主要的政治领导人或集团提出过全面分治。1972 年通过新宪法才使得分治的情绪迅速增长。

斯里兰卡独立后的历届政府所推行的歧视、排挤泰米尔人的政策,把泰米尔人一步步推向了对立面。政府的这些政策,有深厚的政治、历史、文化的基础,资产阶级的议会民主制度更为上述诸因素提供了蔓延滋生的土壤。一些政客为了能争取更多的选票,不惜就一些敏感问题,特别是牵动民族感情的问题进行淋漓尽致的渲染和发挥,不时提出一些极端口号。在民族政党界限明显、泾渭分明的情况下,这意味着更大的隔阂。

以数人头为主要方式的选举制度使每次组阁上台的基本上是一个僧伽罗人的政府,泰米尔人往往被排挤在外。这就更加深了泰米尔民族的被剥夺感,也伤害了泰米尔民族的自尊心。所以有人说,斯里兰卡民族问题是现代议会民主制度的产物。但确切地说,是对议会民主制误用的结果。

独立以来,斯里兰卡的每一次大选几乎都发生政府更迭。僧伽罗人的两个主要政党,统一国民党和斯里兰卡自由党竞争意识都非常强烈。他们执政时没有长期打算,不敢轻易解决一些事关重大的问题,有时采取的主动措施也终遭破坏。在野时则不惜唤起民族主义情绪,煽动对泰米尔人的传统恐惧。几十年来两党都曾反对另一方与泰米尔人达成协议,使执政的对手因而处于十分被动的地位。几次和解努力的失败与此不无关系。

作者点评

在南亚国家中,斯里兰卡的民族冲突与暴力持续的时间最长、冲突最激烈、造成的危害最深。斯里兰卡独立以后,国内两个主要民族僧伽罗族和泰米尔族之间的矛盾逐渐变得突出,民族冲突不断发生。尤其自 1983 年 7 月发生的全国性的大规模民族冲突以来,两族之间矛盾日益激化,冲突越演越烈,不仅两族之间相互残杀的事件层出不穷,而且泰米尔武装分子同政府武装部队之间的战斗也日益激烈与频繁。斯里兰卡持续不断的民族冲突,有其特定的历史原因,而英国殖民统治的遗患是造成民族冲突的很重要的原因。英国在所谓的"自由"情感的误导下,在所有公民一律平等的幌子下,取消了原来保护少数民族的教族代表制,实行成年人普选制,这是造成斯里兰卡种族冲突的关键因素。

在斯里兰卡,僧伽罗是主体民族,占全国总人口的 74%,但是在世界范围内,却是个小民族,僧伽罗人只存在于斯里兰卡。泰米尔人在斯里兰卡属少数民族,但在印度南部泰米尔纳杜邦有 6 000 万人之多。这种局面影响到了两大民族的心态。僧伽罗的大僧伽罗主义心态未尝没有害怕印度泰米尔人吞并斯里兰卡的担心,泰米尔人则由于有坚强的大后方,在与僧伽罗人的斗争中也毫不退让。这就使得斯里兰卡民族问题的解决异常困难。

斯里兰卡独立后,僧伽罗和泰米尔两个民族上层集团之间继续保持着和平共处的状态,使相安无事的政治局面维持了将近 10 年。但是,随着僧伽罗民族主义情绪的极度发展,两大民族的冲突不可避免。在教育、就业诸方面明显向僧伽罗人倾斜,将主体民族的宗教、语言、文化凌驾于其他民族之上,这必然引起其他民族的不满。在一个多元宗教文化的国度,强行建立一元政治文化结构,必然会产生负面效应,给斯里兰卡的政治和经济带来不稳定因素,酿成民族和宗教的矛盾。

第九章

民族冲突的发展与内战的终结

如前所述,斯里兰卡历史上长期存在的僧伽罗和泰米尔民族矛盾在其独立后又经历了几起几落的过程,形成了一种恶性循环,成为斯里兰卡国内一个严重的政治问题。泰米尔人认为他们在各方面受到不公正的对待,甚至可以说是种族歧视,其不满、愤怒情绪不断增长,终于在 1958 年爆发了独立以来的第一次大规模的僧伽罗和泰米尔民族冲突。僧伽罗和泰米尔两大民族间的感情似乎已到了水火不相容的地步。

第一节 民族冲突的发展

斯里兰卡的民族冲突大致分三个阶段。第一阶段是从殖民地时期到1948 年的独立。在这个阶段,尽管泰米尔人极力主张在代表权问题上实行"平分秋色"的原则,僧伽罗人和泰米尔人的摩擦仍处于萌芽状态。在反对殖民主义的大旗下,双方尚能团结一致。1948 年以前,斯里兰卡泰米尔人的要求不过是以少数民族权利的语言表达出来的,还没有作为一个民族问题提出来。在这个意义上说,他们的意识原是锡兰泰米尔地方感情,而不是一种地方民族主义。第二阶段是 1948—1983 年。斯里兰卡独立后第一次民族冲突发生在 1956 年斯里兰卡官方语言法案颁布以后的 1958 年,在 20 世纪 70 年代民族冲突逐渐加剧,最终演变成了旷日持久的内战。第三阶段是 1983—2002 年,这是斯里兰卡内战时期。在这三个阶段斯里兰卡经历了三次伊拉姆战争。第一次伊拉姆战争:1983—1987 年,印度维和部队进驻贾夫纳;第二次伊拉姆战争:1990 年斯里兰卡政府与"猛虎"组织和谈失败至 1994 年;第三次伊拉姆战争:1995 年和谈失败至 2002 年停火协议签订。

斯里兰卡独立后，由于受僧伽罗民族主义的影响，政府的民族主义政策使得僧伽罗和泰米尔两族的矛盾迅速激化，导致了一系列的民族骚乱和泰米尔民族分离主义的崛起，民族冲突起伏不定。定僧伽罗语为官方用语的法案颁布后，僧伽罗和泰米尔两大民族的矛盾便急剧加深。1958 年 3 月，政府决定全国车辆一律采用标有僧伽罗文"斯里"的车牌，并将一批新车运抵贾夫纳。这立即引起泰米尔人的极大愤慨，他们认为这是政府剥夺兰卡泰米尔人的语言权利的信号，于是便开始涂抹车牌。结果，僧伽罗地区的泰米尔文招牌也被涂抹，无数斯里兰卡泰米尔人的商店和住宅遭到纵火和抢劫。数百人被打死，12 000 余人流离失所，无家可归，它标志着民族矛盾开始升级为大规模的流血暴力冲突。这场冲突虽然历时只有 4 天，但在僧伽罗和泰米尔两大民族关系上燃起了一把怒火。

1961 年，自由党政府在法庭语言法案中规定不允许泰米尔人聚居地区使用泰米尔语做记录，引发了北方省泰米尔人的消极抵抗运动。政府先是派军队进行镇压，后来又宣布国家进入紧急状态。僧泰两族的矛盾进一步加剧。此后，斯里兰卡政府也曾做过一些和解的尝试，但是都因僧伽罗民族主义者的反对而流产。但是在 1972 年宪法颁布以前，泰米尔人的分离主义运动处于萌芽状态，还没有自觉地形成建立独立国家的意识，只是提出实行联邦制的要求，主要进行非暴力的政治动员和议会斗争。但是 1972 年后，形势发生了转变。

1972 年，斯里兰卡通过了新的宪法草案。新宪法规定"给予佛教以最优先的地位，保护和促进佛教的发展是国家的责任"。同时，新宪法正式规定僧伽罗语为唯一的官方语言，并取消了前一部宪法中旨在保护少数民族权利的第 29 条。因此这部宪法受到了泰米尔人的强烈反对，他们宣布 5 月 22 日为"国丧日"。1973 年，斯里兰卡政府出台了大学入学的标准分制度，规定泰米尔考生的录取分数要高于僧伽罗考生。这一政策引起了泰米尔人特别是泰米尔年轻人的强烈不满。激进的泰米尔青年一方面对政府不满，另一方面又对泰米尔议员在议会中的软弱感到失望。他们意识到非暴力抗议是无效的，开始倾向于暴力斗争的方式。一些泰米尔青年成立了"泰米尔学生运动""泰米尔新虎"等激进组织。而长期温和的议会斗争的失败，也使得泰米尔政党发生了变化。1975 年，维鲁比莱·普拉巴卡兰(Velupillai Prabhakaran)率领泰米尔激进分子"泰米尔新虎"，经过精心而又周密的预谋，成功地刺杀了当时的贾夫纳市市长，从而揭开了"猛虎"组织从事暴力活动的序幕。1976 年 5

月,十几个泰米尔人政党组织组成泰米尔联合解放阵线(TULF),公然提出了建立独立的泰米尔伊拉姆国家的目标。后来,激进的泰米尔青年从联合解放阵线分裂出来,组成"泰米尔伊拉姆猛虎"组织(Liberation Tigers of Tamil Eelam, ETTE,"猛虎"组织)。"猛虎"组织结构严密,手段残忍,嗜杀成性。为了达到目的,不惜采用各种手段,甚至利用妇女、儿童与政府军作战,"猛虎"组织提出建立泰米尔人独立国家的主张。为了维系与政府的武装对抗,"猛虎"组织建立了完善的宣传、筹资及购买和运送物资的地区和国际网络,其巨大的活动能量,不仅成为影响斯里兰卡国内政治稳定、社会安全、经济发展的毒瘤,而且影响到南亚地区的稳定,危及世界的安全。

20世纪80年代以前,在两大民族的冲突中,泰米尔人一般处于劣势。每当发生一次大规模的冲突,泰米尔人总要受到一次沉重打击。从1978年起,泰米尔分离主义活动日益激烈。从1975年到1981年,泰米尔武装组织在北方省杀害了20名警官、3名政治家和13名平民(大多是警方线人)。1979年,斯里兰卡议会通过了《防止恐怖行为法案》(Prevention of Terrorism Act),凡进行暗杀、绑架、拐骗者,可以依法处以终身监禁。1979年8月至9月,至少有130人被处以极刑。进入20世纪80年代,这种力量对比发生了很大变化,僧伽罗人已经不那么容易占上风,相反,有时它还略输一筹。尖锐的民族矛盾,已经激化成满天烽火的民族之间的内战,从乡村蔓延到城市,从游击战争演变为正面的对抗,硝烟弥漫在岛国。

1983年是斯里兰卡两大民族冲突的一个关键性年头。正是在这一年,泰米尔"猛虎"组织把自己独立建国的主张付诸实施。"猛虎"组织逐渐发展成世界上组织最严密的反政府组织之一。1983年7月23日,发生了著名的"贾夫纳事件","猛虎"组织伏击了正在巡逻的政府军车队,光打死政府军士兵就有13名,引发了斯里兰卡独立以来最大的一场民族骚乱,第一次伊拉姆战争爆发。斯里兰卡政府很快对泰米尔人进行报复,短短十几天内,就有1 000余名泰米尔人被残酷杀死。这又激起了泰米尔人的仇恨和反抗,许多泰米尔人纷纷加入"猛虎"组织,使其从30多人很快扩充到3 000余人,极大地增强了"猛虎"组织反对斯里兰卡政府的力量。

1984年开始,"猛虎"组织和政府都采取了更加令人毛骨悚然的战术。"猛虎"组织转而针对手无寸铁的僧伽罗平民发动袭击。最恶劣的一次是1985年5月14日在阿努拉德普勒发生的大屠杀,164名平民遇害。实际死伤难以计数。与此同时,政府也采取一种叫"失踪"的羁押模式,许多泰米尔人被政府特遣队从家里抓走后下落不明。

1987 年，"猛虎"组织在贾夫纳半岛建立政权机关，企图独立建国。斯里兰卡政府对贾夫纳半岛实施了经济封锁，随后政府军攻入贾夫纳半岛，"猛虎"组织的地位岌岌可危。就在"猛虎"组织快要灭亡之际，印度舆论强烈谴责斯里兰卡政府军"种族灭绝"行为，印度的泰米尔纳杜邦成了斯里兰卡泰米尔分离主义分子的大本营，印度政府向贾夫纳地区的泰米尔人运送人道主义援助甚至武器装备，给弹尽粮绝的"猛虎"组织运送补给，使"猛虎"组织获得了再度发展的机会。在印度国内泰米尔人的压力下，为了维护在南亚地区的利益，印度政府从 1987 年开始直接介入斯里兰卡的民族冲突。但印度维和部队并未能战胜善于丛林游击战的"猛虎"组织，而且伤亡惨重，被迫于 1990 年 3 月撤军。

1990 年 3 月，第二次伊拉姆战争爆发。"猛虎"组织在印度维和部队撤走后重新活跃起来，很快控制了贾夫纳半岛，政府军被迫重开战端，双方死伤惨重。1991 年 5 月 21 日，"猛虎"组织派人炸死印度国大党主席拉·甘地。1993 年，"猛虎"组织的军事行动非常猖獗，斯里兰卡局势进一步恶化。1993 年"五一"国际劳动节，斯里兰卡总统普雷马达萨、统一国民党总统候选人加米尼·迪萨纳亚克等 24 名重要政治人物在前往集会的途中被一名绑着炸弹的泰米尔暴力分子杀害。当天上午 11 点，普雷马达萨总统头戴绿色运动帽，从敞篷车上走下来，一边向群众挥手致意，一边在其卫队的护送下走在群众前边。游行队伍从科伦坡国家体育馆向高尔凡斯广场进发，那儿将举行庆祝"五一"劳动节的集会。当总统走到盔甲街十字路口时，一名泰米尔青年骑着自行车向总统冲来。保安人员在其冲到离总统两米之处抓住了自行车把，但为时已晚，其引爆绑在身上的炸弹，一声巨响，包括总统在内的 24 人被炸身亡。

通过第二次伊拉姆战争，"猛虎"组织完成了对斯里兰卡北部和东部地区的割据，实际上在贾夫纳建立了自己的行政体系，并以此形成了与斯里兰卡政府武装割据的局面，贾夫纳成了斯里兰卡的"国中之国"。

1995 年 1 月，斯里兰卡政府与"猛虎"组织达成了停火协议。但是泰米尔"猛虎"组织拒绝政治讨论解决民族问题，除非政府允许北方重建，从根本上解决北方民众的经济问题。1995 年 4 月，"猛虎"组织撕毁协议，向政府军亭可马里海军基地发动了突然袭击，炸毁了在东部海港的 2 艘炮艇，造成了 12 名海军军官丧生。接着袭击了斯里兰卡海军设施，包括飞机和军队。第三次伊拉姆战争打响。1995 年 8 月,库马拉通加夫人提出一揽子放权方案,但"猛虎"组织仍然坚持建立独立的泰米尔国的要求,斯里兰卡政府被迫采取"以战促和"的战略,政府军调集 10 万军队和飞机、火箭、坦克,对"猛虎"组织发动代号为"跃进"的军事行动,收复了大片失地,摧毁了游击队部分据点。1996 年 5 月,政府军发动大规模的进攻,把"猛虎"组织赶出贾夫纳半岛。

"猛虎"组织频频袭击平民,遭到国际社会广泛批评和谴责。1996 年 1 月 31 日,斯里兰卡中央大楼被炸,约 100 人死亡,上千人受伤。同年 7 月 24 日,科伦坡郊区火车站被炸,70 人遇难。1998 年 1 月,"猛虎"组织对僧伽罗人的佛教圣地发动袭击,制造了震惊世界的康提佛牙寺爆炸事件,引发了僧伽罗人对泰米尔人的报复行动。1991 年和 1997 年,印度和美国分别将"猛虎"组织定性为恐怖组织。1998 年,斯里兰卡政府宣布取缔"猛虎"组织,排除与之谈判的可能性。

1999 年,内战骤然升级,"猛虎"组织大规模反攻,重创政府军。"猛虎"组织在占据军事优势的情况下,呼吁进行"非直接和平谈判"。1999 年 5 月 3 日,斯里兰卡政府宣布全国进入战争状态,以集中力量击退"猛虎"组织。1999 年 11 月,斯里兰卡一座天主教堂遭到炮弹袭击,当场炸死 31 人,医院抢

康提佛牙节

救过程中又有 6 人死亡。1999 年 12 月,时任总统钱德里卡·班达拉奈克·库马拉通加在科伦坡遭到自杀式炸弹袭击,一只眼睛失明,另外至少有 34 人死亡。2000 年 5 月,挪威副外长到斯里兰卡政府出面调停。2000 年 12 月,"猛虎"组织单方面停火,政府的态度亦有所缓和。而就在和谈似乎出现转机时,"猛虎"组织又违背了它做出的无条件谈判的承诺,提出了和谈的优先条件。和谈陷于僵局,双方的冲突不断。2002 年,统一国民阵线政府成立以后,"猛虎"组织再次表达了和谈意愿,并主动实施了两个月的单方面停火。新政府做出了积极的回应,并邀请挪威政府再次出面斡旋。2002 年 2 月,在挪威政府的斡旋下,双方在斯德哥尔摩签署了永久性停火协议。2002 年 9 月,斯里兰卡政府解除对"猛虎"组织的禁令。2002 年 9 月 16 日,双方开始首轮和平谈判。

但是斯里兰卡政府与"猛虎"组织的谈判异常艰难。在 2002 年的和平谈判中,双方成功地达成了停火协议,签订了保证停止两大民族敌对的停战协定。协定详细阐述了在国内需要采取的恢复两大民族和平气氛的措施。"猛虎"组织降低了其独立的要求,改为谋求地方自治。政府同意与"猛虎"组织分享权力。虽然双方以及国际社会都做出了努力,但由于此后斯里兰卡国内的党派之争以及斯里兰卡政府和"猛虎"组织之间在一些地区权力分配上的矛盾逐渐激化,最终导致和平进程未能取得进展,双方之间原本出现的和解也变得十分脆弱。

在后来的和平谈判中,"猛虎"组织多次退出谈判,和政府军打打谈谈。国际社会对"猛虎"组织的行为也深恶痛绝,欧盟也将"猛虎"组织定性为恐怖主义组织,禁止其参加国际谈判,"猛虎"组织失去了国际支持。2004 年 4 月,"猛虎"组织二号人物穆拉利塔兰(别号"卡鲁纳上校")率领 6 000 名武装人员向政府军投诚,令"猛虎"组织元气大伤。

2006 年 7 月,斯里兰卡政府与"猛虎"组织和谈破裂后,斯里兰卡政府军立即发动新一轮军事打击,第四次"伊拉姆战争"爆发。双方战争愈打愈烈,在政府军的凌厉攻势下,"猛虎"组织节节败退,政府军接连收复失地。经过一年多的战争,2007 年 7 月,政府军收复东部并向"猛虎"组织控制区推进。最终,政府军占领"猛虎"组织在东部最后一个重要据点托皮加拉镇,实现了对东部的控制。随后政府军将军事打击的重点转向北部。2008 年 1 月 2 日,斯里兰卡政府宣布退出永久性停战协议,称"猛虎"组织已经名存实亡。之后,政府军动用重型武器,对"猛虎"组织穷追猛打。在"猛虎"组织实力大减的情况下,政府军力量却大大增加。2008年,斯里兰卡政府军人数增加到30万人,拥有大量多筒式火箭发射器、武装直升机、无人驾驶飞行器等,"猛虎"组织无法匹敌。

2009年1月,斯里兰卡政府军先后占领"猛虎"组织的政治总部基利诺奇和军事总部穆莱蒂武。4月,政府军攻占"猛虎"组织在斯里兰卡北部的最后一个据点,收复所有"猛虎"组织控制的地区。5月17日,政府军将"猛虎"组织围困在不足2平方公里的地域内,从空中和陆地对其进行攻击,当天,"猛虎"组织国际发言人帕特马纳发表紧急声明,称"战争已经痛苦地结束,我们决定放下武器"。5月18日,政府军攻下"猛虎"组织最后一个据点,并宣告对"猛虎"组织的军事行动结束。5月19日,斯里兰卡总统拉贾帕克萨正式宣布,政府军终于取得对"猛虎"组织的军事胜利,内战结束,同时还宣布"猛虎"组织头目普拉巴卡兰被击毙,持续了26年之久的斯里兰卡内战终于画上了句号。

持续不断的民族冲突,给斯里兰卡造成了巨大经济损失,破坏了斯里兰卡的经济发展环境。

第二节　民族冲突的代价

在斯里兰卡,每一次大规模的民族冲突,都伴随着经济社会生活的巨大震荡。持续不断的民族冲突严重阻碍了斯里兰卡经济社会的发展。

一、民族冲突成为社会发展的巨大包袱

持续不断的民族冲突成为斯里兰卡社会发展的沉重包袱,严重阻碍了经济的发展。多年的民族冲突使大批泰米尔人和僧伽罗人死于非命,巨额财产化为灰烬。

以1983年民族冲突造成的损失为例,1983年的冲突,造成了79 000人无家可归,150 000人失业,价值约20亿斯里兰卡卢比的财产被毁。茶叶工业损失最大,约5 000万卢比的商品被烧掉。至于骚乱中的死亡人数,据官方资料,有300—400人,而据非官方资料,死亡人数达2 000人。5 000座泰米尔人的房屋被烧成灰烬。19家重要的工厂被毁坏,而重建这些工厂要花多年时间。1990年的前6个月内,就有6 000人(其中绝大多数是泰米尔人)被杀或者"失踪",120万人被迫迁移,在北方省和东方省有7万所房屋被烧毁。从1983年内战爆发到2009年战争结束,有约2.38万名政府军士兵和警

察在与泰米尔"猛虎"组织的武装冲突中死亡,死于战争的平民则高达约 7 万人,200 万人流离失所。

为安排和救济因民族冲突而无家可归的数十万泰米尔难民,斯里兰卡政府不得大幅度增加财政开支,背上了沉重的经济负担。在经济增长的同时,国家预算连年亏损。斯里兰卡财政预算一般要靠外援,政局不稳,经济发展不景气,使得西方国家的外援减少,出现了巨大财政赤字。1993 年斯里兰卡财政预算赤字为 36.223 亿卢比,1994 年为 47.467 亿卢比,1995 年为 64.778 亿卢比。

造成财政预算赤字的原因主要有两条:一是国家债务负担沉重,1993 年斯里兰卡债务为 59.36 亿美元,1994 年为 65.98 亿美元,1995 年为 70.1 亿美元;二是国家军费开支巨大,由于长达十几年的内战,斯里兰卡军队已经由一支礼仪性的军队发展成了作战经验丰富的军队。由于内战,斯里兰卡政府军费开支逐年增加。1990 年斯里兰卡军费开支占政府预算的 14.8%,达 3.7 亿美元,是 10 年前的 15 倍,1994 年斯里兰卡军费开支为国内生产总值的 4.5%(高于世界平均水平 3%),人均军费开支 29 美元。20 世纪 90 年代中期,斯里兰卡军费开支在某些年份竟然高达政府收入的 20%。据统计,内战期间,斯里兰卡政府的军费开支不断增加,政府每年用于战争的支出约占斯里兰卡国内生产总值的 2%,从而使斯里兰卡政府的财政赤字居高不下,负债累累。由于长期的内战,国家的基础设施遭到严重破坏,大量的财富毁于战火。因为购买军火,耗费了国家大量外汇;大量的经费投入军事方面,严重影响了整个斯里兰卡的经济发展,使得国家经济建设缺乏充足的资金投入,经济增长乏力,政府经济发展的"新加坡化设想"也全盘落空。"印度洋上的明珠"满目疮痍。

二、民族冲突进一步恶化经济

自 1983 年 7 月斯里兰卡独立后最严重的民族骚乱爆发以来,尽管政府采取种种措施稳定局势,但是收效甚微。持续不断的动乱给人民的生命财产带来巨大的损失,也严重地阻碍了国家的经济发展。暴力活动猖獗,战争时起,社会动荡,不仅吓跑了前来投资的外国企业家,也使许多生产活动停滞。政府的经济政策根本无法实施,国内经济形势急转直下。面积约 9 000 平方公里的东方省曾经是斯里兰卡主要的水稻种植区,但是自 1983 年内战爆发以来,它成了政府军与泰米尔"猛虎"组织反复交火的地区之一,水稻产量大幅萎缩。农业连年减产,工业增长速度下降,投资减少。为打击政府的茶叶出口,"猛虎"组织宣称,它已经用氰化钾污染了茶叶,消息一出,斯里兰卡茶叶出口量锐减,价格一跌再跌。1989 年,斯里兰卡国民经济增长率仅为1.5%,是统一国民党政府执政 12 年以来国民经济增长率最低的一年。内战期间,"猛虎"组织多次对包括炼油厂、电站、火车站和中央银行大楼在内的重要设施发动袭击,造成了巨大的经济损失。比如 2001 年 7 月 24 日,"猛虎"组织对当时斯里兰卡唯一的国际机场及毗邻的空军基地发动袭击,炸毁 8 架军用飞机和 6 架民用飞机,直接经济损失高达 10 亿美元。受战争因素的影响,加上当时世界经济普遍不景气,斯里兰卡 2001 年经济出现了负增长。

持续不断的民族冲突,使斯里兰卡卢比进一步贬值,物价飞涨,财政赤字增加,国家基本建设受挫,国计民生受到严重威胁;而且骚乱还导致了近 20万人失业,使政府过去几年为解决失业所做的努力几乎前功尽弃,而失业者的增加又给社会带来很大的不稳定因素。骚乱还使商品流通渠道中断,商品流通受阻,市场供应趋于紧张。

科伦坡部分商品零售价格(每公斤)

年份　　项目	平均零售物价(卢比)							1976—1985 年增长百分比(%)
	1976	1977	1979	1981	1982	1984	1985	
稻米	3.14	3.20	3.85	7.34	7.92	8.76	9.05	288
面粉	0.97	1.58	3.17	5.75	6.52	7.59	7.78	802
鱼	6.71	6.80	16.29	19.65	24.99	23.79	23.88	355
土豆	4.02	4.08	4.66	9.28	10.44	15.06	14.78	367
蔬菜	1.02	1.20	2.10	2.09	2.38	3.79	5.57	546
奶粉	11.00	11.0	15.07	34.30	48.55	53.99	58.20	529
茶叶	16.1	17.41	28.85	30.24	32.02	73.14	68.89	428

资料来源:H. N. S. Karunatilake, "The Economy of Sri Lanka", Colombo: *Centre for Demo-Graphic and Socio-Economic Studies*, 1987, p.445。

从表中可以看出,1976—1985 年科伦坡与民众生活密切相关的一些主要商品的价格增幅很大。科伦坡消费者物价指数上升了 280%,涨幅将近 3倍,而面粉价格上涨了 802%、鱼 355%、土豆 367%、蔬菜 546%、奶粉 529%、茶叶 428%。物价涨幅过大,与政府的经济政策有关,也与国内的民族冲突持续不断,经济局势恶化有很大关系。

三、民族冲突影响了旅游经济

持续不断的民族冲突还严重影响了斯里兰卡的旅游经济的发展,破坏了斯里兰卡的国际形象。

斯里兰卡有着得天独厚的旅游资源。长达 1 240 公里的海岸线,几乎完全被宽阔的金色海滩所覆盖。这里四面环海,阳光充足,雨水滋润,终年如夏,四季常绿。除个别地方外,斯里兰卡沿海海岸几乎到处是椰林、槟榔树、扇头棕榈以及其他树木。岛国奇异独特的热带海滨风光、浓烈古朴的风土人情、典雅悠远的历史文化,令人赏心悦目、心旷神怡。而且斯里兰卡有数千年的古老文明和众多的名胜古迹,每年不远千里慕名而来的观光游客络绎不绝。斯里兰卡也因此成为一个兴旺昌盛的旅游胜地。自 1965 年斯里兰卡国家旅游局成立,旅游业得到大力发展,游客逐年增加,平均每年增加 20%。旅游业成了斯里兰卡第四大外汇收入产业,仅次于在国外的斯里兰卡人汇款、服装和茶叶出口。1982 年,来斯里兰卡旅游的游客多达 40 万人,创外汇收入达 30 亿卢比(约合 1.5 亿美元)。旅游业成了国家赚取外汇的一个重要途径,被称为"无烟工业"。同时,旅游业的发展还为 6 万人提供了直接和间接的就业机会。据统计,旅游业收入占了斯里兰卡国家全部外汇收入的8%,就业人数的 1.5%。

但是持续不断的民族冲突严重影响了斯里兰卡旅游经济的发展。

"猛虎"组织从不讳言,它旨在通过暴力手段来实现其独立建国的理想,即要通过一系列的暴力活动,来破坏斯里兰卡在国际上的形象,破坏僧伽罗政府的经济与社会基础,在斯里兰卡造成一种恐怖与威慑气氛,迫使僧伽罗人及其政府因畏惧而对他们做出让步,最后使一个独立的泰米尔伊拉姆国的建立。从 20 世纪 70 年代中期"猛虎"组织崛起以来,在斯里兰卡制造了一起又一起暴力事件,造成了恶劣的影响,打击了斯里兰卡的旅游业。

1986 年 5 月 3 日,"猛虎"组织在科伦坡国际机场用定时炸弹炸毁了斯里兰卡国际航空公司的一架民航班机,机上 16 人死亡,26 人受伤。消息一传出,国际上反响强烈,尤其是对恐怖主义敏感的西方国家,立即以斯里兰卡不是安全之地为由,劝告本国公民不要到那里观光旅游。一些旅行社、旅行团体纷纷取消业务联系,不少个人旅客也取消了预订的机票。一时间,作为斯里兰卡经济支柱之一的旅游业大受影响。许多五星级饭店的房间出租率不到 20%,北部和东部的大部分旅馆更是门可罗雀,许多昔日游人如织的风景点,变得冷冷清清,一片萧条,大批以旅游业为生的人失业或破产,怨声四起。

此后,每当国内局势平静时,旅游业就会发展,而当民族冲突激烈时,旅游业就会大大衰退。旅游业成了受国内战争影响最严重的经济部门。斯里兰卡民族冲突严重爆发前的 1982 年,到斯里兰卡旅游的游客人数曾经达到 40 多万人,1983 年因民族冲突爆发,游客人数一下子降为 34 万人。1990 年以后局势趋稳定,游客人数再度增加,1994 年达到 407 511 人,1991 年斯里兰卡旅游收入为 1.56 亿美元,1992 年为 1.99 亿美元,1993 年为 2.08 亿美元,1994 年为 2.24 亿美元。1995 年后暴力活动加剧,又影响到旅游业。旅游业萎靡不振使其他服务行业如航空、国内运输、手工业等也不同程度受到损害。此后,随着国内局势的变化,游客人数出现波动。

四、民族冲突破坏了投资环境

斯里兰卡持续不断的民族冲突对于其经济发展的阻碍作用还在于它严重破坏了斯里兰卡的投资环境。

1983 年以后,民族冲突不断升级,"猛虎"组织制造的暗杀、爆炸事件不断,使得国内局势动荡不安。主要事件如:1984 年,"猛虎"组织连续袭击北方省的警察局,炸死了斯里兰卡北方陆军司令。1985 年,"猛虎"组织在首都科伦坡策划使用汽车炸弹谋杀斯里兰卡总统贾亚瓦德纳,结果未遂。1987 年 4 月 17 日,"猛虎"组织在东方省制造了几起公共汽车爆炸事件,127 名乘客丧生、60 多名乘客受伤,其中绝大多数是僧伽罗人。3 天后,科伦坡汽车总站遭爆炸袭击,又有 200 多人受伤。10 月 6 日,一辆公共汽车和一列火车分别遭到袭击,共有 300 多名乘客被开枪打死。1988 年 10 月 9 日晚,"猛虎"组织在北方省袭击一个僧伽罗人村庄,用刀、枪屠杀了 45 名村民。11 月 15 日,"猛虎"组织在东方省伏击了一辆巴士,杀死车上 127 名僧伽罗人。1991 年 3 月 2 日,斯里兰卡政府第二号人物——国防国务部部长兰吉·维杰拉特纳的白色"奔驰"座车,在行驶到科伦坡市繁华市区时,被一颗预先放置在车里、通过电子设备遥控引爆的炸弹炸翻,维杰拉特纳当场被炸身亡。炸弹还使正驶过那里的一辆公共汽车被炸,18 人身亡,74 人受伤。1991 年 10 月,"猛虎"组织在东方省用地雷炸死斯里兰卡东方省陆军司令。

这些爆炸事件,不但造成了斯里兰卡局势混乱的局面,而且影响了斯里兰卡的国际形象,破坏了斯里兰卡的投资环境,许多外国投资者感到其自身安全难保,因而纷纷撤离斯里兰卡。

自 1977 年贾亚瓦德纳就任总统以后,政府大力促进外国投资,并将外国投资作为自由市场经济发展纲领的一个关键部分。然而 1983 年民族冲突后,国内战乱不已,局势动荡。至少有 45 家印度公司决定撤离斯里兰卡。为打击斯里兰卡的经济,"猛虎"组织还威胁在斯里兰卡的所有跨国公司,要它们立即从斯里兰卡撤走,并在 1986 年炸毁了一家日本投资的水泥厂,以"杀一儆百"。动乱的局势吓跑了许多外国投资者。

斯里兰卡独立初期,经济、社会等各项指数都高于亚洲许多国家,斯里兰卡人均国民生产总值是印度的 2 倍、泰国的 1.5 倍,生活指数与日本相当,有的经济学家甚至把斯里兰卡当成是发展中国家的典范。1977 年实行经济改革后,其经济有了进一步发展,1978—1982 年斯里兰卡经济年均增长率为6%。但是 1983 年开始的内战,给斯里兰卡经济造成了沉重打击。民族冲突造成的政局不稳定,极大地破坏了国内的投资环境,动摇了投资者的信心,在流血冲突严重的年份,外资投入明显减少,有的外资企业甚至撤资回国。这对于斯里兰卡的经济发展产生了不利的影响。

五、民族冲突影响了斯里兰卡和印度的关系

从地缘政治角度讲,印度位于亚洲的南部,是南亚地区的一个大国,是斯里兰卡这个四面环海的岛国的唯一近邻。长期的历史发展,加上这样的地理位置,使得斯里兰卡在政治、经济、文化、宗教等方面很自然处于印度的影响之下,同印度有着千丝万缕的联系。所以,印度历来把斯里兰卡视为自己的势力范围。印度前海军司令 1974 年曾说过:斯里兰卡对于印度有着非常重要的战略价值,就像爱尔兰对于英国一样……只要斯里兰卡对印度保持友好或中立,印度就没有什么值得担心的,而如果斯里兰卡落入印度敌对势力之手,那么印度将无法容忍这种危及印度安全的局面。

斯里兰卡的僧伽罗人和泰米尔人之间的冲突之所以变得复杂,与外界的插手也有很大关系。南亚各国有许多跨国界的民族问题,他们经常引起有关国家的摩擦和冲突,其中印度和斯里兰卡之间的泰米尔族为最突出。斯里兰卡的泰米尔人不仅自称其起源于印度,而且将印度看作其靠山和潜在的救星,印度方面则认为斯里兰卡的泰米尔人与印度泰米尔纳杜邦的泰米尔人是同族同种,对他们的境遇不能无动于衷。重要的是新德里出于政治原因,默认印度南部的泰米尔人在斯里兰卡民族问题上所采取的态度。这使得印度

和斯里兰卡两国关系之间的泰米尔人问题与国内政治纠缠在一起,长期困扰着两国的关系。印度的泰米尔纳杜邦对斯里兰卡民族冲突的发展十分敏感,这个邦拥有近 6 000 万人口。它在印度中央政府各部门都有一定的代表,在舆论界和学术界也有相当的力量,这些都可以间接影响中央政府的政策。另外,该邦政府还经常与中央政府保持联系并施加压力,对中央政府在制定政策上直接发挥影响。

从斯里兰卡独立到 20 世纪 80 年代以前,由于两国历届政府在相互关系上都比较慎重,因而这一段时间,两国间基本上相安无事。

斯里兰卡的印度泰米尔人问题是英国殖民统治的产物。斯里兰卡独立以后争论的问题主要是这些印度泰米尔人的公民地位问题。为解决这一问题,印度和斯里兰卡双方进行了多次会谈。并且于 1964 年和 1974 年达成协议,根据这些协议,印度和斯里兰卡双方决定,在 1953 年估计的 975 000 名在斯里兰卡的印度泰米尔人中,有 30 万人将被授予斯里兰卡公民资格,有525 000 人将被赋予印度公民资格,余下的 15 万人双方以 1∶1 的比例分别授予印度或者斯里兰卡公民资格。

1980 年 1 月,英·甘地当选为印度总理后,印度和斯里兰卡关系有了一些变化,印度开始对斯里兰卡泰米尔问题产生兴趣。斯里兰卡的民族冲突日益成为影响两国关系的决定性因素。

1983 年 7 月,斯里兰卡民族冲突爆发后,印度泰米尔纳杜邦反应强烈,群情激愤。无论是在野党,还是一般民众,都一致谴责斯里兰卡僧伽罗人对泰米尔人的"暴行",该邦联合组织了声援斯里兰卡泰米尔人的罢工、罢市和游行示威,强烈要求印度中央政府出面制止斯里兰卡当局对泰米尔人的"有组织的种族灭绝活动",敦促中央政府"采取强硬措施拯救斯里兰卡泰米尔人"。该邦首席部长还多次率领由该邦 16 个代表组成的邦代表团,亲赴新德里求见英·甘地总理,向英·甘地施加压力。新德里出于政治上的考虑,不能对泰米尔纳杜邦的情绪视若不见。英·甘地总理虽然拒绝对斯里兰卡进行直接干预,却对那里的泰米尔武装分子在印度建立训练基地睁一只眼闭一只眼。在一次国会讲话中,甘地说:"印度支持斯里兰卡的独立、统一和领土完整,但由于印度斯里兰卡两国人民之间的历史、文化,特别是在泰米尔人方面的紧密联系,印度不可能对斯里兰卡发生的事情无动于衷。"

泰米尔纳杜邦有关势力不仅向印度中央政府施加压力,而且公开支持泰米尔分离主义者,给"猛虎"等泰米尔武装组织提供基地、武器、弹药、药品、粮食等物资。允许大量泰米尔分离主义分子来该邦寻求庇护,建立基地,使得"猛虎"等泰米尔武装组织因有其作靠山和后盾,实力迅速增强,更加有恃无恐。

斯里兰卡的民族问题本来是内政问题,或者最多对泰米尔纳杜邦或印度的政治有一定的影响,但是在实际上,它却远远超出了这一范围。1983 年 7 月大屠杀后,斯里兰卡打算寻求区域以外国家的支持,以防止印度干涉。对此印度做出了强烈的反应,声称它不能容忍外界对南亚任何一国内部冲突的介入。

印度和斯里兰卡两国对斯里兰卡民族问题上的看法存在着明显的分歧,在印度看来,这基本上是一个政治问题,需要通过政治手段来解决,而斯里兰卡政府认为这个问题是极端分子——"内部的背叛分子"——对国家安全的威胁,应当首先消灭他们,才谈得上政治解决。

1987 年以前,印度一直试图在斯里兰卡政府和泰米尔"猛虎"组织之间充当调停人的角色,在斯里兰卡政府与泰米尔分离主义者之间来回穿梭,多次派特使到斯里兰卡进行斡旋、调和,撮合二者坐到谈判桌上,施压让双方让步,以按印度设想和意图来解决问题。从 1983 年到 1987 年之间,印度提出了一系列方案,这些方案都是主张在"允许斯里兰卡泰米尔人不同程度上的有限的自治基础上解决'民族问题'"。但是,出于种种原因,这些方案都没有实施。实际上,斯里兰卡内战开始后,由于受到印度南部泰米尔人的支持,斯里兰卡泰米尔武装得以以印度南部泰米尔纳杜邦为基地,不断发展壮大。

1987 年后,印度的政策发生了变化,拉·甘地政府开始改善两国关系。拉·甘地在泰米尔人问题上公开表示,印度不支持泰米尔人的独立建国运动,斯里兰卡的民族矛盾应该在斯里兰卡完整统一的范围内加以解决。印度今后也不再允许其领土成为泰米尔分离主义者的基地或武器的来源地。印度还采取措施,限制在泰米尔纳杜邦的泰米尔分离主义者的行动。

对于印度的这些缓和姿态,斯里兰卡做出了积极响应。斯里兰卡政府认识到,如果斯里兰卡内乱长期进行下去,国家经济总有崩溃的一天,而解决内乱,光凭武力是不行的,只有从政治上寻求可行的办法,在这一点上,印度是一个重要的因素。在双方的相互需要下,形势出现了逆转,这就是双方和平协议的签署。

1987 年 7 月 29 日,斯里兰卡总统贾亚瓦德纳与印度总理拉·甘地在科伦坡签署了《为在斯里兰卡建立和平与正常秩序的印度-斯里兰卡协议》

（*Indo-Sri Lanka Agreement to Establish Peace and Normalcy in Sri Lanka*）。协议的主要内容有：（1）在斯里兰卡东、北两省建立一个由议会、省长和省内阁组成的行政单位，在 1988 年 12 月 31 日以前，在东方省举行公民表决，以决定东方省的泰米尔人聚居区是否与北方省合并为一个行政单位；（2）因民族骚乱或其他原因而流离失所的所有公民都有权参加公民投票，将创造必要的条件使他们返回自己的家园；（3）承认各民族集团都有其明显的文化和语言特征，这种特征应受到认真的保护，承认北方省和东方省是斯里兰卡操泰米尔语民族历来所居住的地方；（4）承认僧伽罗语、泰米尔语和英语同为官方语言；（5）斯里兰卡政府军撤出东、北两省，普遍实行停火，大赦政治犯；（6）为了保证上述条款的实施，印度将督促泰米尔武装组织交出武装，并派"维持和平部队"（India Peace-Keeping Force）前往斯里兰卡东、北两省监督协议的执行。

印斯和平协议的签订轰动了世界，世界各大报纸和电视都以这样的标题发布了这样的消息：印斯签署旨在结束斯里兰卡民族冲突的和平协议，斯里兰卡和平在望。1987 年 8 月 10 日伦敦《泰晤士报》评论道："作为和平协议的缔造者，贾亚瓦德纳总统和拉·甘地总理完全可以为自己的成果自豪。"贾亚瓦德纳总统和拉·甘地总理也都欢呼这项协议的签署，认为这是 20 世纪一次伟大的和平努力。单从协议的条款本身来看，它的确为斯里兰卡民族问题的解决，提供了一个和平的机会。为了保证协议的实施，斯里兰卡政府邀请印度政府出兵贾夫纳半岛。协议签署的第二天，即 1987 年 7 月 30 日，数以千计的印度维和部队乘水陆两栖舰艇在贾夫纳半岛登陆，其人数最多时高达 7 万人。

但是，印斯和平协议还是引起了僧伽罗人和泰米尔人的强烈反对。在僧伽罗人看来，印度维和部队的进驻是对斯里兰卡主权和领土的侵犯，而对泰米尔人的过多让步是他们所不能容忍的。一些僧伽罗人部长、议员相继辞职，以示抗议。僧伽罗民众，尤其是佛教僧侣

斯里兰卡僧侣

也强烈反对和平协议,他们认为贾亚瓦德纳总统践踏他们的利益,强烈反对将东方省与北方省合并,反对允许泰米尔语为官方语言的计划。

印度维和部队进入斯里兰卡后,虽然许多泰米尔武装组织被迫放下了武器,并同意与政府合作,寻求和平解决冲突的途径。但随着时间的推移,人们发现印度军队遇到了"猛虎"组织的激烈抵抗,陷入了泥潭。

从旁观者的角度来看,和平协议的签署,泰米尔分离主义者应该是受益匪浅,但是他们对于未参与协议的具体谈判和签署感到屈辱,认为协议是强加给他们的,是别人一手操办的。它没有承认泰米尔人是一个民族,使僧伽罗非法殖民合法化。"猛虎"组织对该协议强烈不满,他们认为印度越俎代庖。更为关键的是,协议要"猛虎"组织交出武器,这是"猛虎"组织最不能接受的。"猛虎"组织领导人普拉巴卡兰说:"协议最不能接受的是要我们交出武器,武装力量是我们阻止国家种族屠杀的唯一手段,如果我们的武装被解除,我们的人民将毫无防范之力。"因而"猛虎"组织拒绝放下武器。

"猛虎"组织与印度政府的关系日益恶化。不久"猛虎"组织就同印度维和部队发生了激烈的冲突。印度军队对"猛虎"组织的攻击,在最初阶段曾经起到一定效果,但是"猛虎"组织在遭到重创后调整了同印军正面作战的战术,转而采取自己的拿手好戏——游击战,转入地下,同印度军队周旋,致使印军遭受重大损失,到 1989 年底,印度维和部队在军事行动中已经付出了死亡 1 000 多人,伤 3 000 多人的代价。1987 年 10 月,一起"猛虎"组织的偷运军火事件导致其与印军的直接交火。1987 年 10 月 10 日,印度动用武器和伞兵,对"猛虎"组织固守的重镇贾夫纳城发动强大的攻势,并且不断向斯里兰卡增派部队。到 1989 年印度维和部队兵力达到 52 000 人。而当时"猛虎"组织的成员却只有 4 500 人。由于印度维和部队攻势凌厉,人数占优,"猛虎"组织不得不放弃在贾夫纳城的总部,逃进丛林,化整为零,同印度军队展开了丛林游击战,印军因此伤亡惨重。此后,印军又凭借其几万正规军的优势,不断调兵遣将,攻克了不少"猛虎"组织的据点,逐渐控制了东、北两省的局势。这样,斯里兰卡的内战变成了"猛虎"组织与印度维和部队之间的战斗。为将印度维和部队赶出斯里兰卡,斯里兰卡政府与"猛虎"组织建立了紧密联系,达成停火协议,政府甚至协助"猛虎"组织与印度维和部队战斗,为"猛虎"组织提供武器以帮助"猛虎"组织打击印度一手培植起来的泰米尔国民军(Tamil National Army, TNA)。

因为印军的干涉并没有给斯里兰卡带来和平,相反,印度维和部队的到来,使斯里兰卡社会的各种矛盾进一步激化,印斯关系也趋于紧张。进驻贾夫纳半岛的印军也日益不受欢迎。其一,印军的缓慢进展,使得斯里兰卡政府很不满意,怀疑印度政府出兵的意图,想寻找借口让印度撤军;其二,印军俨然一副"救世主"的形象,来到岛上,骄横跋扈,不可一世,骚扰当地居民,强奸妇女,滥杀无辜,激起了原来欢迎他们的泰米尔人的憎恨。

这时,"猛虎"组织看准这一有利因素,决定改变同政府对抗的政策,与政府暗中会晤。而且"猛虎"组织虽然与印度政府闹翻了,却继续得到印度泰米尔纳杜邦的支持。这使印度在斯里兰卡的维和任务变得久拖不决。印度从斯里兰卡撤军变得遥遥无期。印斯关系变得紧张起来。

1988年12月,普雷马达萨(Premadasa,Ranasinghe)当选斯里兰卡总统。他本来就不赞成印度派军队进入斯里兰卡。上台后不久即于1989年6月1日向印度正式提出,印军应于7月29日之前,即印斯和平协议满两周年之际,全部撤出斯里兰卡。不久斯里兰卡政府与"猛虎"组织达成停战协议,也要求印度早日撤军。

这一要求遭到了印度政府的拒绝。印度以和平协议未能完全履行,东、北两省的权力移交尚未完成以及斯里兰卡泰米尔人的安全得不到保证为由,赖着不走。称撤军日期不是看日历,而是要以局势的发展为前提,不能单方面做出轻率的决定,而应由两国政府协商后决定。

双方围绕撤军问题开展了一场激烈的外交活动。由于有关撤军的最后时限的争执,印斯两国关系一度几乎到了破裂的境地。1989年7月13日,斯里兰卡外交部部长宣布,如果驻斯印军不服从斯里兰卡总统的命令,在7月底以前撤离,那么斯里兰卡政府将宣布它为占领军,采取行动把他们赶出去。斯里兰卡反印情绪高涨,迫使印度撤离其驻科伦坡的外交官家属以及一些侨民,但印度仍坚持己见,还以"营救可能遭到袭击的印度外交官"为名,派出一艘航空母舰到斯里兰卡附近的海域活动,以此恫吓。局势骤然紧张。

7月29日,斯里兰卡外交部部长率政府代表团赴新德里,具体谈判撤军事宜。经过长时间艰苦谈判,斯印双方终于在9月18日达成在1989年前印军全部撤离的协议。从10月开始,印度军队分批撤离斯里兰卡北部的一些地区,不过每批人数不多,动作缓慢、拖拉,直到1990年3月24日,印度才完成了最后撤军,从而结束了它对贾夫纳半岛长达2年零8个月的军事干预。随后"猛虎"组织打垮了印度扶持的"泰米尔民族军",重新控制了贾夫纳大部分地区,并撕毁同政府的停战协议,向政府军挑起战争。印度总理拉·甘地因派兵攻打"猛虎"组织,使"猛虎"组织怀恨在心,终于酿下杀身之祸。1991年 5 月 21 日 16 时,拉·甘地在泰米尔纳杜邦参加印度统一共产党竞选演讲集会,准备接受群众献花。一名身绑烈性炸药的泰米尔妇女在向拉·甘地弯腰致敬时,引爆藏在身上的炸弹,与拉·甘地同归于尽。

事实表明,印度对斯里兰卡近 3 年的军事干预,并未达到其预期的目的,相反使自身陷入了泥潭。1998 年,印度法庭判决 26 人在阴谋刺杀拉·甘地的过程中有罪。这些人包括斯里兰卡的泰米尔极端分子及其在印度的同伙。

独立之后,斯里兰卡僧伽罗人与泰米尔人之间的民族冲突不断发展,最终演变成了内战,使斯里兰卡国家受到了严峻的挑战。如果说泰米尔人最初反对僧伽罗人的活动,在于争取本民族的政治经济权利的话,那么后来"猛虎"组织无限制的暴力活动,则严重超出限度,遭到人们的谴责。"猛虎"组织已破坏了国家的主权和领土完整,严重威胁到国家的安全。为解决旷日持久的民族冲突,斯里兰卡政府采取了多种办法,如军事镇压、和平谈判等。最终,"猛虎"组织被消灭,标志着斯里兰卡持续多年的内战结束,但是民族和解的道路依然很漫长。

第三节　内战结束后的斯里兰卡

2009 年 5 月 18 日,在被斯里兰卡政府军攻下最后一片据点后,"猛虎"组织终于承认失败,当消息传到正在回国途中的拉贾帕克萨总统耳中时,他兴奋得不能自已。一下飞机,便长跪在地,双手合十,感谢上苍终于让斯里兰卡浴火重生。当时,斯里兰卡内阁全体成员列队在机场迎接他,科伦坡的民众更是挥舞着国旗夹道欢迎,经久不息地高喊着"总统是英雄"的口号。

内战结束后,斯里兰卡政坛发生了戏剧性变化。曾经的"打虎英雄"——斯里兰卡前陆军司令丰塞卡竞选总统失利,接着又被关进监狱。2010 年 11 月,作风强硬、经验丰富的拉贾帕克萨总统成功连任。这表明斯里兰卡人民对和平稳定的环境抱有很高的期待。

"猛虎"组织的覆灭使斯里兰卡僧泰两大民族的冲突进入一个新时期,即僧泰民族冲突的解决从极端的军事冲突回到了政治解决的道路。2009 年 5 月 19 日,斯里兰卡总统拉贾帕克萨在议会宣布取得军事彻底胜利的同时,立即提出将致力于寻求能为各方接受的民族和解与政治解决方案。他强调军事手段的使用针对的是"猛虎"组织而非泰米尔人,军事打击并不是解决僧泰两大民族冲突的最终方案,政府承诺在宪法允许的范围内在泰米尔人居住地区放权。在议会当天的演说中,身为僧伽罗人的拉贾帕克萨总统还用泰米尔语发表了一段演说,以表示弥合民族矛盾的愿望,这表明斯里兰卡总统有用政治手段解决国内的僧泰民族冲突的决心。要想获得持久和平,斯里兰卡仍有很长的路要走。僧伽罗族与泰米尔族之间的分歧依然很大。对此,一些时政观察家说,斯里兰卡政府面临的最大挑战是尽快拿出解决民族矛盾的政治方案,实现民族和解,政府必须调整那些泰米尔人认为"受到歧视"的政策。

一、难民安置问题

内战结束后,难民安置问题是斯里兰卡政府的当务之急。据统计,从2006 年至内战结束这段时间,约有 30 万泰米尔平民从"猛虎"组织控制的地区逃到政府军控制区,其中有 1/3 是未成年人。这些难民处境艰难,尽管政府组织发放救济物资,但仍面临着粮食供应短缺等问题。面对国内外广泛关注的难民问题,斯里兰卡政府也高度重视,采取积极措施来安置难民。同时他们积极寻求国际上的帮助,以尽快解决难民安置的难题。2009 年 10 月 22日,首批 4 万泰米尔难民被获准返回原居住地。这些返回家园的家庭每户将得到 5 000 卢比(约合 43 美元)的现金和 2.5 万卢比(约 217 美元)的存款以及农具、渔具和厨房用品。2009 年底,世界银行表示,将向斯里兰卡战后难民安置提供一笔 7 700 万美元的贷款,用于帮助 10 万名难民重返家园。在斯里兰卡政府的积极努力和国际社会的帮助下难民安置工作进展顺利。2011 年 4 月,斯里兰卡政府发布消息称,已经有 25.2 万名难民得到安置。斯里兰卡政府为难民提供每月 1 万卢比的资助并定量配给食物、药品及毛毯。与此同时,斯里兰卡政府也完成了北部绝大部分地区的排雷工作,并将在这些地区兴建 1 000 套住房供难民居住。当然,如何使这些返回家园的难民摆脱贫困将是摆在斯里兰卡政府面前一项长期的任务。

二、加速民族地区的恢复和发展,促进国内经济发展

内战一结束,拉贾帕克萨政府采取措施,对北部地区社会经济进行重建,并呼吁国际社会给予帮助。政府通过金融扶持和大力吸引外来投资等一系列政策加速民族地区发展。2009 年底,斯里兰卡中央银行表示,为了支持北部地区饱受战乱之苦的民众早日恢复生产和生活,将向北部地区银行注资10 亿卢比,以满足当地百姓贷款需求。斯里兰卡央行及各大银行纷纷在北

部地区设立分支机构,为当地居民提供贷款,以支持这些地区的战后经济发展。2009 年 5 月,斯里兰卡政府制订了为期三年的"北部春天"计划,该计划于 2020 年正式启动,配置资金 2 950 亿卢比,重点扶持医疗、教育、住房、电力、供水、卫生、农业及制造业。2010 年到 2011 年,斯里兰卡各大银行总计为北部和东部地区发展提供 1 260 亿卢比的贷款。与此同时,斯里兰卡还积极招商引资,希望通过投资来拉动当地经济增长。

斯里兰卡政府自身显然无力承担庞大的重建任务。2010 年 4 月,为吸引更多海内外投资者来斯里兰卡北部和东部地区投资,斯里兰卡投资局出台了更加有利于投资者的新投资政策,其主要内容是:对于在北部和东部地区投资进行工农业生产的企业,其投资优惠期可以延长至 10 年、15 年、20 年不等。同时还为投资者提供便利服务。2011 年 7 月,为促进北部和东部地区旅游业的恢复发展,斯里兰卡国防部取消了针对持外国护照前往该地区的限制。在斯里兰卡政府的努力下,国际社会给予斯里兰卡战后重建很大支持。据斯里兰卡财政部 2011 年 6 月发布的数据显示,内战结束后,斯里兰卡北部战后投入的资金达 21 亿美元,主要用于境内难民的安置及基础设施的建设和公共设施的恢复。这些重建资金主要来自中国、印度、日本、澳大利亚等国和一些国际机构。这些外来援助的项目中,一些项目发展很快,实实在在方便了当地民众的生活。如中国中铁五局仅用 1 年零 9 个月,就完成了亭可马里地区的 5 座桥梁的修建工作,结束了当地汽车过水道要用轮船摆渡的历史。在基础设施方面,中国主要负责帮助修复公路;印度出资 1.35 亿美元,修复 3 条铁路;亚行出资 1.54 亿美元、比利时与法国开发署联合出资 1.35 亿美元修复供水设施。经过各方的努力,斯里兰卡北部和东部地区战后经济复苏已呈现出积极的迹象,消费者的信心与投资者乐观情绪已得到巩固。2011年 5 月,斯里兰卡央行行长表示,斯里兰卡北部和东部地区在内战结束后经济增长迅速,其经济增长率在斯里兰卡各地区中名列前茅,其中北方省经济增长率为 14.1%,东方省经济增长率为 14%。未来几年,北部和东部地区经济还将保持 13% 的增长。

内战结束后,斯里兰卡国内政治局势日趋稳定,这就为经济发展奠定了基础。殖民统治时期,斯里兰卡形成了以种植园经济为主的单一经济结构,工业基础十分薄弱。长期的内战,使斯里兰卡国内基础设施受到了严重破坏,大量的桥梁、道路、管网、建筑等基础设施被毁坏,旅游经济也受到致命的打击。

内战结束后,斯里兰卡要重振经济,就首先需要进行道路、供电、供水等基础设施的恢复和修建。为此,斯里兰卡政府制订了发展国家基础设施建设的宏伟规划,该规划涵盖海运、航空、道路、电力及电信主干网络的升级改造。从而为整个基础设施建设的推进提供了计划支持和方向引导。斯里兰卡政府一方面积极筹措资金进行基础设施的改造与建设,一方面扩大开放,引进外资,加速基础设施建设。2010 年 11 月初,斯里兰卡公路部常务秘书表示,斯里兰卡未来两年将加快公路建设,利用 10 亿美元国际资金修复 4 000 公里公路,重点修复北部和东部年久失修的公路。他介绍,大规模修复公路所需的资金主要来自中国、日本、法国、亚洲发展银行和世界银行。外国投资纷纷进入斯里兰卡,与斯里兰卡注重投资环境的建设分不开。斯里兰卡通过宪法保证的双边投资协定为外国投资提供了有力的法律保障。另外,斯里兰卡有丰富而低廉的劳动力资源,斯里兰卡人民的识字率在发展中国家居于前列,而且,作为"印度洋上的珍珠",还有得天独厚的优美自然环境。正是看好斯里兰卡的发展前景和旨在进一步推动中斯友好关系向前迈进,2013 年,中国又向斯里兰卡提供 134.8 亿元的贷款,用于修建斯里兰卡中部城市康提与北部港口城市贾夫纳之间的高速公路,以及开发首都科伦坡的港口等基础设施。政治的稳定、基础设施的改善,促进了经济的发展。2009—2012 年,斯里兰卡工业增加值平均年增长率高达 8.3%。工业增长速度远高于国内农业和服务业增长速度。但是,斯里兰卡工业分布不均,主要集中在西部省。尤其是以科伦坡附近的大城市群为中心的地区,其工业发展速度和规模远远超出其他省份和地区。

三、倡导各民族和解,实现各宗教和平相处

宗教在斯里兰卡的政治生活中发挥着极其重要的作用。因此要实现民族和解,首先要使各宗教和平相处。内战结束后,斯里兰卡民族地区社会经济重建工作取得重要进展,民族和解机制初步形成。

早在 1987 年,斯里兰卡政府就曾有一份宪法 13 号修正案的提议,该修正案给予泰米尔人地区事实上的联邦安排,但由于僧伽罗人的强烈反对,连续多届政府都未能推动这一修正案通过并实施。内战结束初期,总统拉贾帕克萨承诺将给予泰米尔人更多的自治权,并因此在 2010 年的大选中获得连任。

2010 年 5 月,斯里兰卡政府成立"和解委员会",就如何完全实现民族和

解提出建议。6月,按照总统的指示,"和解委员会"开始开展工作。同时,该委员会还在历经战火洗礼的地区展开一系列重建项目,以更好地促进民族和解进程。斯里兰卡总统在2011年新年致辞中说道:"民族团结是国家发展和统一的关键。我们带着新的决心,坚定的承诺和明确的希望盼望新的一年的来临。我们的国家取得了自由和和平,这是伟大的成就。自由和和平确保了我们能实现这些美好的愿望。""我们面临的挑战是:提升国家的地位。我们的目标是迅速恢复我们的国家在过去30年中所失去的东西。我们的愿望是利用每个机会确保社会繁荣,使公民能公平地享受到经济发展的红利。""民族团结是国家统一和发展的关键。我们该站起来,超越所有分歧的时间到了。只有那样我们才能击败否认民族共存、反对民族和人民的所有阴谋。"在2012年卫塞节上,斯里兰卡总统发表讲话说:"让我们避开所有的争端与分歧,争取民族团结与各宗教和平共处。"他说按照佛陀的教诲生活,是避免混乱、过和谐生活的最好办法;佛陀的教诲可以解决今天的冲突。总统还强调重建国家的根本是劳动大众的团结一致。斯里兰卡国内找到的解决办法而不是由国际社会提出的办法才能保证斯里兰卡的永久和平。

尽管促成民族和解的机制已经形成,针对难民的救助和交战地区的战后重建工作也在进行中,但民族和解中依然存在诸多问题,要想在短期内弥合民族裂痕,实现民族真正的和解,还面临着不少困难。

事实上,早在2006年初到内战结束的最后一轮军事打击之前,拉贾帕克萨总统就曾经启动一个"各政党会议"机制,试图在各主要执政党之间形成政治解决民族问题的共识。但是斯里兰卡最大的反对党统一国民党、左翼的人民解放阵线和最大的泰米尔人政党泰米尔民族联盟均拒绝加入该机制,即便是执政联盟内部各政党间也始终不能达成共识,其结果就是,内战结束后3年多时间,"各政党会议"开了1000多次会议,但没有形成任何一份文件。

2013年,拉贾帕克萨总统在曾被泰米尔分裂势力占领的一个东部城市发表独立日演讲时表示,"在统一的国家中,不应有任何种族和宗教差异","在这个国家根据民族而设立不同的行政机构是不切实际的","解决办法是共同生活这个国家的各个群体平等地享有各项权利"。他还在讲话中驳回了以泰米尔人为主的地方议会的权利诉求,并警告外国政府不要干涉斯里兰卡的内部事务。拉贾帕克萨总统起初承诺联邦安排,而后却拒绝任何自治,只讲法律平等而否定事实上的平等,以绝对平等否定包容性平等和"区别对待"

的做法,引起了泰米尔人的强烈不满,并受到了国际相关组织和相关国家的批评。由于未能推进民族和解,加上腐败丑闻,拉贾帕克萨在 2015 年的大选中落败,原卫生部部长西里赛纳当选总统。

西里赛纳总统上任后,践行大选承诺,意图通过修宪调整权力结构,满足泰米尔人的政治诉求,并达成民族和解,泰米尔人争取自治权利又现曙光。但是僧伽罗人对此激烈反对。就在西里赛纳总统宣布要通过修宪来赋予泰米尔人更多自治权的前一天,斯里兰卡一名颇具影响力的高级僧人公开表示,神职人员反对这一计划,以免"引发不必要的问题"。政府发言人对此回应表示:"国会不会撤回去年 4 月开始的新宪法草案程序,将继续进行全民投票"。

2016 年 3 月,斯里兰卡议会组建制宪会议,终于在 2017 年 9 月发布了一份"中期报告"。2017 年全年,斯里兰卡各界从未停止为修宪做出努力。人们发现这份与修宪相关的报告在敏感的关键问题上措辞含糊,这在一定程度上是因为在斯里兰卡国内民族与宗教极端主义抬头的背景下,围绕着"泰米尔民族区域自治"等涉及国家结构的核心问题,是任何人都不愿触及的痛点。实际上,斯里兰卡各主要政治力量对如何实现民族和解的整治方案还有较大分歧。

许多人认为,随着战争的结束和"猛虎"组织被消灭,斯里兰卡将扩大泰米尔人问题的商议和调整空间,政府应该同意北方和东方泰米尔地区实施有意义的权力下放。但是斯里兰卡政府对此未能积极回应。拉贾帕克萨总统关于民族问题的言论,更多是为在议会选举中的政治造势服务,从根本上缺乏鲜明的指导方针和有效的行动举措。斯里兰卡政府甚至否认民族问题是内战的推动因素,相反把内战称为"反恐战争",拒绝承认其中的合理不满。僧伽罗人的右翼势力拒绝权利分享和任何改革。斯里兰卡政府拒绝与泰米尔领导人的真诚对话扩大了斯里兰卡内部族群紧张关系并危害国内的持续和平。斯里兰卡要找到一条适合斯里兰卡国情,能够真正实现民族和解还有很长的路要走。

纵观斯里兰卡的民族冲突,充分证明在多民族国家中,需要对各民族的权利分配做出合理安排,一味地无视和压制少数民族的权利诉求,不仅解决不了民族问题,还会导致两败俱伤的严重后果。斯里兰卡内战之所以绵延几十年,关键不在于泰米尔"猛虎"组织有多顽强,而在于僧伽罗和泰米尔两大民族之间长期存在的政治、经济、文化、宗教分歧和矛盾。加强民族地区经济发展,缩小地区间的发展差距,同时采取平等的民族政策,才能消除民族冲突的根源。

作者点评

　　独立之后,斯里兰卡僧伽罗人与泰米尔人之间的民族冲突不断发展,最终演变成了内战,使斯里兰卡国家受到了严峻的挑战。持续不断的民族冲突,给斯里兰卡带来深重的灾难,使斯里兰卡经济发展受到严重影响,成了斯里兰卡现代化道路上最大的障碍。如果说泰米尔人最初反对僧伽罗人的活动,在于争取本民族政治经济权利的话,后来"猛虎"组织无限制的暴力活动,则严重超越界限,遭到了人们的谴责。"猛虎"组织破坏了国家的主权和领土完整,严重威胁了国家的生存。为解决旷日持久的民族冲突,斯里兰卡政府采取了多种办法,如军事镇压、和平谈判等。最终,"猛虎"组织被消灭,标志着斯里兰卡持续多年的内战结束,但是民族和解的道路依然很漫长。

斯里兰卡现代化的经验与教训

斯里兰卡的现代化进程从英国殖民统治时期开始。葡萄牙人、荷兰人殖民统治时期,斯里兰卡传统的社会结构没有发生大的变化。英国殖民者征服了斯里兰卡全岛后,斯里兰卡传统的政治经济社会都受到了根本性的破坏,新的经济制度(资本主义)、政治制度(议会制度)、社会制度(社会结构等)都建立起来了。斯里兰卡独立时,现代化过程已经走完大半,剩下的是建立和发展民族国家的问题。斯里兰卡独立后,其现代化进程分 3 个阶段:沿用殖民地遗产阶段(1948—1956 年);寻找新国家特色阶段(1956—1977 年);调整发展方向阶段(1977 年以后)。

独立后的最初 10 年,斯里兰卡对殖民地遗产基本采取继承与沿用态度。绝大多数社会精英比较醉心于英国人所建立的政治、经济结构。整个社会基本没有多大变化。但他们又企图寻找一个新的支撑点,以支撑新的国家,这就导致了 1956 年人民联合阵线政府的上台。

1956 年以后,国家的权力从受过英语教育的社会精英手中转向了受传统教育的社会精英手中。斯里兰卡社会发生了很大变化,即政治上的(也是意识形态上的)佛教民族主义、经济上的社会主义倾向、社会问题上的大僧伽罗主义等,这种转变导致斯里兰卡的民族冲突日益激烈,最后发展成内战。由于他们是用民主的手段,通过选举取得成功的,所以他们执政后又尽量满足民众的要求。

1977 年以后,斯里兰卡政府进行了改革,调整发展方向,取得了一定的成绩,使得斯里兰卡的经济有了很大发展,但是在民族问题上,仍没解决好,仍然有偏差。这又在很大程度上抵消了政府经济改革的努力。

斯里兰卡的现代化一直处于两难的困境。

一方面,斯里兰卡自独立以后就推行一套社会福利制度,它向全体公民不论贫富都提供食品、医疗和教育三大福利。斯里兰卡人的素质发展指数不仅大大高于南亚其他国家,而且在世界上也名列前茅,位居世界第50位。但是,它的经济发展水平并不高,经济发展也很不稳定,仍是一个低收入国家,在世界100多个国家和地区人均国民生产总值的排名上,位于九十几位。尽管斯里兰卡在20世纪80年代以来经济有了很大发展,但其经济结构仍有很大缺陷,种植园经济在国民经济中仍然占很大比重,仍然是国家外汇的主要来源,因此它的经济不能被称为现代经济。

另一方面,严重的种族冲突,影响了国家现代化的发展。由于英国殖民者埋下的隐患,独立以后尤其是1956年以后,斯里兰卡一直存在着十分严重的民族矛盾。政府开始推行"大僧伽罗主义",处处限制、排挤泰米尔人,使得两大民族之间的矛盾冲突更加激烈。1983年之后这种冲突演变成了激烈的内战。政府用于军费的开支大大增加,严重地阻碍了其经济的发展。

斯里兰卡的社会福利制度有助于社会稳定,使斯里兰卡的人口素质大大提高,为现代化的发展提供了有利的条件。但是严重的民族矛盾,持续不断的冲突、内战,使政府背上了一个沉重的包袱,政府用于经济上的投资相对减少,也使投资环境恶化,影响了外国资本的投资,阻碍了斯里兰卡现代化的步伐。

斯里兰卡大规模的社会福利开支与经济发展相对缓慢的矛盾,长期的民族冲突与经济发展的矛盾,是斯里兰卡现代化一直面临的难题,也是斯里兰卡现代化的最大的特点。前一矛盾通过改革已得到缓解,斯里兰卡的经济已经由追求福利型转变为追求发展型;而后一矛盾却一直没有得到很好的解决,并且成了斯里兰卡现代化最大的障碍。所以斯里兰卡的现代化并不成功。但尽管如此,斯里兰卡的经济发展在南亚曾经处于领先地位,特别是通过改革,斯里兰卡的经济走上了良性发展的道路,它的社会福利制度为发展中国家的社会保障体系提供了一个模式,而它长期的民族冲突值得许多多民族国家引以为鉴。

从斯里兰卡的现代化中,我们可以看到:

(1) 在一个多民族共处、多元文化共存的国度里,民族关系的处理非常重要。

各民族的关系应该建立在平等的基础上,而不应该以牺牲其他民族的利益为代价来保护某一民族的利益,不应该将主体民族的文化强加给其他民族,不应该在多元结构的社会里强行建立一元制结构。否则只会引起其他民族的反抗,造成社会动荡,阻碍经济的健康发展。

从斯里兰卡的情况看,斯里兰卡持续不断的民族冲突是英国殖民主义统治造成的恶果,但是僧伽罗民族主义膨胀也是重要的原因。斯里兰卡独立以前,为了反对共同的敌人,僧泰两大民族尚能和平相处。在争取独立的过程中,为了争得更多的权益,两大民族虽然已经出现了裂痕,但矛盾没有爆发。1956年自由民主党上台后,斯里兰卡政府颁布法案,规定僧伽罗语是唯一的官方语言,后来又规定给佛教极优先的地位,同时在教育、就业等方面推行一种对泰米尔人的歧视政策,终于迫使泰米尔人一步步走上了分裂的道路。正确处理民族矛盾是任何一个多民族国家必须认真对待的问题。这个问题解决不好,会严重影响本国的经济建设。这是斯里兰卡现代化进程中最大的经验教训。

斯里兰卡的经济发展目标是建成一个新兴的工业化国家(以新加坡为榜样),消除贫困。其地理位置优越,人口少,面积小,人民整体素质、文化水平较高,只要解决好民族矛盾,使国内有一个安全的社会环境,吸引更多的外资,斯里兰卡经济将会以前所未有的速度发展,其经济目标有实现的可能。但是旷日持久的民族冲突成为国家经济发展的最大障碍。僧泰两大民族之间的流血冲突持续了26年,斯里兰卡为此付出了极为沉重的代价,在经济连续增长的同时,国家预算连年亏空,其中很重要的原因是国家军费开支巨大。民族冲突还造成政局不稳定,极大地破坏了斯里兰卡国内的投资环境,动摇了投资者的信心。国内战争还严重影响了国内的旅游业。其他服务业如航空、国内运输、手工业等也不同程度地受到损害。所以说,持续不断的民族冲突成为斯里兰卡现代化最大的障碍。这个问题解决不好,斯里兰卡现代化的步伐就不会太快。

(2)任何方针政策的实行都必须以经济发展为基础,量力而行。

独立以后,斯里兰卡实行了全面的社会福利政策。但是由于斯里兰卡经济发展缓慢,社会福利政策成了国家的一大包袱。1977年经济改革以后,其社会福利方面的开支仍然很大。同时国家开发马哈韦利河等工程也耗资巨大。由于国家经济发展水平有限,财力有限,所以不得不大量借债,这使得斯里兰卡债务负担沉重。经济发展水平低,债务负担重,斯里兰卡长期处于财政紧张的状况。政府不能兴建新的公路、铁路等基础设施。

（3）合理的经济结构是促进国家经济健康发展的条件。

由于英国殖民统治，斯里兰卡形成了单一的种植园经济结构，三大种植园作物在国民经济中占有很大的比重。独立以后，斯里兰卡政府为改变不合理的经济结构做出了巨大努力，经济结构有了很大变化，但是还没有完全摆脱殖民经济的阴影。三大种植园作物仍然是斯里兰卡重要的出口创汇来源，工业也没有摆脱简单加工和原料出口阶段，与现代经济的要求相差甚远。在1997年斯里兰卡的出口换汇产品中，占第一位的是服装，占第二位的是茶叶，制造业主要以服装加工、纺织品、食品、饮料和烟草等为主，其他工业仍然是传统的宝石、石墨开采和橡胶制品加工。

（4）政府的更迭不应导致政策上的突然转变，以免影响经济健康发展。

斯里兰卡是一个民主国家，大选后经常出现政府更迭。在这一过程中，两大主要政党在一些执政观点上分歧严重，政府的更迭经常导致政策上的突然转变，从而影响经济的健康发展。这种情况使斯里兰卡经济政策缺乏连贯性，任何一个政党都无法将其经济纲领贯彻始终，即使国民经济发展出现良好势头也难以保持。独立后，在长达数十年的历史中，斯里兰卡始终没有一个长期稳定的经济政策，经济得不到持续发展。斯里兰卡独立后的政坛常常出现统一国民党一上台，就全盘推翻自由党执政时期国有化政策，引进外国资本，实行私有化，削减福利补贴；而自由党一上台又全盘否定统一国民党的经济纲领，大力发展国有经济，把外资和私营企业重新收归国有，恢复福利补贴，这种政治上的分歧导致经济上的对立，使得双方得来不易的经济成果相互抵消，化为乌有。政策的不连贯性，使经济不可避免地发展迟缓。

斯里兰卡内战结束后，政府采取了一些措施，安置难民，进行基础设施建设，斯里兰卡北部和东部地区的经济得到迅速恢复。在民族和解这个问题上，尽管政府对于实现泰米尔人的自治权表现出了较强的决心，但由于来自人口占多数的民族和宗教人士的反对强烈，依然道阻且长。

斯里兰卡大事年表

公元前 483 年左右	僧伽罗人祖先来到斯里兰卡，建立僧伽罗国家，史称维舍耶王朝。
公元前 377 年	维舍耶的曾外孙槃陀伽阿巴椰发动政变，杀死舅父等多人，夺得王位，定都阿努拉德普勒。
公元前 250—前 210 年	印度孔雀王朝阿育王派其子到斯里兰卡岛上传播佛教时期，大寺派创立。
公元前 3 世纪初至 1 世纪	泰米尔人多次入侵斯里兰卡。
公元前 205 年	印度南部泰米尔人的朱罗贵族颠覆了僧伽罗王朝，在阿努拉德普勒统治了 44 年。
公元 65 年	伐沙巴夺取王位，开始了兰巴建纳王朝。
公元 3 世纪末	第一批大型水库兴建。
311 年	佛牙被带到斯里兰卡。
409 年	中国和尚法显抵达斯里兰卡。
433 年	印度南部的泰米尔人大规模入侵斯里兰卡。
459 年	达都舍那击败了最后三个泰米尔人国王，在阿努拉德普勒建立了摩利椰王朝。
947—993 年	印度南部泰米尔朱罗人入侵斯里兰卡，把兰巴建纳王国一部分并入朱罗帝国版图。
1017 年	朱罗人占领全岛，兰巴建纳王朝解体。
1055 年	维舍耶巴忽一世征服鲁呼纳。
1070 年	维舍耶巴忽一世乘朱罗人战乱收复失地，波隆纳鲁瓦王朝建立。
1214 年	羯陵伽·摩伽率马来人军队在斯里兰卡登陆，攻

	占首都波隆纳鲁瓦,波隆纳鲁瓦王朝宣布结束。
1232 年	维舍耶巴忽三世建立檀巴德尼椰王朝。
1284 年	来自印度的潘迪亚王国再次入侵斯里兰卡,并掠走了佛牙,此后为避开外来入侵,僧伽罗王族采取偏安政策,王都一再向西南迁移,在此后 100 年里原有的水利设施也被毁坏殆尽,斯里兰卡北部水利文明走向衰落。
约 1335 年	维舍耶巴忽五世创立甘波罗王朝,不久斯里兰卡全国形成了三足鼎立局面。
1344 年	阿拉伯旅行家伊本·白图泰抵达斯里兰卡。
1412 年	波罗迦罗摩巴忽六世建立科特王朝。
1450 年前后	波罗迦罗摩巴忽进军贾夫纳,使斯里兰卡自波隆纳鲁瓦王朝灭亡以来第一次获得了政治上的统一。
1476 年	科特王国分裂,不久印度泰米尔人趁机东山再起,建立贾夫纳王国,岛上再度出现三足鼎立局面。
1505 年	葡萄牙人抵达斯里兰卡。
1518 年	一支由 19 艘军舰组成的葡萄牙舰队在科伦坡附近靠岸,葡萄牙殖民统治时期开始。
1521 年	科特王国发生内乱,国家分裂成三个小国。
1543 年	葡萄牙人在里斯本举行仪式,为科特国王布伐奈迦巴忽七世之孙达摩波罗的模拟像"加冕"。
1594 年	葡萄牙人在斯里兰卡设立总督。
1597 年	达摩波罗国王去世,葡萄牙吞并斯里兰卡。
1601 年	第一支荷兰船队抵达斯里兰卡。
1630 年	葡萄牙人入侵康提王国。
1638—1639 年	荷兰人攻占亭可马里,葡萄牙人投降。
1658 年	荷兰人攻占贾夫纳,取代了葡萄牙人的殖民统治。
1670 年	康提王国和荷兰之战。
1762 年	英国东印度公司首次派特使到达康提。
1795 年	英国东印度公司军队强占亭可马里港口。

1796 年	英国从荷兰手里夺取沿海殖民地。
1796 年	斯里兰卡第一次反英起义。
1798 年	英国宣布斯里兰卡为"皇家殖民地",诺斯任总督。
1802 年	根据《亚眠条约》,英国把荷兰在斯里兰卡的领土划归英国。
1812 年	英国在斯里兰卡建立陪审团审判制度。
1815 年	英国和康提王国封建贵族代表签订条约,规定康提国王"被永远地废黜",英国征服全岛,开始了对斯里兰卡的统治。
1818 年	康提乌瓦省反英起义被镇压。
1823 年	英国人在康提地区开办了第一个欧洲人投资的咖啡种植园。
1829 年	"锡兰资源利用调查团"的团员 W.M.G.科尔布鲁克来到斯里兰卡就全岛行政、本地制度、内政状况以及军事建设进行系统的调查。
1831 年	《科尔布鲁克-卡梅伦报告》出炉,王役被废除。
1833 年	斯里兰卡第一次在统一的政府管理之下,分为5 个省区。
1839 年	斯里兰卡首次从印度阿萨姆邦引进 205 棵茶树。
1840 年	斯里兰卡《公共土地占用条例》颁布。
1845 年	锡兰铁路公司成立。
1848 年	斯里兰卡《道路法》颁布。
1848 年	反英起义。
1854 年	斯里兰卡成立了用以发展茶叶生产的种植者协会。
1865—1870 年	斯里兰卡佛教比丘同基督教传教士进行 5 次论战。
1867 年	斯里兰卡第一个茶叶种植园——卢尔康德拉茶园建立;康提—科伦坡铁路完工。
1872 年	智增佛学院创建。

1876 年	橡胶树苗被引入了斯里兰卡佩拉德尼亚植物园试种,获得了成功。智严佛学院成立。
1880 年	美国神智学者亨利·奥尔科特来到斯里兰卡,建立佛教灵智学会。
1883 年	科特海那骚乱。
1888 年	锡兰国民联盟成立。
19 世纪末 20 世纪初	戒酒运动爆发。
1912 年	总督亨利·麦卡伦进行改革。
1913 年	斯里兰卡成立全国戒酒中央委员会。
1915 年	康提和甘波罗僧伽罗人和摩尔人的教族骚乱。
1917 年	锡兰改革同盟成立。
1919 年	锡兰改革同盟改名为锡兰国民大会党;僧伽罗大会成立。
1921 年	扩大的立法会议改变了僧泰两族席位大体相当的格局,为以后的民族冲突埋下了隐患。
1927 年	英国政府派出以多诺莫尔为首的调查委员会,对改革进行调查。
1929 年	斯里兰卡立法会议通过新宪法(即《多诺莫尔宪法》)。
1931 年	英国议会通过斯里兰卡新宪法(即《多诺莫尔宪法》)。
1942 年	日军空袭亭可马里港。
1944 年	索尔伯里考察团访问斯里兰卡。
1946 年	斯里兰卡颁布新宪法。
1947 年	斯里兰卡获得自治领。
1948 年	斯里兰卡正式宣布独立。
1951 年	班达拉奈克将僧伽罗大会改组为斯里兰卡自由党。
1952 年	在斯里兰卡议会选举中,统一国民党再次获胜。
1954 年	《国民住房法》颁布。
1955 年	斯里兰卡加入联合国。
1956 年	班达拉奈克领导的人民联合阵线赢得大选。

1957 年	《班达拉奈克—契尔文那亚甘姆协定》签订。
1958 年	对科伦坡港口、公共汽车运输实行国有化。
1959 年	班达拉奈克总理被僧伽罗极端民族主义分子暗杀。
1960 年	开始在技术教育和高等教育方面实行对僧伽罗、泰米尔两族青年入学采取不同的分数线录取的制度。
1961 年	斯里兰卡议会颁布《锡兰石油公司法》,锡兰石油公司成立。将锡兰银行收归国有,并创办人民银行。
1965 年	成立国家旅游局。
1970 年	以班达拉奈克夫人为首的自由党和左翼联盟上台执政,开始制定新宪法工作;马哈韦利河水利工程开工。
1971 年	政府开始采取限制泰米尔人升学的政策;发生大规模的青年人暴动。
1972 年	1972 年 5 月 22 日,通过宪法,改国名为斯里兰卡;颁布《土地改革法》。
1973 年	斯里兰卡政府出台大学入学的标准分制度,实行对泰米尔学生的歧视政策。
1975 年	泰米尔联合阵线召开大会,通过建立泰米尔国的决议,同时,改泰米尔联合阵线为泰米尔联合解放阵线。
1976 年	泰米尔伊拉姆"猛虎"组织成立。
1977 年	斯里兰卡举行第八届议会选举,统一国民党大获全胜,在 168 个议席中获得 140 席。
1978 年	制宪议会颁布新宪法,改国名为斯里兰卡民主社会主义共和国(即斯里兰卡第二共和国),废除内阁制,实行总统制,贾亚瓦德纳改任总统,成为斯里兰卡第一任由选举产生的总统;大科伦坡经济委员会成立。
1979 年	《防止恐怖行为法案》通过。

1983 年	"贾夫纳事件",全国性民族冲突爆发。
1987 年	"猛虎"组织在贾夫纳半岛建立政权机关;印度派遣维和部队进驻斯里兰卡。
1990 年	第二次伊拉姆战争爆发;印度从斯里兰卡撤军。
1991 年	拉·甘地被泰米尔暴力分子暗杀。
1993 年	斯里兰卡总统普雷马达萨被泰米尔暴力分子暗杀。
1995 年	第三次伊拉姆战争打响。
1996 年	斯里兰卡中央大楼被炸。
1997 年	美国将"猛虎"组织定性为恐怖组织。
1998 年	康提佛牙寺爆炸事件。
1999 年	总统库马拉通加在科伦坡遭到袭击,被炸坏一只眼睛。
2002 年	斯里兰卡政府与"猛虎"组织达成永久性停火协议。
2004 年	"猛虎"组织二号人物穆拉利塔兰(别号"卡鲁纳上校")率领 6 000 名武装人员向政府军投诚。
2006 年	斯里兰卡政府与"猛虎"组织和谈破裂,第四次"伊拉姆战争"爆发。
2009 年	泰米尔"猛虎"组织最高领导人普拉巴卡兰被政府军击毙,长达 26 年的内战结束。

主要参考书目

中文书目

1. E.F.C.卢多维克:《锡兰现代史》,四川大学外语系翻译组译,四川人民出版社 1980 年版。

2. 北京大学亚非研究所编:《亚非研究(第 4 辑)》,北京大学出版社 1994 年版。

3. 曹兴:《僧泰冲突与南亚地缘政治》,民族出版社 2003 年版。

4. 郭家宏:《斯里兰卡——发展与民族对抗的困境》,四川人民出版社 2002 年版。

5. 何道隆:《当代斯里兰卡》,四川人民出版社 2000 年版。

6. [美]基思·格里芬:《可供选择的经济发展战略》,倪吉祥等译,经济科学出版社,1992 年版。

7. 金涛、孙运来主编:《世界民族关系概论》,中央民族大学出版社 1996 年版。

8. 李捷:《南亚极端民族主义与民族分裂主义研究——以斯里兰卡为例》,兰州大学出版社 2014 年版。

9. 林承节主编:《殖民主义史—南亚卷》,北京大学出版社 1999 年版。

10. 刘兴武编著:《斯里兰卡》,上海辞书出版社 1984 年版。

11. 刘艺:《跨境民族问题与国际关系——以斯里兰卡泰米尔跨境民族问题与印斯关系为例》,2006 年暨南大学博士学位论文。

12. 梅颖编:《"猛虎"组织内幕与拉·甘地之死》,时事出版社 1992 年版。

13. [锡兰]尼古拉斯、帕拉纳维达:《锡兰简明史》,李荣熙译,商务印书馆 1972 年版。

14. [美]帕特里克·皮布尔斯:《斯里兰卡史》,王琛译,中国出版集团东方出版中心 2013 年版。

15. 四川大学南亚研究课题组:《内战结束后的斯里兰卡》,时事出版社 2015 年版。

16. 佟加蒙:《殖民统治时期的斯里兰卡》,社会科学文献出版社 2015 年版。

17. [苏]瓦·伊·科奇涅夫:《斯里兰卡的民族历史文化》,王兰译,中国社会科学出版社 1990 年版。

18. 王宏伟主编:《南亚——区域合作的现状与未来》,四川大学出版社 1993 年版。

19. 王兰:《列国志——斯里兰卡》,社会科学文献出版社 2004 年版。

20. 王兰:《斯里兰卡的民族宗教与文化》,昆仑出版社 2007 年版。

英文书目

Bond, George D., *The Buddhist Revival in Sri Lanka*: *Religious Tradition*, *Reinterpretation*, *and Response*, Columbia, South Carolina University Press, 1988.

Bose, Sumantra, *States*, *Nations*, *Sovereignty*: *Sri Lanka*, *India and Taiml Eelam Movement*, New Delhi: Sage Publications 1994.

Bullion, Alan J., *India*, *Sri Lanka and the Tamil Crisis*, *1976—1994*, *An International Perspective*, London; New York: Pinter Pub Ltd., 1995.

Central Bank of Sri Lanka, *Central Bank of Sri Lanka Annual Report-1998*.

Char, S.V.Desika, *Reading The Constitutional History of India*, Cambridge: Cambridge University Press, 1983.

Chattopadhyaya, H.P., *Ethnic Unrest in Mordern Sri Lanka*, *an Account of Tamil-Sinhalese Race Relations*, New Delhi: M D Publications Pvt Ltd., 1994.

Codrington, H. W., *A Short History of Ceylon*, London: *Macmillan and co.*, *limited*, 1939.

Deegalle, Mahinda, *Buddism*, *Conflict and Violence in Modern Sri Lanka*, New Rork: Routledge, 2006.

De Silva, K. M.(Editor), *British Documents on End of Empire*, *Series B Volume 2*, *Sri Lanka*, *Part I*, *The Second World War and The Soulbury Commission*, *1939—1945*, London: The Stationery Office, 1997.

De Silva, K. M.(Editor), *British Documents on End of Empire*, *Series B Volume 2*, *Sri Lanka*, *Part II*, *Towards Independence*, *1945—1948*, London: The Stationery Office, 1997.

De Silva, K. M., *A History of Sri Lanka*, London: G. Husrst & Company, 1981.

De Silva, K. M., *Sri Lanka*, *A Survey*, London: G. Husrst & Company, 1977.

De Silva, K. M., *Sri Lanka*: *Problems of Governance*, New Delhi: Konark Publishers Pvt Ltd., 1993.

De Silve, Chandra Richard, *Sri Lanka*: *A History*, New Delhi: Vikas Publishing House Pvt Ltd., 1989.

Farmer, Bertram Haughes, *Ceylon*, *a Divided Nation*, London, New York: Oxford University Press, 1963.

Grant, Patrick, *Buddhism and Ethnic Conflict in Sri Lanka*, Albany, NY: State University of New York Press, 2009.

Groves, Paul A., *Economic Development and Social Change in Sri Lanka*, *A Spatial and Policy Analysis*, NewDelhi: Manohar, 1996.

Gupta, S. P., James, William E., McCleery, Robert K., *South Asia as a Dynamic Partner*, NewDelhi: Macillan India Limited, 1992.

Hap, Mahbub Hl, *Human Development in South Asia 1997*, Oxford: Oxford University Press, 1997.

Jennings, Sir Ivor, *The Economy of Ceylon*, Oxford: Oxford University Press, 1948.

Johnson, B. L. C., *Sri Lanka*, *Land*, *People and Econom*, London: Heinemann Educational Books, 1981.

Karunatilake, H. N. S., *Economic Development In Ceylon*, New York: Praeger Publisher, 1971.

Karunatilake, H. N. S., *The Economic of Sri Lanka*, Colombo: Centre for Demographic and Socio-Economic Studies, 1987.

Mendis, G. C., *Ceylon*, *Today and Yesterday—Main Currents of Ceylon History*, Colombo: Association Newspapres of Ceylon, 1957.

Mills, L. A., *Ceylon under British Rule*, *1795—1932*, London: Oxford University Press, 1933.

Peebles, Patrick, *The History of Sri Lanka*, London: Greenwood Press, 2006.

Perera, I. H., *Buddhism in Sri Lanka*, *a Short History*, Kandy: Buddhist Publication Society, 1988.

Perera, I. H. Horace, *Ceylon Under Wester Rule*, Madras: Macmillan, 1959.

Ponnambalam, Satchi, *Dependent Captitalism in Crisis*, *The Sri Lankan Economy 1948—1980*, London: Zed Press, 1981.

Rahman, Masihur, *Political Economy of Income Distribution in Sri Lanka*, New Delhi: Sterling Publishers Private, 1988.

Rose, J. Holland, Newton, A. P., Benians E. A., *The Cambridge History of The British Empire*, VOL. (II), Cambridge [Eng]: The University Press, 1929.

Schrikker, Alicia, *Dutch and British Colonial Intervention in Sri Lanka*, *1780—1815: Expansion and Reform*, Leiden · Boston, Brill, 2007.

Senaratne, Jagath P., *Political Violence in Sri Lanka*, *1977—1990*, *Roits, Insurrections*, *Counter-insurgencies*, *Foreign Intervention*, Amseterdam: VU University Press, 1977.

Snodgrass, Donald.R., *Ceylon: An Export Economy in Transition*, Yale University, 1966.

Spencer, Jonathan, *Sri Lanka*, *History and the Roots of Conflict*, London & New York: Routledge, 1990.

UNESCO, *Progress of Education in the Asian Region: A Statistical Review*, Bangkok(Thailand): Regional Office for Education in Asia, 1966.

Uyangoda, Jayadeva, *Ethnic Conflict in Sri Lanka: Changing Dynamics*, Washington: D.C., East-West Centre Washington, 2007.

Warnapala, W. A. Wiswa, *The Sri Lankan Political Scene*, New Delhi: Navrang, 1993.

Wickramasinghe, Nira, *Sri Lanka in the Modern Age—A History*, New York: Oxford University Press, 2014.

Wight, M., *The Development of the Legislative Council*, London: Faber and Faber, 1946.

Wilson, A. Jeyartnam, *Politics in Sri Lanka*, *1947—1973*, London: Palgrave Macmillam, 1974.

Wilson, A. Jeyartnam, *Sri Lanka Tamil Nationlism*, London: Hurst & Company, 2000.

Winslow, Deborah and Woost, Michael D., *Economy, Culture, and Civil War in Sri Lanka*, Bloomington, IN: Indiana University Press, 2004.

Wriggins, W. Howard, *Ceylon: Dilemmas of a New Nation*, Princeton: Princeton University Press, 1960.

后 记

从我开始全面接触、研究斯里兰卡,迄今已整整20年。1997年,我开始撰写博士论文,所选的课题是1783—1815年英帝国的转型,这中间涉及拿破仑战争期间英国对斯里兰卡的争夺。通过撰写博士论文,我对这个南亚小国有了一定的了解。

1998年,南京大学英国史研究室承担了国家211工程项目"英联邦国家现代化研究",主持人是恩师钱乘旦教授。该项目计划出版18册书,比较大的国家是每国一册,一些小的国家则是多国合写一册。1999年3月初,我完成了博士学位论文答辩,分配到北京师范大学历史学系工作。离开南京之前,恩师钱乘旦教授交给我一项任务,让我负责"斯里兰卡现代化研究"这一课题的研究、撰写工作,这使我有机会开始全面研究这个历史悠久、风景优美的南亚小国。来到北京师范大学工作后,我便全身心投入斯里兰卡历史的研究。在课题的写作过程中,从框架结构到语言文字,钱老师都给了很多指导,使我有机会再次接受恩师的教诲。

2002年5月,在母校南京大学百年校庆之际,拙作《斯里兰卡——发展与民族对抗的困境》一书终于由四川人民出版社出版,这是第一本由中国学者撰写的斯里兰卡通史著作。当然由于水平有限,时间仓促,书中有许多错误,有的甚至是低级的文字错误。

2014—2015年,我在哈佛大学历史系访学时,上海社会科学院出版社编辑王勤女士和我联系,希望我承担该社"万国通史"系列之《斯里兰卡通史》的写作工作。最初我拒绝了王编辑的邀请,因为手头的工作实在是太多。2016年,王编辑再次和我联系,希望我能接下这个工作。考虑再三,我还是硬着头皮接了下来。

两年多来,我在《斯里兰卡——发展与民族对抗的困境》一书的基础上,参考了国内外最新的研究资料,修改了部分章节,补充了一些内容,特别是增加了内战结束后斯里兰卡发展的内容,终于完成了本书的撰写工作。

　　但出于时间和水平的原因,书中难免有一些不足,特别是我不懂僧伽罗语,书中所用的资料大都是英文资料,对斯里兰卡古代历史的撰写也是以僧伽罗国家为中心,对古代泰米尔国家贾夫纳王国出于资料原因没有叙述,这应该是本书最大的缺陷。

2018 年 8 月于北京

图书在版编目(CIP)数据

斯里兰卡通史 / 郭家宏著 . — 上海 ：上海社会科
学院出版社，2022
ISBN 978 - 7 - 5520 - 3067 - 9

Ⅰ．①斯⋯ Ⅱ．①郭⋯ Ⅲ．①斯里兰卡—历史 Ⅳ．
①K358

中国版本图书馆 CIP 数据核字(2022)第 130227 号

斯里兰卡通史

著　　者：郭家宏
责任编辑：王　勤
封面设计：陆红强
出版发行：上海社会科学院出版社
　　　　　上海顺昌路 622 号　邮编 200025
　　　　　电话总机 021 - 63315947　销售热线 021 - 53063735
　　　　　http：// www. sassp. cn　E-mail：sassp@ sassp. cn
照　　排：南京理工出版信息技术有限公司
印　　刷：上海新文印刷厂有限公司
开　　本：710 毫米×1010 毫米　1/16
印　　张：16.5
插　　页：1
字　　数：278 千
版　　次：2022 年 12 月第 1 版　2022 年 12 月第 1 次印刷

ISBN 978 - 7 - 5520 - 3067 - 9/K·655　　　　　　　定价：78.00 元